グループ通算制度の税務 Q&A245

承認手続　時価評価　損益通算　投資簿価修正

などの疑問を解決!!

廣川 昭廣 編

舛巴 啓二／徳冨 良行 共著

一般財団法人 大蔵財務協会

はしがき

連結納税制度が平成14年４月から始まり、多くの企業が導入し連結納税適用法人が年々増加していました。しかしながら、連結納税制度は各法人のグループの損益を通算するための情報を連結グループ内で集約し連結親法人がまとめて申告するとともに、各連結子法人の個別帰属額を記載した書類も提出することとなっているため所得計算及び税額計算が煩雑になるうえ、特定の会社に修更正を必要とする事由が生じた場合には自社の所得等に変動の無い法人においても所得計算のやり直しになるといった手間が掛かっていました。

そこで、令和２年度税制改正により、令和４年４月１日以後開始する事業年度について大幅に見直されグループ通算制度を導入することになりました。

グループ通算制度では、連結納税制度において適用されていた完全支配関係にある企業グループ内における損益の通算制度は残るものの完全支配関係にある企業グループ内の各法人を納税単位として、各法人が個別に法人税額の計算及び申告を行い、その中で損益通算等の調整を行う制度です。また、申告後に修更正事由が生じた場合には、原則として各社が個々に修更正事由に応じた処理を行い、他の法人の税額計算に反映させない制度となっています。

グループ通算制度の適用開始に係る手続き及びグループ通算制度の適用開始、グループ加入時の時価評価課税及び欠損金の持込み等については、組織再編税制と整合性を取り納税緩和の方向で見直しが行われましたが、時価評価の問題等事前に準備検討しないといけないことが多く、導入後の申告書の作成においても通常の単体納税における所得計算に加えグループ通算制度固有の所得計算のための事務作業を行うことが必要です。

そこで本書は、導入時の手続き及びグループ通算制度開始、加入時の時価評価の問題等事前に準備しないといけないこと、グループ通算制度終了及び離脱についての税務上の取扱いをQ&A方式により具体的に解説しています。

なお、本書に記載されている税務上の取扱いは、あくまでも個人的な見解ですから具体的な処理に当たっては、取引の事実関係に基づいて、税理士等の意見も参考に慎重に検討することをお勧めします。

本書がグループ通算制度を導入する会社の職員及びグループ通算制度導入法人をお客様に持つ税理士事務所並びに会計事務所の職員の方々のグループ通算制度に関する事務処理の一助となれば幸いです。

最後に、本書を執筆する機会をいただき、企画から発行まで担当してくださった大蔵財務協会の諸氏には深く感謝いたします。

令和４年２月

編者　廣川　昭廣

凡　例

法	法人税法
令	法人税法施行令
規	法人税法施行規則
法基通	法人税基本通達
通　法	国税通則法
通　令	国税通則法施行令
通基通	国税通則法基本通達（徴収部関係）
措　法	租税特別措置法
措　令	租税特別措置法施行令
措　通	租税特別措置法関係通達（法人税関係）
通算通達	グループ通算制度に関する取扱通達
地　法	地方税法
地　令	地方税法施行令
地方法	地方法人税法
地方法令	地方法人税法施行令
令和２年改正法附則	所得税法等の一部を改正する法律（令和２年法律第８号）附則
令和２年改正規附則	法人税法施行規則等の一部を改正する施行規則附則（令和２年財務省令第56号）

本書は、令和３年12月10日現在の法令・通達に基づいて解説しています。なお、法令の条番号はグループ通算制度施行後のものを用いています。

目　次

第1章

グループ通算制度とは

Q1

グループ通算制度とは

グループ通算制度とは、そもそも、どのような制度ですか。

A

課税所得金額及び法人税額の計算並びに申告は、各法人が行う一方で、企業グループ内の個々の法人の所得と欠損を通算して所得金額を計算する等の調整を可能とする制度です。

解説

グループ通算制度は、課税所得の金額及び法人税額を計算するに際し、通算法人をあたかも一つの法人であるかのように捉え、損益通算等の調整を行い、各通算法人が納税単位として課税所得金額及び法人税額の計算並びに申告を行う制度です。

また、通算法人において修正事由が生じた場合についても、他の通算法人の課税所得金額又は法人税の計算に波及しない仕組みとなっています。

なお、連結納税制度が見直された経緯等は次の通りです。

「連結納税制度」においては、グループ全体を一体として申告すること等に起因する事務負担がかなり大きいため、企業グループの事務処理能力の差が、同様の経営を行っている企業グループ間での課税の中立性・公正性が損なわれているとの指摘があり、制度の簡素化が求められるようになりました。

また、「連結納税制度」は、平成13年度税制改正で導入された組織再編税制を前提としていましたが、その後の経済社会の変化に伴い、組織再編税制の見直しが続けられてきた結果、含み損益及び欠損金について、組織再編税制との課税上の取扱いが異なる事象が生じていました。

そこで、「連結納税制度」が見直され、法人格を有する各法人を納税単位として、課税所得金額及び法人税額の計算並びに申告は各法人が行うものの、一方で、企業グループの一体性に着目し、企業グループをあたかも一つの法人であるかのように捉え、損益通算等の調整を行う仕組みとして「グループ通算制度」に改定されました。

なお、この連結納税制度の廃止及びグループ通算制度への移行に関する改正は、原則として、法人の令和４年４月１日以後に開始する事業年度の所得に対する法人税から適用されます。

（参考：「令和２年度税制改正の解説『連結納税制度の見直しに関する法人税法等の改正』」財務省ホームページ）

グループ通算制度における所得金額等の計算の全体イメージは次のとおりです。

※　修正申告又は更正処分により、通算前所得金額又は通算前欠損金額が当初申告の額と変更となった場合でも、原則、損益通算した金額が当初申告の金額に固定されグループ全体では再計算しません。

Q2

グループ通算制度とグループ法人税制との関係

グループ通算制度において、グループ法人税制は、どのように取り扱われますか。

A

いわゆるグループ法人税制は、完全支配関係のある法人グループに係る税制ですので、グループ通算制度においても一部の例外を除き、グループ法人税制の各制度が適用されます。

解説

グループ法人税制の完全支配関係には、個人や外国法人がその完全支配関係のトップとなるものも含まれるのに対し、通算完全支配関係ではこれらが除かれる等、その適用範囲は、より狭いものとなりますが、完全支配関係に包含されています。

したがって、グループ通算制度においても、一部の例外を除き、グループ法人税制の各制度が適用されます。その主なものは、次の通りです。

① 完全支配関係のあるグループ内における譲渡損益の繰延べ（法61の11）
② 完全子法人株式に係る受取配当等の益金不算入（法23⑤）
③ 完全支配関係法人間の寄附金及び受贈益（法25の２、37②）
④ 一定の場合の完全支配関係のある法人株式に係る評価損の不計上
⑤ 完全支配関係のある法人株式の発行法人への譲渡に係る譲渡損益の不計上（法62の２⑰）
⑥ 完全支配関係のある法人に対する債権の貸倒引当金対象債権からの除外（法52⑨二）

Q3

通算法人とは

グループ通算制度における「通算法人」とは、どういうものをいうのでしょうか。

A

通算親法人とその通算親法人との間に通算完全支配関係がある通算子法人を併せて「通算法人」といい、これらの法人がグループ通算制度の対象となります。

解説

グループ通算制度の対象となる通算グループは、一の「通算親法人」(法２十二の六の七)と一又は複数の「通算子法人」(法２十二の七)で構成されます。

「通算法人」とは、「通算親法人及び通算子法人をいう」(法２十二の七の二)と規定されているように、通算親法人とその通算親法人との間に通算完全支配関係がある通算子法人を併せて「通算法人」といい、これらの法人がグループ通算制度の対象となります。

なお、この場合の「通算完全支配関係」とは、通算親法人と通算子法人との間の完全支配関係又はその通算親法人との間に完全支配関係がある通算子法人相互の関係をいうものとされています(法２十二の七の七)。

Q4

通算親法人とは

通算親法人とはどのような法人をいいますか。

A

通算親法人とは、通算承認を受けた内国法人をいいます。

解説

グループ通算制度を適用するためには、必ず「通算親法人」の存在が必要です。

通算親法人とは、内国法人である普通法人と協同組合等であって、国税庁長官の承認を受けた法人をいいます（法２十二の六の七、64の９①）。

したがって、外国法人や普通法人に該当しない公共法人、公益法人等（法別表第二に掲げる法人）は、通算親法人とはなれません。

また、例えば内国法人である普通法人等による完全支配関係がある法人や青色申告書の取り消しの通知を受け、一定期間が経過していない法人等についても、通算親法人となれないこととされています。

Q5

通算子法人とは

通算子法人とはどのような法人をいいますか。

A

通算承認を受けた法人で、通算親法人による完全支配関係のある他の内国法人を通算子法人といいます。

解説

通算子法人とは、通算承認を受けた通算親法人による完全支配関係のある他の内国法人をいいます（法２十七の七の三、64の９②）。

ただし、通算親法人によってその発行済株式のすべてを保有されている内国法人がすべて通算子法人となるわけではなく、通算除外法人に該当する場合（Ｑ９参照）や、外国法人及び通算除外法人が介在する場合（参考図の「対象子法人」）には、通算子法人となることができません（法64の９①、⑪、令131の11③）。

（参考）

通算親法人との間に外国法人（又は通算除外法人）が介在する場合：通算子法人になれない場合

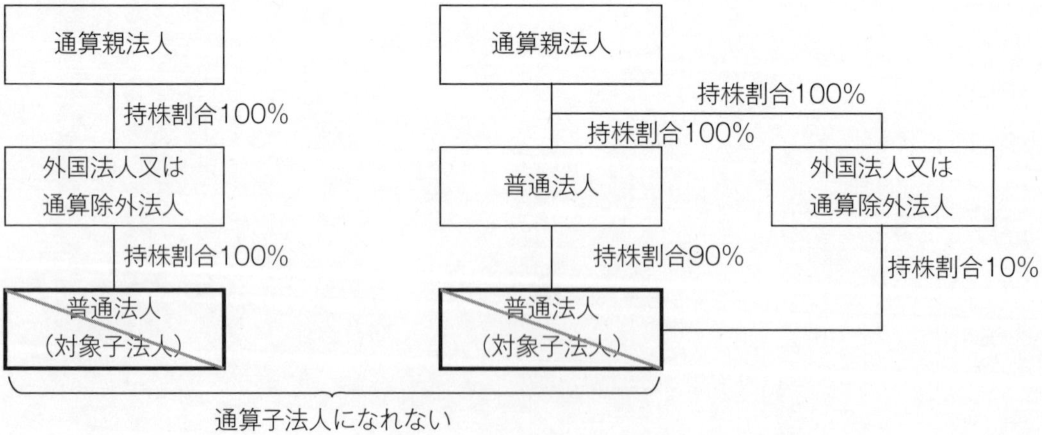

第 2

適用対象法人

1　通算法人

Q6

通算親法人となることができる法人

通算親法人となることができる法人とは、どうような法人ですか。

A

通算親法人となることができる法人は、内国法人である普通法人又は協同組合等で、次の【解説】に記載した、①から⑧以外の法人をいいます。

解説

グループ通算制度においては、すべての法人について通算親法人としての適格性があるわけではなく、租税回避防止の観点や制度バランスの観点から一定の法人についてその適格性を排除しています。

例えば、青色申告の承認の取消しや取りやめの承認を受けた法人などは、租税回避防止や継続性の原則の観点から通算親法人の適格性を有しないものと考えられています。

通算親法人となることができる法人とは、具体的には、内国法人である普通法人又は協同組合等で、次の①から⑧以外の法人をいいます（法64の9①、令131の11①）。

①　清算中の法人

②　外国法人以外の普通法人又は協同組合等による完全支配関係がある法人（通算除外法人（Q9）及び外国法人が介在しない一定の関係に限ります。）

③　やむを得ない事情でグループ通算制度の取りやめ承認を受けた法人（法64の10①）で、その承認を受けた日の属する事業年度終了の日の翌日から同日以後5年を経過する日の属する事業年度終了の日までの期間を経過していない法人

④　青色申告の承認の取消しの通知を受けた法人でその通知を受けた日から同日以後5年を経過する日の属する事業年度終了の日までの期間を経過していない法人

⑤　青色申告の取りやめの届出書を提出した法人でその届出書を提出した日から同日以後1年を経過する日の属する事業年度終了の日までの期間を経過していない法人
⑥　投資信託及び投資法人に関する法律に規定する投資法人
⑦　資産の流動化に関する法律に規定する特定目的会社
⑧　法人課税信託（投資信託及び特定目的信託に限ります。）に係る受託法人

Q7

外国法人の子会社等は通算親法人となれるか

通算親法人となろうとする法人が①外国法人の100%子会社（内国法人）である場合、②個人によってその法人の発行済株式の全てを保有されている場合及び③一般社団法人又は一般財団法人であって営利型の普通法人（法４①）である場合、通算親法人となることができますか。

A

①～③のいずれの法人も通算親法人となることができます。

解説

ご質問の①～③の法人は、前記Ｑ６の①～⑧に掲げる法人のいずれにも該当しないことから、通算親法人となることができます。

内国法人の100%子会社（内国法人）は、通算親法人になることはできませんが、外国法人あるいは個人によってその発行済株式の全てを保有されている100%子会社としての内国法人は、通算親法人になることができます。

また、一般社団法人又は一般財団法人であって営利型の普通法人（法４①）についても、通算親法人となることができます。

（参考）

通算親法人となろうとする法人の株主に外国法人が介在する場合

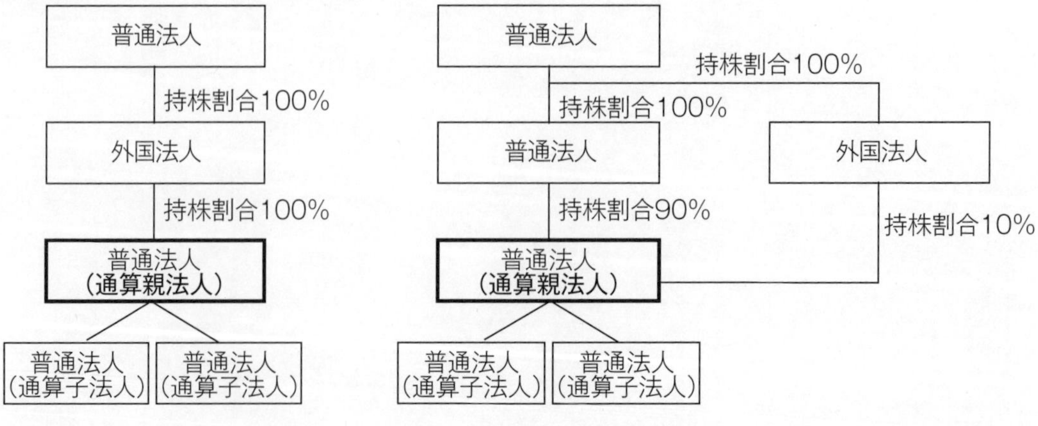

Q8

通算子法人となることができない法人（一般財団法人）

通算親法人の100%財産拠出により設立された一般財団法人は、通算子法人となれるでしょうか。

A

一般財団法人は、通算子法人となることはできません。

解説

非営利型以外の一般財団法人は、普通法人に該当します（法２五～九の二、法別表２）が、通算親法人等が拠出した財産は、当該通算親法人等において出資には該当しません。

したがって、通算親法人等と当該一般財団法人間には完全支配関係が存在しないことになりますので、当該一般財団法人は、通算子法人となることはできません。

Q9

通算除外法人とは

通算親法人に株式又は出資のすべてを保有されている内国法人（外国法人等が介在しない法人に限ります。）であっても「通算子法人」となれない通算除外法人があると聞きましたが、具体的にはどのような法人ですか。

A

解説のとおりです。

解説

通算子法人となることができる法人は、内国法人のうち普通法人に限られていることから、協同組合等は連結子法人となることはできません。

また、次の法人は法令上「通算除外法人」に該当しますので、通算子法人となることはできません（法64の９①、⑪、令131の11③）。

(1)　やむを得ない事情でグループ通算制度の取りやめ承認を受けた法人（法64の10①）で、その承認を受けた日の属する事業年度終了の日の翌日から同日以後５年を経過する日の属する事業年度終了の日までの期間を経過していない法人

(2)　青色申告の承認の取消しの通知を受けた法人で、その取消しの通知を受けた日から同日以後５年を経過する日の属する事業年度終了の日までの期間を経過していない法人

(3)　青色申告の取りやめの届出書を提出した法人でその届出書を提出した日から同日後１年を経過する日の属する事業年度終了の日までの期間を経過していない法人

(4)　投資信託及び投資法人に関する法律に規定する投資法人

(5)　資産の流動化に関する法律等に規定する特定目的会社

(6)　普通法人以外の法人

(7)　破産手続開始決定を受けた法人

(8)　通算親法人との間で通算完全支配関係を有しなくなったことにより通算承認の効力を失った法人で、再びその通算親法人との間にその通算法人による完全支配関係を有することとなったもののうち、その効力を失った日以後５年を経過する日の属する事業年度終了の

日までの期間を経過していない法人

⑼　法人課税信託（法人税法第２条第29号の２ニ又はホに掲げる信託に限る。）に係る法人税法第４条の７に規定する受託法人

Q10

最初通算事業年度開始の日の前日までの間に完全支配関係を有しなくなった法人のグループ通算制度の適用制限

通算承認があったものとみなされる子法人が、最初通算事業年度開始の日の前日までの間に完全支配関係を有しなくなった場合、その子法人は、いわゆるグループ通算制度への再加入制限がある法人に該当しますか。

A

再加入制限がある法人には該当しません。

解説

通算承認の申請を行った親法人に対して通算承認の処分があった場合には他の内国法人（子法人）の全てにつき、その通算承認があったものとみなすこととされています（法64の9④）。

この通算承認があったものとみなされる子法人が、その通算承認があったものとみなされる日（＝親法人に通算承認があった日）からグループ通算制度の適用を受ける最初の事業年度（以下「最初通算事業年度」といいます。）開始の日の前日までの間に親法人との間に完全支配関係を有しなくなった場合において、このような子法人は、通算承認を受けてはいるものの、その通算承認の効力はその最初通算事業年度開始の日に生ずることとされている（法64の9⑥）ことから、そもそも未だその通算承認の効力は生じていません。

ところで、いわゆるグループ通算制度への再加入制限がある法人（令131の11③一）とは、法人税法第64条の10第６項第６号《通算制度の取りやめ等》の規定により通算承認の効力を失った法人とされているところ、上述の子法人は、通算承認の効力は生じていないので、この通算承認の効力を失った法人（すなわち、この再加入制限がある法人）には該当しないと解されます（通算通達２－37）。

〈イメージ図〉

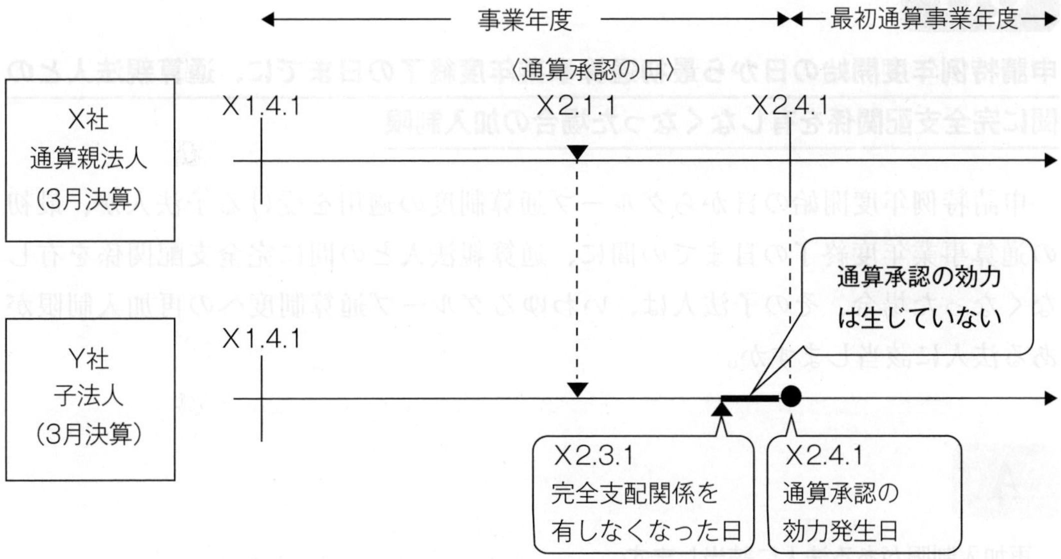
事業年度
最初通算事業年度
〈通算承認の日〉
X社
通算親法人
（3月決算）
X1.4.1
X2.1.1
X2.4.1
通算承認の効力
は生じていない
Y社
子法人
（3月決算）
X1.4.1
X2.3.1
完全支配関係を
有しなくなった日
X2.4.1
通算承認の
効力発生日

Q11

申請特例年度開始の日から最初通算事業年度終了の日までに、通算親法人との間に完全支配関係を有しなくなった場合の加入制限

申請特例年度開始の日からグループ通算制度の適用を受ける子法人が、最初の通算事業年度終了の日までの間に、通算親法人との間に完全支配関係を有しなくなった場合、その子法人は、いわゆるグループ通算制度への再加入制限がある法人に該当しますか。

A

再加入制限がある法人に該当します。

解説

いわゆる設立事業年度等の申請期限の特例（法64の9⑦）の適用により通算承認の申請を行った親法人に係る子法人でその申請特例年度（法人税法第64条の9第9項に規定する申請特例年度をいいます。以下同じ。）開始の日からグループ通算制度の適用を受けるもの又は当該設立事業年度等の申請期限の特例の適用により通算承認を受けた親法人との間にその通算承認の申請後に完全支配関係を有することとなった子法人で、その完全支配関係を有することとなった日からグループ通算制度の適用を受けるものについては、それぞれその申請特例年度開始の日又はその完全支配関係を有することとなった日にその通算承認の効力が生じていることから、最初通算事業年度（すなわち、この設立事業年度等の申請期限の特例の適用を受けるケースでは申請特例年度）終了の日までの間に法人税法第64条の10第6項第6号に掲げる事実が生じた場合には、株式等保有通算子法人（通算子法人の発行済株式等の全部又は一部を直接又は間接に保有する他の通算子法人をいいます（グループ通算通達2－36《通算完全支配関係を有しなくなる事実》の(2)を参照）。）の破産手続開始の決定による解散に基因して当該親法人による通算完全支配関係を有しなくなったときを除き（令131の11③一括弧書）、法人税法施行令第131条の11第3項第1号《通算法人の範囲》の「法第64条の10第6項（第6号に係る部分に限る…）……の規定により法第64条の9第1項の規定による承認の効力を失った法人」に該当することとなり、再加入制限がある法人に該当するということとなります（通算通達2－37(注)）。

〈申請期限の特例適用〉

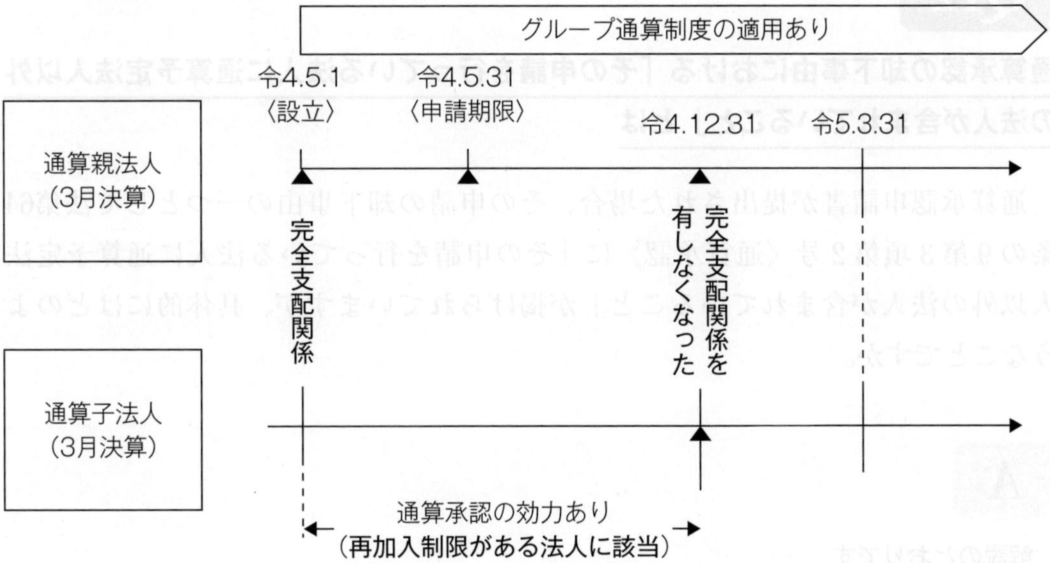
グループ通算制度の適用あり
令4.5.1
〈設立〉
令4.5.31
〈申請期限〉
令4.12.31
令5.3.31
通算親法人
(3月決算)
完全支配関係
完全支配関係を有しなくなった
通算子法人
(3月決算)
通算承認の効力あり
(再加入制限がある法人に該当)

Q12

通算承認の却下事由における「その申請を行っている法人に通算予定法人以外の法人が含まれていること」とは

通算承認申請書が提出された場合、その申請の却下事由の一つとして法第64条の９第３項第２号《通算承認》に「その申請を行っている法人に通算予定法人以外の法人が含まれていること」が掲げられていますが、具体的にはどのようなことですか。

A

解説のとおりです。

解説

通算承認の却下事由については、法人税法第64条の９第３項各号には、次のとおり定められています（法64の９③各号）。

⑴　通算予定法人㈲のいずれかがその申請を行っていないこと

⑵　その申請を行っている法人に通算予定法人以外の法人が含まれていること

⑶　その申請を行っている通算予定法人につき次のいずれかに該当する事実があること

イ　所得の金額又は欠損金額及び法人税の額の計算が適正に行われ難いと認められること

ロ　損益通算及び欠損金の通算の適用を受けようとする事業年度において、帳簿書類の備付け、記録又は保存が法人税法施行規則第53条《青色申告承認申請書の記載事項》から第59条《帳簿書類の整理保存》までの規定に従って行われることが見込まれないこと

ハ　備え付ける帳簿書類に取引の全部又は一部を隠蔽し又は仮装して記載し又は記録していることその他不実の記載又は記録があると認められる相当の理由があること

ニ　法人税の負担を不当に減少させる結果となると認められること

㈲　通算予定法人とは、法人税法第64条の９第１項《通算承認》に規定する親法人又は同条第２項に規定する他の内国法人（子法人）（すなわち、グループ通算制度を適用する親

法人又は子法人となれる法人）をいう。

そこで、⑵「その申請を行っている法人に通算予定法人以外の法人が含まれていること」とは、例えば、法第64条の10第１項《通算制度の取りやめ等》の承認を受け、法第127条第２項《青色申告の承認の取消し》の規定による通知を受け、又は法第128条《青色申告の取りやめ》に規定する届出書の提出をした内国法人につき、法第64条の９第１項第３号から第５号までに規定する各期間を経過していない場合において、当該内国法人がその申請を行っている法人に含まれていることがこれに該当します。つまり、青色申告の承認の取消しの通知を受け、青色申告の取りやめの届出書を提出し、又はグループ通算制度の取りやめの承認を受けた日以後５年（青色申告の取りやめの届出書の提出にあっては、その届出書の提出をした日以後１年）以内に通算承認の申請書を提出した法人はこれに該当します（通算通達２－28）。

2　通算完全支配関係

Q13

通算承認とその効力

通算の承認がなされれば、直ちに通算法人となるのでしょうか。

A

通算承認の効力が生ずる日において通算法人となります。

解説

グループ通算制度における「通算承認を受けた」とは、通算承認（法64の９②）を受け、通算承認の効力が生じた場合をいいます。

したがって、通算承認がなされれば、直ちに通算法人となるのではなく、通算親法人のグループ通算制度の適用を受けようとする最初の事業年度開始の日から通算法人となります（法64の９⑥）。

Q14

完全支配関係とは

完全支配関係とはどのような関係をいいますか。

A

完全支配関係とは、次のいずれかの関係をいいます。

(1)　一の者が法人の発行済株式の全部を直接又は間接に保有する関係

(2)　一の者との間に当事者間の完全支配関係がある法人相互の関係

解説

「完全支配関係」とは、一の者が法人の発行済株式の全部を直接又は間接に保有する関係（100%出資関係）又は一の者との間の完全支配関係がある法人相互の関係をいいます。

ただし、グループ通算制度においては、一の者は、法人に限られ、また、間接保有による100%出資の関係の判定に関しては、通算子法人となれない法人（Q９参照）によって保有されている株式を除いて判定する点に注意する必要があります。

なお、子会社が保有する自己株式等（Q18以下参照）については、これを除いたところで、この「全部を直接又は間接に保有する関係」の判定を行うこととなります。

Q15

完全支配関係と通算完全支配関係の相違

完全支配関係と通算完全支配関係の相違は何ですか。

A

「通算完全支配関係」は、特に、グループ通算制度の適用を受ける通算法人間の関係である点が単なる「完全支配関係」と異なるところです。

解説

「完全支配関係」、「通算完全支配関係」は、いずれも発行済株式総数等の全部を直接若しくは間接に保有する関係又はこれらの関係がある場合の相互の関係をいいますが、その相違点として、「完全支配関係」は、単体法人（通算法人以外の法人）間の関係をいうのに対し、「通算完全支配関係」は、グループ通算制度の適用を受ける通算法人間の関係をいうものと一般的に解されています。

したがって、「完全支配関係」は、通算の承認や効力とは関係はなく、発行済株式等の全部を直接又は間接に保有しているか否かの関係であるのに対し、「通算完全支配関係」は、通算承認を受け、その効力が生じている通算親法人と通算子法人との完全支配関係又はその通算親法人との間に完全支配関係のある通算子法人相互の関係ということになります。

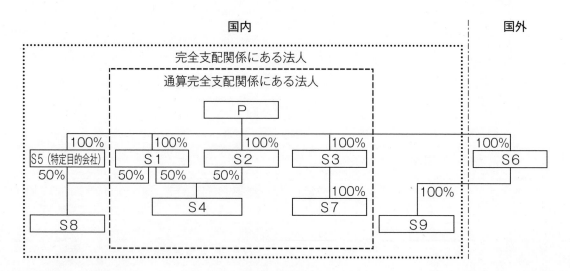

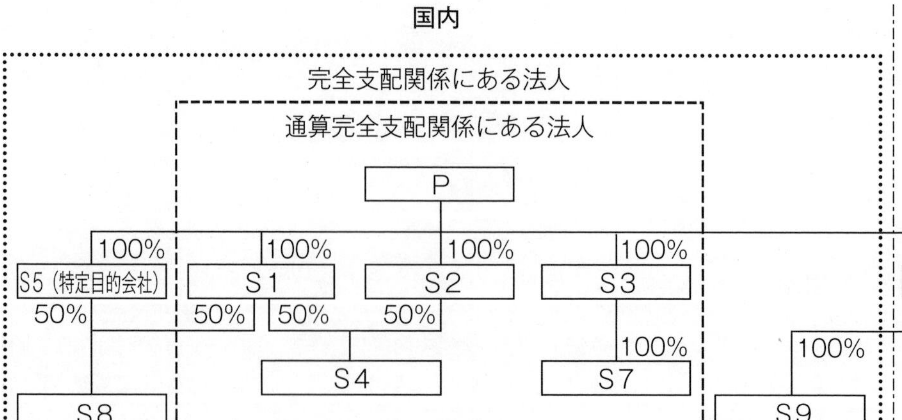

Q16

通算完全支配関係とは

「通算完全支配関係」とは、どのような関係をいいますか。

A

通算親法人と通算子法人との間の完全支配関係（通算除外法人及び外国法人が介在しない一定の関係に限ります。）又はその通算親法人との間に完全支配関係がある通算子法人相互の関係をいいます。

解説

「通算完全支配関係」とは、通算親法人と通算子法人との間の完全支配関係（通算除外法人〔Q９参照〕及び外国法人が介在しない一定の関係に限ります。）又はその通算親法人との間に完全支配関係がある通算子法人相互の関係をいうものとされています（法２十二の七の七）が、これはあくまでも、グループ通算制度の適用がある「通算法人」間の関係を示すものであることに留意する必要があります（Q15参照）。

なお、完全支配関係については、Q14～15、Q17～24を参照してください。

Q17

株式を保有する一の者

完全支配関係において、法人の発行済株式を保有する一の者とは、具体的にどのような者をいうのでしょうか。

A

一の者には、内国法人のほか外国法人も含まれ、また、一の者が個人の場合には、その個人及びその個人と特殊な関係がある個人が含まれます。

解説

「完全支配関係」とは、法令上、①一の者が法人の発行済株式の全部を直接又は間接に保有する関係、②一の者との間に当事者間の完全支配関係がある法人相互の関係のいずれかの関係とされています（法２十二の七の六）。

この場合における「一の者」が、どのような者であるかによって、この完全支配関係の範囲も異なることとなるわけですが、ここでいう「一の者」には、内国法人のほか外国法人も含まれるとともに、一の者が個人（株主）である場合には、その個人及びその個人と法人税法施行令第４条第１項に規定する「特殊の関係のある個人（令４①）」が含まれることとなります（令４の２②）。

《参考：特殊の関係のある個人》

⑴　株主等の親族

⑵　株主等と婚姻の届出をしていないが事実上婚姻関係と同様の事情にある者

⑶　株主等（個人である株主等に限る。）の使用人

⑷　⑴～⑶に掲げる者以外の者で株主等（個人である株主等に限る。）から受ける金銭その他の資産によって生計を維持しているもの

⑸　⑴～⑶に掲げる者と生計を一にするこれらの者の親族

Q18

完全支配関係の判定（自己株式の取扱い）

発行済株式について自己株式がある場合、完全支配関係に係る株式保有割合の計算はどのように行うことになるのでしょうか。

A

完全支配関係の判定上、発行済株式等の総数から自己株式を除いて株式保有割合の計算を行うことになります。

解説

自己株式は、議決権や配当請求権などといった株主本来の権利を有さないとされているため、完全支配関係を考える上においては、これを発行済株式等の総数から除いて判定することとされています（法令4の2②）。

したがって、完全支配関係の判定における株式保有割合の計算上、自己株式を発行済株式総数から除いて計算し、その判定を行うことになります。

Q19

完全支配関係の判定（議決権のない優先株式等の取扱い）

A社は、B社が発行する普通株式のすべてを保有しています。また、B社は、他の株主（X社）に対し「議決権のない優先株式」を発行していますが、この場合、A社とB社は、「完全支配関係」の状態にあることとなりますか。

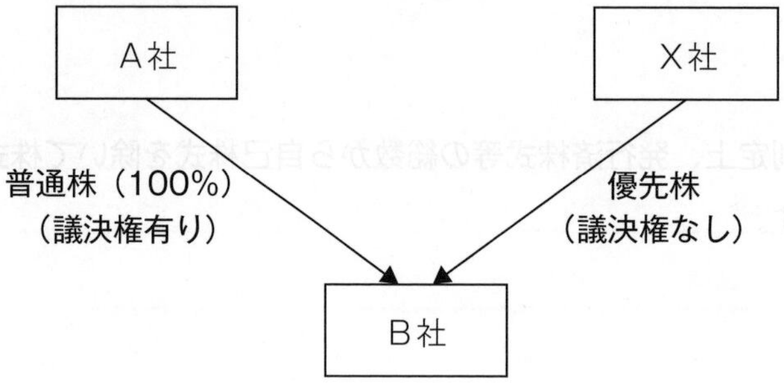

A

「完全支配関係」の状態にあることにはなりません。

解説

完全支配関係が成立するためには、一の者が、法人の発行済株式のすべて（自己株式は除きます。）を保有している関係にある必要があります（法令4の2②）。

本件は、発行済株式における「議決権のない優先株式」の位置づけが問題となりますが、たとえ「議決権のない優先株式」であれ、A社が発行した株式であることから、結果、A社はB社が発行した（発行済みの）すべての株式（自己株式を除きます。）を保有していない状態にあります。

したがって、A社はB社との間に完全支配関係を有する関係にはないことになります。

このように、完全支配関係の判定上は、普通株式も議決権のない優先株式も同様に取り扱われます。

Q20

完全支配関係の判定（従業員持株会が株主となっている場合）

従業員持株会が株主となっている場合、完全支配関係の判定上、どのように取り扱われますか。

A

従業員持株会が保有する株式については、それがその発行済株式総数の５％未満である場合には、自己株式と同様、発行済株式総数から除いて、残りの全部が一の者に保有されているかどうかで判定することになります。

解説

従業員持株会が保有する株式及びその法人の役員又は従業員に付与された新株引受権の行使によって取得された株式の合計額が、発行済株式（自己株式を除きます。）の５％未満である場合には、当該従業員持株会及び新株引受権の行使による株式は、完全支配関係の判定上、発行済株式総数から除いて計算することとされています（法令４の２②）。

したがって、発行済株式総数からこの従業員持株会等が保有する株式を除いた株式総数の全部が一の者によって直接又は間接に保有されている場合は、当該一の者と発行法人との間には完全支配関係があることとなります。

なお、ここにいう「従業員持株会」とは、民法第667条に規定する組合契約による組合に限られていることから、人格のない社団等に該当するいわゆる信託銀行方式による従業員持株会は、これに該当しないことに注意する必要があります（法基通１－３の２－３）。

Q21

完全支配関係における従業員持株会等に係る株式の保有割合の判定時期

完全支配関係の判定上除かれる株式の対象とされていた従業員持株会の取得株式に係る5％未満の判定はいつ行えばよいのでしょうか。

A

対象となる株式に異動が生じた都度判定を行います。

解説

通算グループの完全支配関係の判定における従業員持株会等に係る株式の保有割合については次のとおりとされています（通算通達2－27）。

1　完全支配関係の判定

グループ通算制度における完全支配関係（法人税法第64条の9第1項《通算承認》に規定する政令で定める関係に限ります。）があるかどうかの判定上、法人の発行済株式の総数のうちに民法組合方式の従業員持株会が取得した株式及び法人の役員等がストックオプションの権利行使により取得した株式の合計数の占める割合が5％未満である場合には、これらの株式を発行済株式から除くこととされています（令131の11②、4の2②一）。つまり、グループ通算制度においては、当該「割合」を除いた保有割合をもって、完全支配関係の判定を行う、ということです。

2　保有割合の判定時期

グループ通算制度を適用しようとする事業年度において、例えば、当初は完全支配関係の判定上除かれる株式の対象とされていた従業員持株会の取得株式及びストックオプションの権利行使による取得株式に係る上記1の「割合」が5％未満であったものの、その中途において当該「割合」が増加して5％以上となり当該事業年度末には再び5％未満となったような場合ですが、対象となる株式に異動が生じた都度判定を行い（つまり、当該事業年度末のみに判定を行うのではなく、当該「割合」が5％以上となった時においてもこの判定を行い）、その結果、その5％以上となった時には完全支配関係を有していない（つまり、完全支配関係が継続していない）ということになります。したがって、上述のような場合には、当該「割合」が５％以上となった時点において、その完全支配関係を有しないものとして取り扱うこととなります。

これらのことから、グループ通算制度を継続するためには、通算親法人と通算子法人との間の完全支配関係はグループ通算制度を適用しようとする事業年度の期間を通じて継続している必要がある、ということになります。

Q22

完全支配関係の判定（名義株の取扱い）

発行済株式の一部に、いわゆる名義株がある場合、完全支配関係の判定はどのようになるのでしょうか。

A

名義株の真の保有者が誰かにより、完全支配関係の判定を行うことになります。

解説

完全支配関係の判定は、一義的には、その（株式発行）法人の株主名簿、社員名簿又は定款に記載・記録されている株主等により判定することとなりますが、その株主等が単なる名義人であって、その株主等以外の者が実際の権利者である場合には、その実際の権利者がその法人の株式等を保有するものとして、その完全支配関係の判定を行うこととなります（法基通１－３の２－１）。

Q23

子会社間で発行済株式の一部を相互に持ち合っている場合の完全支配関係の判定

子会社間で発行済株式の一部を相互に持ち合っている場合の完全支配関係の判定はどのように行うことになりますか。

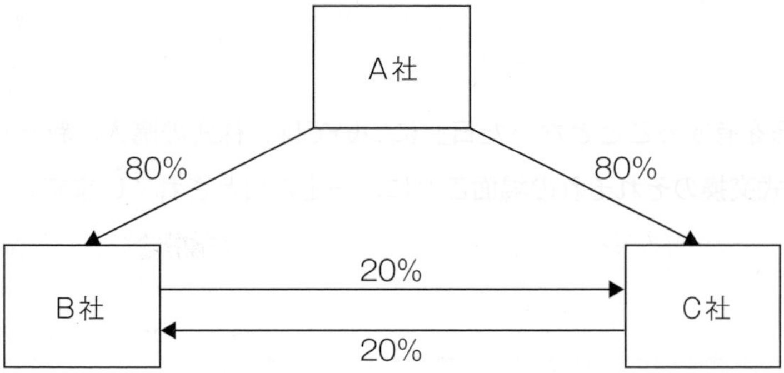

A

発行済株式のうち、持ち合い株式を除く他の株式の全てがグループ内のいずれかの法人によって保有され、その資本関係がグループ内で完結しているときは、完全支配関係があるものとして取り扱われます。

解説

子会社間で発行済株式の一部について、相互に持ち合う場合がありますが、この場合の完全支配関係の判定は、発行済株式のうち持ち合い株式を除く他の株式の全てがグループ内のいずれかの法人によって保有され、その資本関係がグループ内で完結しているときは、完全支配関係があるものとして取り扱われます（〈国税庁ホームページ〉平成22年８月10日、法人税課情報第４号外、問４）。

Q24

完全支配関係を有することとなった日

「完全支配関係を有することとなった日」とは、具体的には、いつの日となりますか。

A

「完全支配関係を有することとなった日」については、株式の購入、新たな法人の設立、合併・分割・株式交換のそれぞれの場面ごとに、一定の日とされています。

解説

完全支配関係の判定において、その「完全支配関係を有することとなった日」がいつであるかについては、実務上種々考えられるところであり、疑義が生じるところです。特に、グループ通算制度における「完全支配関係を有することとなった日」については、例えば、通算加入法人に係る承認の効力発生日（法64の9⑩⑪）や、事業年度の特例の期間（法14④⑤）などの基準となる日であり、法令上、重要な意味を持ちます。

そこで、法人税基本通達1-3の2-2では、株式の購入、新たな法人の設立、合併・分割・株式交換のそれぞれの場面ごとに、「完全支配関係を有することとなった日」について、具体的に、次のとおり明らかにしています。

(1)　株式（投資口を含む。）の購入……当該株式の引渡しのあった日（上場株式の場合は、譲渡人の口座から譲受人の口座への株式の振替の記録がなされた日）

(2)　新たな法人の設立……当該法人の設立後、最初の事業年度開始の日

(3)　合併（新設合併を除く。）……合併の効力を生ずる日

(4)　分割（新設分割を除く。）……分割の効力を生ずる日

(5)　株式交換……株式交換の効力を生ずる日

第3章

グループ通算制度の承認・離脱

１　連結納税制度からグループ通算制度への移行

Q25

連結納税制度からグループ通算制度への移行

通算制度の適用開始（令和４年４月１日以後に開始する事業年度）前に連結納税を行っている場合、通算制度の適用を受けることになるのでしょうか。

A

連結納税制度の適用を受けている法人は、グループ通算制度の施行日である令和４年４月１日以後に開始する事業年度からは、連結納税制度に代えてグループ通算制度の適用を受けることとなり、通算法人として申告を行うこととなります。

解説

令和４年３月31日において連結親法人に該当する内国法人及びその内国法人との間に連結完全支配関係がある連結子法人は、同日の属する連結親法人事業年度終了の日の翌日において、グループ通算制度の承認があったものとみなされます（令和２年改正法附則29①）。

したがって、連結納税制度の適用を受けている法人は、原則として、令和４年４月１日以後最初に開始する事業年度から連結納税制度に代えてグループ通算制度の適用を受けることとなり、通算法人として申告を行うこととなります。

その結果、その連結親法人の令和４年４月１日以後に開始する事業年度からは、その連結親法人及び連結子法人については、連結納税制度の適用もありません（令和２年改正法附則14）。

Q26

連結納税制度からグループ通算制度への移行を行わない場合

当社は、現在連結納税を行っていますが、グループ通算制度への移行は考えておりません。
グループ通算制度への移行を回避することはできますか。

A

令和４年４月１日以後最初に開始する事業年度開始の日の前日までに、連結親法人が「グループ通算制度へ移行しない旨の届出書」を税務署長に提出した場合には、グループ通算制度を適用しない法人となることが認められています。

解説

連結親法人が令和４年４月１日以後最初に開始する事業年度開始の日の前日までに税務署長に「グループ通算制度へ移行しない旨の届出書」を提出した場合には、その連結親法人及び連結子法人は連結納税制度及びグループ通算制度のいずれも適用しない法人として申告を行うこととなります（令和２年改正法附則29②、令和２年改正規附則５①）。

なお、連結法人がグループ通算制度を適用しない法人となることを選択した場合には、最終の連結事業年度終了の日の翌日から同日以後５年を経過する日の属する事業年度終了の日までの期間を経過していない法人は、グループ通算制度の適用を受けて通算法人となることはできないこととされています（令和２年改正法附則29③）。

Q27

グループ通算制度へ移行しなかった法人がその後通算法人となることの可否

「グループ通算制度へ移行しない旨の届出書」を提出した連結親法人Ｙ社（３月決算）は、令和４年９月30日に通算親法人Ｘ社（３月決算）により発行済株式の全部を取得されたことに伴い、Ｘ社との間にＸ社による完全支配関係を有することとなりました。この場合、Ｙ社はＸ社の通算子法人となることはできますか。

A

Ｙ社は通算除外法人に該当するため、一定の期間が経過するまではＸ社の通算子法人となることはできません。

解説

グループ通算制度の取りやめの承認を受けた法人でその承認を受けた日の属する事業年度終了の日の翌日から同日以後５年を経過する日の属する事業年度終了の日までの期間を経過していない法人は、通算除外法人（Ｑ９の解説参照）に該当することとなります（法64の９①三）。

また、連結親法人が令和４年４月１日以後最初に開始する事業年度開始の日の前日までに「グループ通算制度へ移行しない旨の届出書」を納税地の所轄税務署長に提出した場合には、その連結親法人及び当該前日においてその連結親法人との間に連結完全支配関係がある連結子法人で、最終の連結事業年度終了の日の翌日から同日以後５年を経過する日の属する事業年度終了の日までの期間を経過していないものは、上記の通算除外法人とみなして、通算承認に関する規定（法64の９）を適用することとされています（令和２年改正法附則29③）。

したがって、連結納税制度の適用を受けているＹ社が、グループ通算制度を適用しないこととした場合ですが、Ｙ社は、最終の連結事業年度終了の日（令和４年３月31日）の翌日（令和４年４月１日）から同日以後５年を経過する日（令和９年３月31日）の属する事業年度終了の日までの期間を経過していない法人であるため、通算除外法人とみなされ、令和４年４月１日から令和９年３月31日の属する事業年度終了の日までの期間が経過するまでは通算法人となることはできません。

なお、連結納税制度の適用を受けている連結法人が、連結納税の取りやめの承認を受けた場合においても、「グループ通算制度へ移行しない旨の届出書」を提出した連結親法人及び令和４年４月１日以後最初に開始する事業年度開始の日の前日においてその連結親法人との間に連結完全支配関係がある連結子法人と同様に、その承認を受けた日の属する事業年度終了の日の翌日から同日以後５年を経過する日の属する事業年度終了の日までの期間を経過していない法人は、上記の通算除外法人とみなして、通算承認に関する規定（法64の９）を適用することとされています（令和２年改正法附則29④）。

〈イメージ図〉

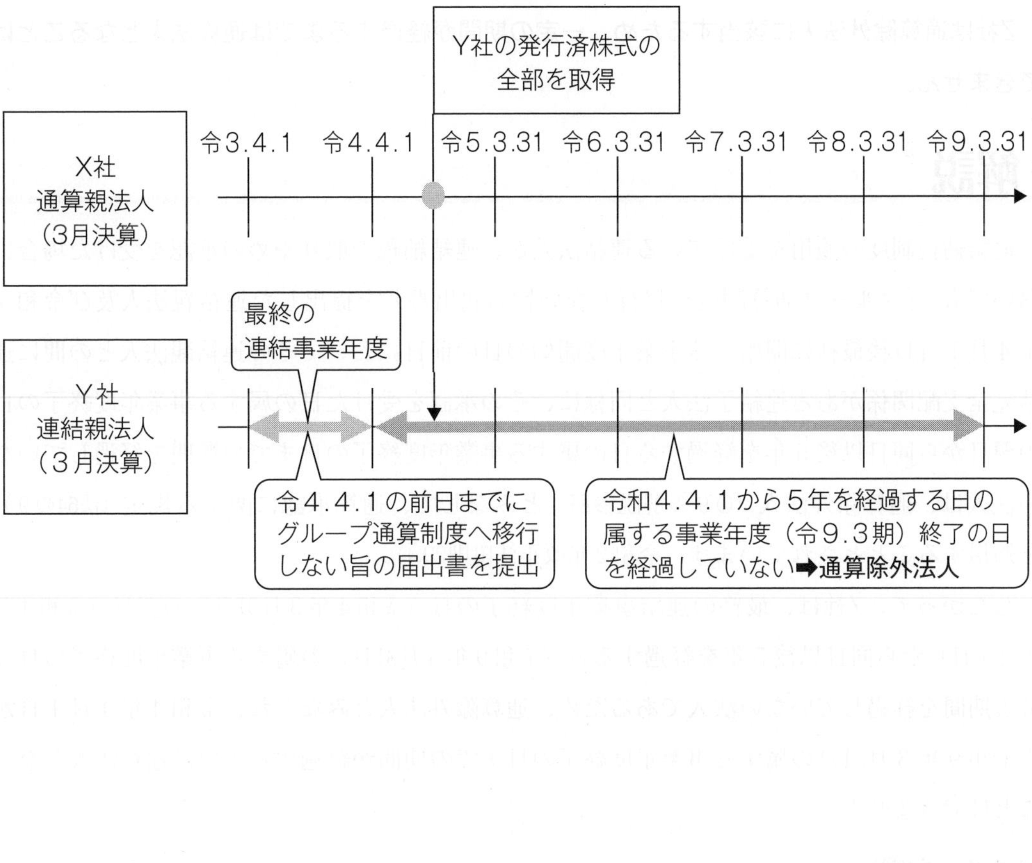

Q28

連結親法人が、連結納税の取りやめの承認を受けた場合のグループ通算制度の適用

連結納税制度の適用を受けている連結親法人Z社（３月決算）が、令和４年１月20日に連結納税の取りやめの承認を受けた場合において、通算法人となることはできますか。

A

Z社は通算除外法人に該当するため、一定の期間が経過するまでは通算法人となることはできません。

解説

連結納税制度の適用を受けている連結法人が、連結納税の取りやめの承認を受けた場合においても、「グループ通算制度へ移行しない旨の届出書」を提出した連結親法人及び令和４年４月１日以後最初に開始する事業年度開始の日の前日においてその連結親法人との間に連結完全支配関係がある連結子法人と同様に、その承認を受けた日の属する事業年度終了の日の翌日から同日以後５年を経過する日の属する事業年度終了の日までの期間を経過していない法人は、通算除外法人（Ｑ９の解説参照）とみなして、通算承認に関する規定（法64の９）を適用することとされています（令和２年改正法附則29④）。

したがって、Z社は、最終の連結事業年度終了の日（令和４年３月31日）の翌日（令和４年４月１日）から同日以後５年を経過する日（令和９年３月31日）の属する事業年度終了の日までの期間を経過していない法人であるため、通算除外法人とみなされ、令和４年４月１日から令和９年３月31日の属する事業年度終了の日までの期間が経過するまでは通算法人となることはできません。

〈イメージ図〉

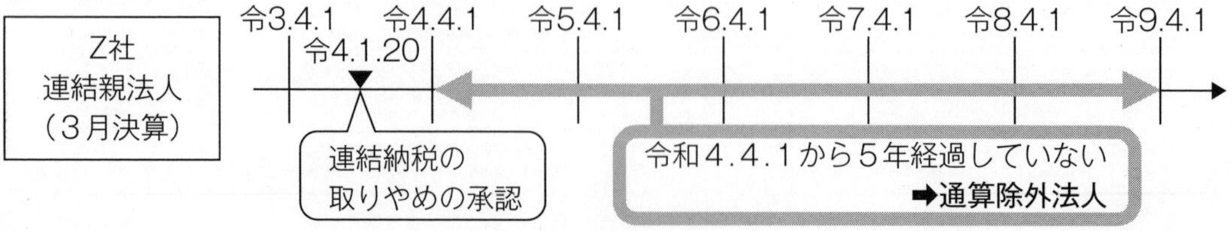

Q29

グループ通算制度へ移行する場合におけるe-Taxによる申告に係る届出の要否

連結法人がグループ通算制度へ移行する場合におけるe-Taxによる申告の特例に係る届出書の提出の要否についてご教示ください。

A

特定法人でなかった内国法人について、グループ通算制度の承認の効力が生じた場合には、その効力が生じた日等から１月以内に「e-Taxによる申告の特例に係る届出書」を提出しなければならないこととされています。

解説

令和４年３月31日において連結親法人に該当する内国法人及び同日の属する連結親法人の事業年度終了の日においてその内国法人との間に連結完全支配関係がある連結子法人については、同日の翌日において、グループ通算制度の承認があったものとみなされ、この承認は、当該翌日から、その効力が生ずることとされています（令和２年改正法附則29①）

また、特定法人(注)である内国法人は、各事業年度の所得に対する法人税の申告については、e-Taxを使用して、申告書記載事項等を入力して送信する方法により提供する必要があります（法75の４①②）。

この特定法人でなかった内国法人について、グループ通算制度の承認の効力が生じた場合には、その効力が生じた日等から１か月以内に「e-Taxによる申告の特例に係る届出書」を納税地の所轄税務署長に提出しなければならないこととされています（規36の４）。

具体的には、Ｘ社（連結親法人）が連結納税制度を適用している事業年度において特定法人に該当しておらず、また、Ｘ社及びＹ社（その連結子法人）が「e-Taxによる申告の特例に係る届出書」を提出していない場合は、令和４年４月１日から１月以内に「e-Taxによる申告の特例に係る届出書」をそれぞれの納税地の所轄税務署長に提出する必要があります。

なお、Ｘ社が連結納税制度を適用している事業年度において特定法人に該当する場合は、Ｙ社のみが「e-Taxによる申告の特例に係る届出書」を納税地の所轄税務署長に提出することとなります。

㈱　特定法人とは、次に掲げる法人をいいます（法75の４②）。

⑴　その事業年度開始の時における資本金の額又は出資金の額が１億円を超える法人

⑵　通算法人（⑴に掲げる法人を除きます。）

⑶　保険業法に掲げる相互会社（⑵に掲げる法人を除きます。）

⑷　投資法人（⑴に掲げる法人を除きます。）

⑸　特定目的会社（⑴に掲げる法人を除きます。）

2　承　認

Q30

グループ通算制度の適用を受けるための手続

グループ通算制度の適用を受けるための手続はどのように行うのですか。

A

グループ通算制度の適用を受けるためには、国税庁長官の承認を得る必要があります。

なお、この承認を受けるための申請は、通算親法人となろうとする法人と通算子法人となろうとする法人（同一の通算グループとなる全ての法人）の全てが連名で行う必要があります。

解説

グループ通算制度の適用を受けようとする内国法人（親会社）とその内国法人との間にその内国法人による完全支配関係がある他の内国法人（通算除外法人及び外国法人が介在しない子会社）は、①通算親法人となる法人の通算制度の適用を受けようとする最初の事業年度開始の日の３月前の日までに、②親会社及び子会社のすべての連名で、③財務省令で定める事項（親会社・子会社の名称、納税地及び法人番号並びに代表者の氏名、事業年度、発行済株式総数等）を記載した申請書（３部）を、④当該親会社の納税地の所轄税務署長を経由して国税庁長官に対し提出する必要があります（法64の９②、規27の16の８①）。

Q31

通算承認の申請に係る子法人の手続き

通算子法人となろうとする法人（子会社）は、通算親法人となろうとする法人（親会社）と連名でその親会社が通算承認の申請を行うこととされていますので、この申請は親会社のみが行う手続きと思われますが、その申請に際して、子会社には、別途、必要な手続きがあるのでしょうか。

A

子会社は、親会社と連名で通算承認の申請を行う必要がありますが、それ以外の手続きは不要です。

解説

通算承認の申請は、原則として親会社のグループ通算制度の適用を受けようとする最初の事業年度開始の日の３月前の日までに、親会社と子会社の全てと連名で当該親会社の所轄税務署長を経由して国税庁長官に提出する必要があるとされています（法64の９②）。

この場合、「連名」の申請ではあるものの、申請書の提出先が当該親会社の所轄税務署長とされていることから、実務上は、親会社のみの申請で足りることとなります。

Q32

通算承認の申請期限

通算承認の申請は、いつまでに行うのですか。

A

通算親法人となる法人は、グループ通算制度の適用を受けようとする最初の事業年度開始の日の３か月前の日までに、当該親法人の所轄税務署長を経由して国税庁長官に提出することとされています。

解説

選択制である「グループ通算制度」は、いつでも自由にその適用を受けることができる訳ではなく、一定の期限までにその適用に関する申請を行い、かつ、その承認を受けた場合に限り、適用することができます。

なお、通算承認の申請は、原則として、通算親法人となる法人のグループ通算制度の適用を受けようとする最初の事業年度開始の日の３か月前の日までに、当該親法人が、当該親法人の所轄税務署長を経由して国税庁長官に提出することとされています（法64の９②）。

Q33

通算承認の申請の提出期限の具体例

親会社の令和X２年３月期（令和X1年４月１日～同X2年３月31日）からグループ通算制度の適用を受けたい場合、通算承認の申請の提出期限は、具体的にはいつの日となりますか。

A

令和Ｘ0年12月31日が承認申請書の提出期限となります。

解説

通算承認の申請は、原則として、通算親法人となろうとする法人のグループ通算制度の適用を受けようとする最初の事業年度開始の日の３か月前の日までに、提出する必要があります（法64の９②）。

したがって、親会社の決算期末が３月31日で、通算事業年度開始の日をX1年４月１日としたい場合を例にとりますと、まず、当該X1年４月１日は計算期間の初日ですから「３か月前の日」の起算日には算入されずに（通法10①一、通基通10条関係２）、X1年３月31日が起算日となります。

そして、X1年３月31日から遡って３か月前の日であるX1年１月１日が期間満了日となりますので（通法10①二、三）、その前日のX0年12月31日が、この例の場合の通算承認の申請の提出期限となります。

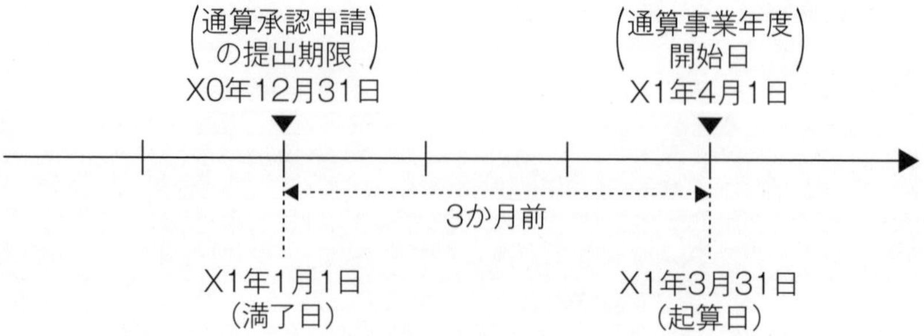

Q34

令和４年４月１日前の通算承認の申請の手続き

例えば、令和４年４月１日から開始する事業年度を通算初年度としてグループ通算制度の適用を受けようとする場合の通算承認の申請は、どのようになりますか。

A

連結納税の承認の申請をすることにより、通算承認を受けることができます。

解説

令和４年４月１日前にされた連結納税の承認の申請であって、改正法（連結納税の見直しに係る部分に限ります。）の施行の際、承認又は却下の処分がされていないものは、通算承認の申請とみなすこととされています（令和２年改正法附則15①）。

なお、当該改正法の規定は、令和４年４月１日前には適用されません。

このことから、連結納税の承認を受けていない法人が通算親法人の令和４年４月１日から７月１日までに開始する事業年度について通算承認を受けようとする場合、その３月前の日は、令和３年12月31日から令和４年３月31日ですから、その間は、通算承認の申請を行うことができません。

したがって、令和４年３月31日までに通算承認の申請をしようとするときは、連結納税の承認の申請をすることにより、通算承認を受けることとなります。

Q35

完全支配関係を有しなくなる予定の子会社の通算承認の申請書への記載

今般、通算承認の申請書を提出することになりましたが、完全子会社の5社うちの1社（S社）について、当該承認申請書を提出する日の1週間後に完全支配関係を有しなくなることが明らかとなりました。この法人についても、通算承認の申請書に記載する必要があるでしょうか。

A

このような法人（S社）においても、通算承認の申請書に記載する必要があります。

解説

通算承認の申請書については、その提出時に、内国法人（親会社）との間に当該内国法人による完全支配関係がある他の内国法人（子会社）の全てについて連名で記載することとされています。

したがって、通算承認の申請書の提出後、すぐに完全支配関係を有しなくなることが予定されている（あるいは確定している）法人（他の内国法人＝子会社）がある場合であっても、その法人の記載を要することとなります。

なお、その子会社（通算子法人）がその申請後に実際に親会社（通算親法人）との間において完全支配関係を有さなくなった場合には、当該親会社は、遅滞なく、納税地の所轄税務署長に対し、その有しなくなった日及び有しなくなった事由等を記載した書類を提出することとなります（令131の14④二）。

3　離　脱

Q36

グループ通算制度からの離脱とは

「グループ通算制度からの離脱」とは、そもそもどのような場面をいい、また、税務上どのような効果が生じるのですか。

A

「グループ通算制度からの離脱」とは、一般的に、通算子法人が、その通算親法人との間の通算完全支配関係を喪失することをいいます。

解説

グループ通算制度からの離脱とは、一般的に、通算子法人がその通算親法人との間の通算完全支配関係を喪失することをいいます。

具体的には、通算子法人が青色申告の承認を取り消された場合（法64の10⑤）又は通算子法人がその通算親法人との間の通算完全支配関係を喪失した場合（同条⑥）となります。

そして、通算承認は、その通算完全支配関係を有しなくなった日から、その効力を失うものとされています。

Q37

離脱した法人が通算親法人となるためのグループ通算制度の承認申請

通算親法人が株式を譲渡したことにより通算完全支配関係を有しなくなったことから、グループ通算制度の承認の効力を失った法人について、新たにこの法人が通算親法人となるために、この承認の効力を失った日から５年を経過していないときであっても、グループ通算制度の承認申請書を提出することはできますか。

A

グループ通算制度の承認申請書を提出することができます。

解説

通算親法人となることができる法人は、内国法人である普通法人又は協同組合等に限られ、一定の法人㈨を除くこととされています（法64の９①)。

この一定の法人とは、清算中の法人や法人税法第64条の10第１項の規定によりグループ通算制度の取りやめの承認を受けた法人でその承認を受けた日の属する事業年度終了の日の翌日から同日以後５年を経過する日の属する事業年度終了の日までの期間を経過していない法人などとされています（法64の９①)。

なお、通算完全支配関係を有しなくなったことにより通算承認の効力を失った法人（法64の10⑥六）は、この一定の法人には該当しないこととされています。

したがって、本件の場合、一定の法人に該当せず通算親法人となることができるため、通算親法人とする通算制度の承認申請書を提出することができます。

㈨　一定の法人とは、次の法人をいいます。

⑴　清算中の法人

⑵　普通法人（外国法人を除きます。）又は協同組合等との間に当該普通法人又は協同組合等による完全支配関係がある法人

⑶　通算承認を受けた法人でその承認を受けた日の属する事業年度終了の日の翌日から同日以後５年を経過する日の属する事業年度終了の日までの期間を経過してないもの

⑷　青色申告の承認の取消通知を受けた法人で、その通知を受けた日から同日以後５年を経過

する日の属する事業年度終了の日までの期間を経過していないもの

⑸ 青色申告の取りやめの届出書を提出した法人で、その届出書を提出した日から同日以後１年を経過する日の属する事業年度終了の日までの期間を経過していないもの

⑹ 投資法人

⑺ 特定目的会社

⑻ 普通法人以外の法人

⑼ 破産手続開始の決定を受けた法人

⑽ 法人課税信託のうち、投資信託及び投資法人に関する法律第２条第３項に規定する投資信託及び資産の流動化に関する法律第２条第13項に規定する特定目的信託の受託法人

Q38

離脱した法人が他の通算グループの通算親法人との間に完全支配関係を有することとなった場合の通算承認申請

通算グループから離脱した法人が他の通算グループの通算親法人との間に完全支配関係を有することとなった場合、すぐに、通算承認の申請を行うことができますか。

A

一定の事由により通算承認の効力を失った後に、再度、通算承認を受けるために通算承認の申請を行う場合には、原則それぞれ一定の期間を経過している必要があります。

解説

グループ通算制度の対象とならない法人（親法人又は子法人となれない法人）については、法人税法第64条の９第１項各号《通算承認》並びに法人税法施行令第131条の11第１項及び第３項《通算法人の範囲》にそれぞれ掲げられていますが、このうち、次のとおり、通算法人に一定の事由が生じた後一定期間を経過していない場合には、グループ通算制度の対象とならない法人に該当することになります（法64の９①）。

⑴　グループ通算制度の取りやめの承認を受けた法人でその承認を受けた日の属する事業年度終了の日の翌日から同日以後５年を経過する日の属する事業年度終了の日までの期間を経過していない場合における当該法人（法64の９①三）

⑵　青色申告の承認の取消し（法127②）の規定による通知を受けた法人でその通知を受けた日から同日以後５年を経過する日の属する事業年度終了の日までの期間を経過していない場合における当該法人（法64の９①四）

⑶　法人税法第64条の10第６項（第６号に係る部分に限るものとし、その発行済株式又は出資を直接又は間接に保有する通算子法人（株式等保有通算法人）の破産手続開始の決定による解散に基因して同号に掲げる事実が生じた場合を除く。）《通算制度の取りやめ等》の規定により通算承認の効力を失った法人（その効力を失う直前において同法第64条の９第１項に規定する親法人（以下「親法人」という。）による完全支配関係（同項に規定する政令で定め

る関係に限る。）があったものに限る。）でその効力を失った日から同日以後５年を経過する日の属する事業年度終了の日までの期間を経過していない場合における当該法人（法64の９①十、令131の11③一）

ただし、上記(3)に掲げる事由により通算承認の効力を失った法人が、その効力を失う直前に当該法人の通算親法人であった法人以外の親法人と再度、通算承認を受けるために通算承認の申請を行う場合には、上記(3)に掲げる期間を経過している必要はありません。

〈イメージ図〉

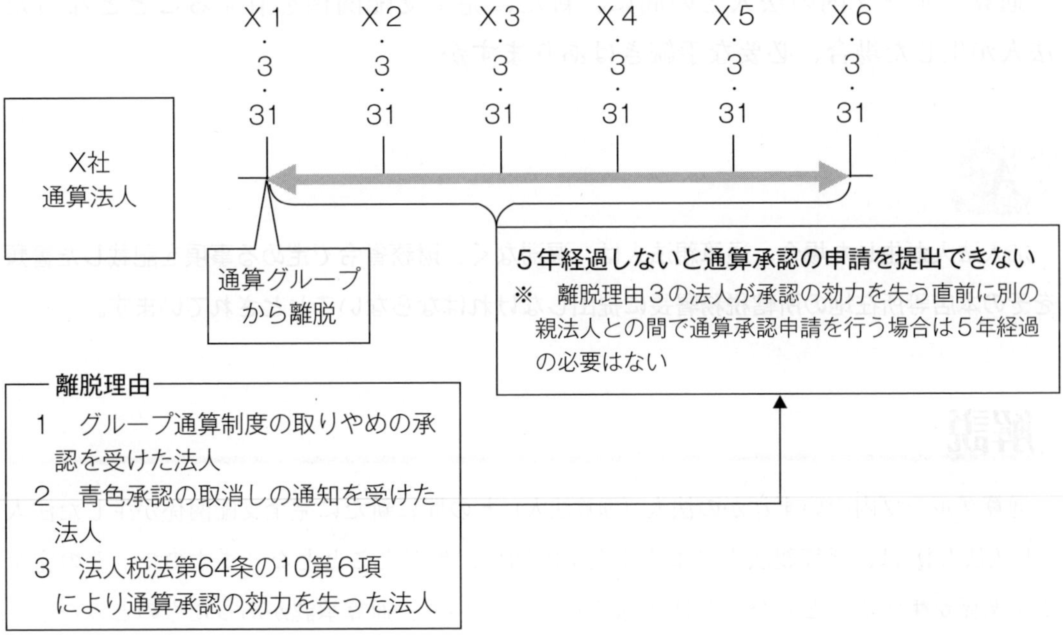

4 加入・再加入

Q39

加入法人が生じた場合の手続き

通算グループ内の法人との間に、新たに完全支配関係を有することとなった法人が生じた場合、必要な手続きはありますか。

A

加入法人が生じた場合、通算親法人は、遅滞なく、財務省令で定める事項を記載した書類をその本店等所在地の所轄税務署長に提出しなければならないこととされています。

解説

通算グループ内のいずれかの法人（通算法人）との間に新たに完全支配関係が生じた法人（「加入法人」）は、通算親法人による完全支配関係が生じたこととなりますので、その完全支配関係が生ずることとなった日（「加入日」）において、通算承認があったものとみなされ（法64の9⑪）、加入日以後の期間について通算承認の効力が生ずることとなります。

このため、その通算親法人はその納税地の所轄税務署長に、完全支配関係を有することとなった日その他財務省令で定める事項（①通算親法人の名称、納税地及び法人番号並びに代表者の氏名、②加入法人の名称、納税地及び代表者の氏名、完全支配関係を有することとなった日における発行済株式総数等）を記載した書類をその加入日以後、遅滞なく、提出しなければならないこととされています（令131の12③、規27の16の8③）。

Q40

最初通算事業年度開始の時までの間に完全支配関係を有することとなった法人の通算承認

最初の通算事業年度開始の時までの間に、新たに親法人による完全支配関係を有することとなった場合において、その親法人に対して通算承認があったときは、他の内国法人についての通算承認はどのようになりますか。

A

当該法人にもこの承認の効力が及ぶこととなります。

解説

通算承認の申請を行った親法人に対して通算承認の処分があった場合には、グループ通算制度の適用を受けようとする最初の事業年度（以下「最初通算事業年度」といいます。）の開始の時にその親法人による完全支配関係を有する他の内国法人（子法人）の全てにつきその承認があったものとみなすこととされています（法64の９④）。

したがって、通算承認の申請時には当該親法人との間に当該親法人による完全支配関係を有しない法人も、当該申請時から最初通算事業年度開始の時までの間に新たに当該親法人との間に完全支配関係を有することとなった場合には、この承認があったものとみなされる他の内国法人に該当することとなり、当該法人にもこの承認の効力が及ぶこととなります。

Q41

最初の通算親法人の事業年度開始の日に完全支配関係が生じた法人の通算承認の取扱い

最初の通算親法人の事業年度の開始の日に、親会社（内国法人）との間に完全支配関係が生じた法人（他の内国法人）についての通算承認の取扱いは、どのようになるのでしょうか。

A

通算親法人が株式移転により設立された場合を除き、法人税法第64条の９第11項（通算制度への加入）における他の内国法人（通算加入法人）として取り扱われます。

解説

例えば、通算承認の申請を行った内国法人（親会社）が、その最初の通算事業年度であるX年４月１日～X１年３月31日の、その開始日であるX年４月１日に、その親会社との間に新たに完全支配関係を有することとなった他の内国法人がある場合、これが法人税法第64条の９第４項に規定する他の内国法人（通算開始法人）として取り扱われるのか、あるいは、同条第11項に規定するグループ通算制度への加入における他の法人（通算加入法人）として取り扱われるのか疑問が生じます。

これについては、「通算グループ通算開始法人」として取り扱われるのではなく「通算加入法人」として取り扱うこととされています（通算通達２－34）。

㈡　株式移転により設立された法人が通算親法人となる場合（通算通達２－33）を除きます。

Q42

通算グループへの加入制限がある法人が再加入する場合の通算承認

過去に通算親法人X社の通算子法人であった会社が、再度、X社との間に完全支配関係を有することとなった場合に、いつの時点でX社の通算グループに再加入することができますか。

A

通算承認の効力を失った日以後５年を経過する日の属する事業年度終了の日の翌日から、Ｘ社の通算グループに再加入することができます。

解説

グループ通算制度において、通算子法人となることができる法人は、通算親法人となる法人又は通算親法人による完全支配関係（通算除外法人及び外国法人が介在しない一定の関係に限ります。）がある内国法人（通算除外法人を除きます。）とされています（法64の９①）。

この通算除外法人には、通算親法人との間に通算完全支配関係を有しなくなったことにより通算承認の効力を失った通算子法人であった法人で、再びその通算親法人との間にその通算親法人による完全支配関係を有することとなったもののうち、その効力を失った日から同日以後５年を経過する日の属する事業年度終了の日までの期間を経過していない法人が含まれます（法64の９①十、令131の11③一）。

したがって、通算除外法人に該当しない内国法人が通算親法人による完全支配関係を有することとなった場合には、その内国法人はその有することとなった日に通算承認があったものとみなされますが（法64の９⑪）、その内国法人が通算除外法人である場合には、その有することとなった日に通算承認があったものとはみなされません。

ただし、その通算除外法人が、通算親法人による株式の売却などに基因してその通算親法人による通算完全支配関係を有しなくなったことにより通算承認の効力を失った法人であるときは、通算承認の効力を失った日から同日以後５年を経過する日の属する事業年度終了の日までの期間が経過した時点（すなわち同日の翌日）で通算除外法人に該当しないこととなりますので、その経過した時点でその通算親法人による完全支配関係を有していれば、その内国法人はその経過した時点で通算承認があったものとみなされ、再加入することになります（法64の９⑪）。

なお、通算除外法人に該当しなくなった日以後遅滞なく、完全支配関係を有することとなった日等を記載した書類を納税地の所轄税務署長に提出する必要があります（令131の12③、規27の16の８③）。

《イメージ図》

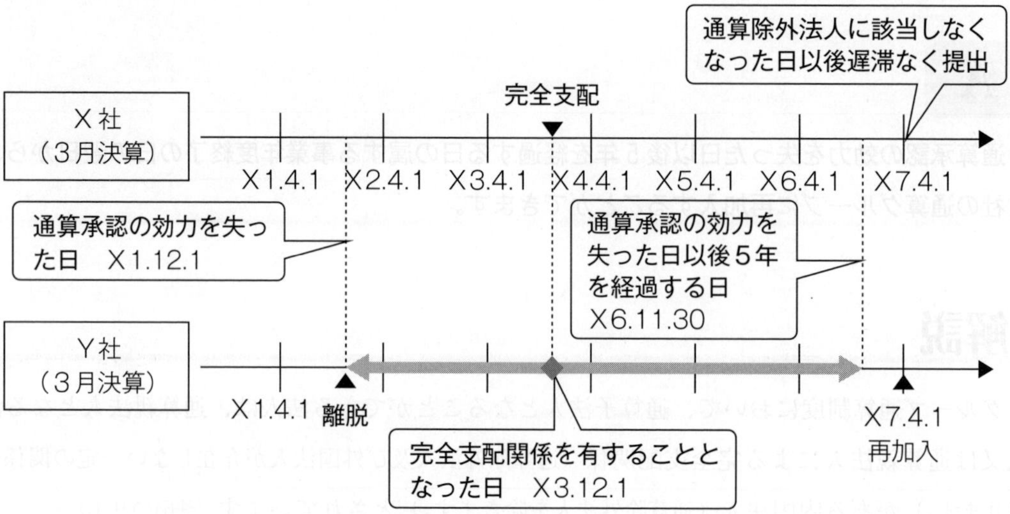

5　設　立

Q43

親会社の設立初年度からのグループ通算制度の適用（設立事業年度等の承認申請特例）

新設法人が親会社として、その設立初年度から、グループ通算制度を適用することは可能でしょうか。

A

一定の条件を満たす場合には、親会社の設立初年度から、グループ通算制度の適用が可能です。

解説

通算承認の申請は、親会社のグループ通算制度の適用を受けようとする最初の事業年度開始の日の３か月前の日までにその申請書を提出することとされています（法64の９②）。

しかし、新設法人の親会社がその設立期からグループ通算制度を適用しようとしても、その承認申請書の提出期限となる「親会社の最初の事業年度開始の日の３月前の日」が存在しないため、結局、その適用が受けられないこととなります。

そこで、法人税法は、このことに対応するため、親会社の設立事業年度からグループ通算制度の適用を可能とする承認申請期限の特例措置を設けています（法64の９⑦）。

具体的には、親会社の設立事業年度からグループ通算制度を適用する場合には、その設立事業年度開始の日から１か月を経過する日と当該設立事業年度終了の日から２月前の日とのいずれか早い日を承認申請書の提出期限（設立年度申請期限）とすることとされています。

また、親会社の設立事業年度が３か月に満たない場合には、その設立事業年度の終了の時に親会社が時価評価資産等を有する場合（親会社が時価評価除外法人である場合を除きます。）を除き、設立事業年度の翌事業年度から通算制度を適用することができます。この場合の承認申請書の提出期限は、設立事業年度終了の日と当該翌事業年度終了の日から２か月前のいずれか早い日（設立翌年度申請期限）とすることとされています。

しかしながら、親会社の設立事業年度の期間が２か月を超えない場合には、親会社の設立事業年度からの通算制度の適用は受けられず、また、その２期目から通算事業年度としようとする場合においても、設立１期、２期の期間を通算しても、その期間が２か月を超えないときには、同様に、この２期目においても通算制度の適用は受けられないこととなります（通算制度通達２－30）。

Q44

設立事業年度等の承認申請特例の具体例

親会社の設立事業年度（令和X年6月1日～同X1年3月31日（3月決算））からグループ通算制度を適用したいと思いますが、いつまでに申請すればよいでしょうか。

A

令和X年6月30日（設立事業年度開始の日から1か月を経過する日）がその提出期限となります。

解説

親会社が新設法人でその設立1期目の事業年度からグループ通算制度の適用を受けようとする場合の承認申請期限（設立年度申請期限）は、設立事業年度開始の日から1か月を経過する日とその設立事業年度終了の日から2か月前の日とのいずれか早い日とされています（法64の9⑦）。

《イメージ図》

①＝設立日　②＝設立事業年度開始の日から1か月を経過する日

③＝設立事業年度終了の日から2か月前の日

例1：設立事業年度開始の日から1か月を経過する日が早い場合

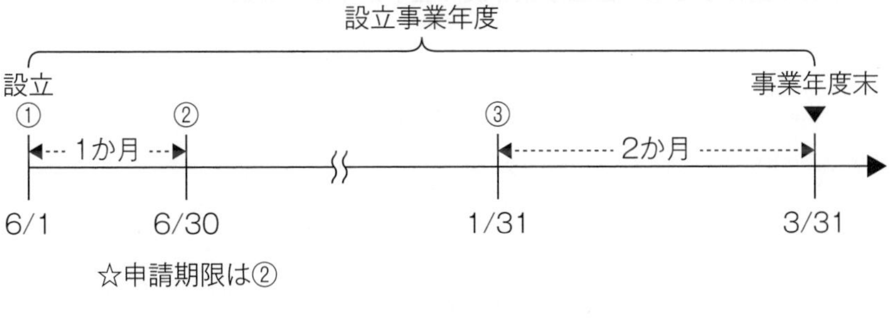

例２：設立事業年度終了の日から２か月前の日が早い場合

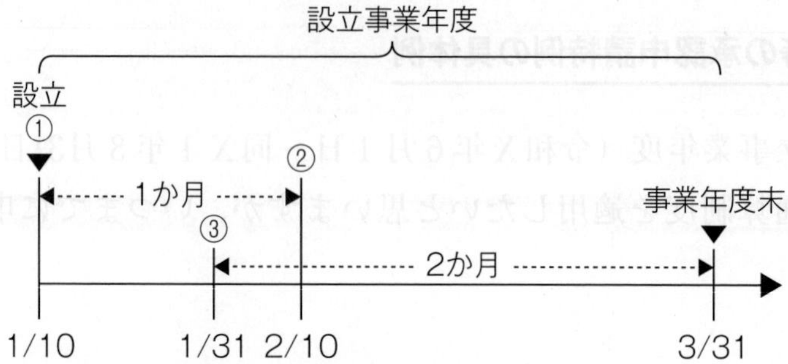

☆申請期限は③

したがって、ご質問の場合、設立事業年度開始の日（令和X年６月１日）から１か月を経過する日である令和X年６月30日がその提出期限となります。

なお、その親法人の設立事業年度の期間が２か月を超えない場合は、その設立事業年度からグループ通算制度の適用はできません（通算通達２－30）。例えば、親会社の設立事業年度が令和X１年３月１日～同３月31日のような場合は、設立事業年度の翌事業年度から適用を受ける特例申請によることとなります（この場合の申請期限は、令和X１年３月31日です。）。

例３：設立事業年度の期間が２か月を超えない場合

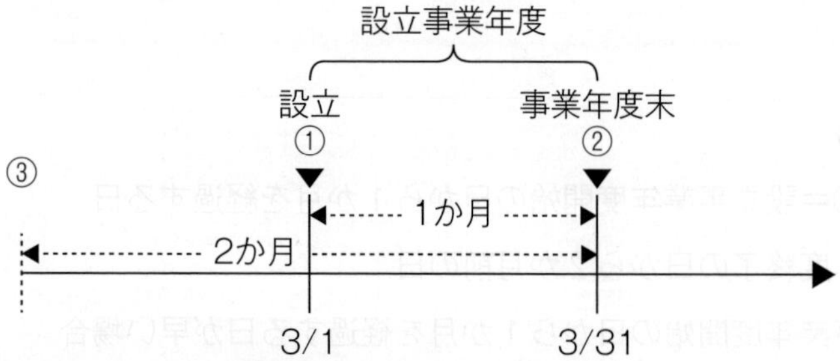

☆申請期限は③（設立事業年度の翌事業年度から適用）

Q45

親会社の設立事業年度の翌事業年度からグループ通算制度の適用を受ける場合

親会社（時価評価資産等は有していません。）の設立事業年度（令和X年２月１日～同X年３月31日（３月決算））の翌事業年度（令和X年４月１日～X１年３月31日）からグループ通算制度の適用を行う場合には、いつまでに申請すればよいでしょうか。

A

令和X年３月31日（設立事業年度終了の日）がその提出期限となります。

解説

通算親法人となろうとする法人が新設法人で、その設立２期目の事業年度からグループ通算制度の適用を受けようとする場合の承認申請期限は、設立事業年度終了の日と翌事業年度終了の日の２か月前の日とのいずれか早い日とされています（法64の９⑦）。

したがって、ご質問の場合、令和X年３月31日（設立事業年度終了の日）がその提出期限となります。

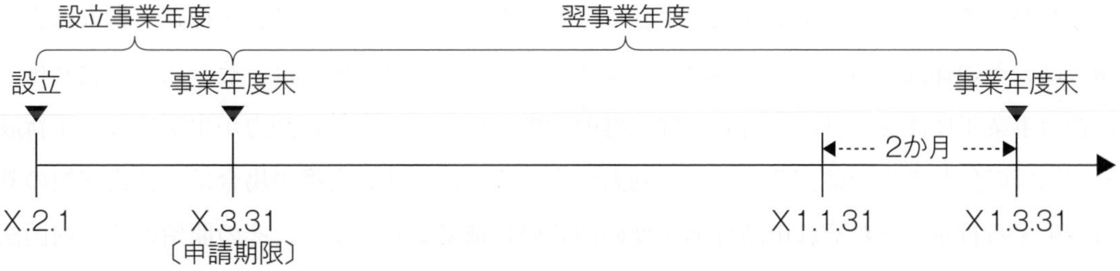

（参考：設立事業年度の翌事業年度終了の日の２か月前の日が申請期限となる場合）

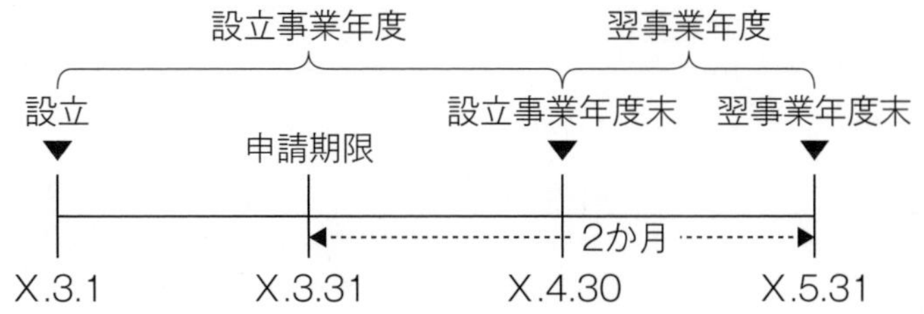

Q46

申請特例年度の開始の時に完全支配関係があるかどうかを判定する日

設立年度の開始の時に他の内国法人（子会社）が内国法人（親会社）との間に完全支配関係があるかどうかを具体的に判定する日は、いつを基準とすればよいでしょうか。

A

他の内国法人（子会社）が親会社の設立事業年度の開始の時に内国法人（親会社）との間に完全支配関係が成立しているというためには、その開始の日より前に完全支配関係が生じていなければなりません。

解説

設立事業年度等の申請期限の特例において、新設親会社の設立事業年度及びその翌事業年度を「申請特例年度」といいます。

申請特例年度の開始の時に内国法人（親会社）との間に完全支配関係があるとは、その開始の日前に完全支配関係が生じていることを意味します。

したがって、その完全支配関係が生じることとなった要因に応じて、①株式の購入による場合は、その株式の引渡しのあった日、②新たな法人の設立の場合は、その法人の設立後、最初の事業年度開始の日、③新設合併以外の合併の場合は、合併の効力が生ずる日、④新設分割以外の分割の場合は、その分割の効力が生ずる日、⑤株式交換の場合は、株式交換の効力が生ずる日が、それぞれ申請特例年度の開始の日前であり、かつ、その開始の時に内国法人と他の内国法人の間に完全支配関係があるか否かで判定することとなります（法基通１－３の２－２）。

6　通算承認の申請に係る処分

Q47

通算承認申請の処分

通算承認申請の処分は、どのように行われるのでしょうか。

A

原則として、国税庁長官名で書面によって通知されることとされていますが、実務上は、「みなし承認」となるケースが多いようです。

解説

国税庁長官は、通算承認の申請があった場合には、その申請を行った親会社（通算親法人となろうとする法人）に対し、書面により、その承認又は却下の通知を行うこととされています（令131の12①）。

そして、親会社（内国法人）に対して承認の処分が行われた場合には、最初の通算親法人の事業年度の開始の日に完全支配関係のある全ての子会社（他の内国法人）に対して承認があったとみなされます（法64の９④）。

なお、当該最初の通算親法人の事業年度の開始の日の前日までに承認又は却下の処分が行われなかったときは、親会社及び子会社は、その開始の日において、通算承認があったとみなす（同法⑤）「みなし承認制度」が設けられています。

Q48

設立事業年度の承認申請特例におけるみなし承認の日

承認申請特例年度における承認申請のみなし承認の日は、いつになりますか。

A

その申請書を提出した日から２か月を経過する日までにその申請につき承認又は却下の処分がなかったときは、原則として、その２か月を経過する日において、通算承認があったものとみなされます。

解説

通算承認の申請を行った場合において、最初の通算親法人の事業年度の開始の日の前日までにその申請の承認又は却下の処分がないときには、その申請に係る親会社、子会社の全てについて、その開始の日にその承認の処分があったものとみなす（いわゆる「みなし承認」）こととされています（法64の９⑥）。

また、親会社の新設特例年度による承認申請（設立事業年度の申請特例）の場合には、その申請書を提出した日から２か月を経過する日までにその申請につき承認又は却下の処分がなかったときは、時価評価法人等、一定の法人を除いて、その申請により最初の通算事業年度としようとする期間（申請特例年度）開始の時に、親会社とその親会社との間に完全支配関係のある子会社（他の内国法人）の全てについて、その２か月を経過する日において、通算承認があったものとみなされます（同法⑨）。

なお、親会社の設立事業年度の翌事業年度が申請特例年度であり、かつ、その翌事業年度開始の日が、その申請書を提出した日から２か月を経過する日後となる場合には、当該翌事業年度の開始の日がみなし承認の日となります。

ただし、通算承認を受けた場合の通算承認の効力が生じるのは、次の区分に応じ、次の日とされています（同法⑩）。

⑴　申請特例年度開始の日の前日の属する事業年度終了の時に時価評価資産等を有する子会社（時価評価除外法人に該当するものを除きます。）…その申請特例年度終了の日の翌日

⑵　上記⑴の子会社が発行済株式又は出資を直接又は間接に保有する子会社（孫会社）…その申請特例年度終了の日の翌日

⑶　親会社及び子会社のうち、上記⑴又は⑵の法人以外の法人…　申請特例年度開始の日

Q49

通算承認の申請の却下事由

通算承認の申請が却下される場合とは、どのような場合ですか。

A

通算予定法人（通算親法人又は通算子法人となろうとする法人）のすべての連名で申請が行われていない場合や、通算予定法人について所得金額等の計算が適正に行われ難いと認められる場合等がこれに該当することとなります。

解説

国税庁長官は、次のいずれかに該当する事実がある場合は、通算承認の申請を却下することができるとされています（法64の9③）。

(1)　通算法人となることができる通算親法人となろうとする法人又は通算子法人となろうとする法人（「通算予定法人」）のいずれかがその申請を行っていないこと。

(2)　その申請を行っている法人に通算予定法人以外の法人が含まれていること。

(3)　通算予定法人につき、①所得の金額又は欠損金額及び法人税の額の計算が適正に行われ難いと認められること、②通算制度の適用を受けようとする事業年度において、帳簿書類の備付け、記録又は保存が適正に行われることが見込まれないこと、③その備え付ける帳簿書類に取引の全部または一部を隠蔽し、又は仮装して記録していることその他不実の記載又は記録があると認められる相当の理由があること及び④法人税の負担を不当に減少させる結果となると認められることのいずれかに該当する事実があること。

Q50

承認申請書に記入漏れとなっていた子法人のみなし承認

通算承認の申請について、みなし承認となりましたが、その後、完全支配関係のある子会社の一部が承認申請書に記載もれとなっていたことが判明しました。その記載もれとなった子会社の承認はどうなるのでしょうか。

A

通算承認の申請について、承認の処分があった場合には、記載もれとなった子会社についても通算の承認があったものとされます。

解説

通算承認の処分があった場合には、最初の通算親法人の事業年度の開始の日において、通算承認を受けた通算親法人との間に完全支配関係のある子法人のすべてについて承認があったものとみなされます（法64の9⑤）。

したがって、通算親法人に対し承認の処分があった場合には、通算承認の申請書への記載があるないにかかわらず、全ての子法人に通算承認があったものとみなされます。

なお、国税庁長官は、通算親法人及び通算子法人となろうとする法人（通算予定法人）のいずれかが通算承認の申請を行っていない場合には、通算承認の申請そのものを却下することができるとされていますので、注意が必要です（同法③一）。

7　失効・取りやめ

Q51

通算完全支配関係を有しなくなったことにより通算承認の効力を失う事実

「通算完全支配関係を有しなくなったこと」により通算承認の効力を失うこととなるのは具体的にはどのような事実が生じた場合をいいますか。

A

解説のとおりです。

解説

法人税法第64条の10第６項各号《通算制度の取りやめ等》の規定では、通算法人に係る通算承認がその効力を失うこととなる事実が次のとおり列挙されています。

⑴　通算親法人の解散

⑵　通算親法人が公益法人等に該当することとなったこと

⑶　通算親法人と内国法人との間に当該内国法人による完全支配関係が生じたこと

⑷　通算親法人と内国法人との間に当該内国法人による完全支配関係がある場合において、当該内国法人が普通法人又は協同組合等に該当することとなったこと

⑸　通算子法人の解散又は残余財産の確定

⑹　通算子法人が通算親法人との間に当該通算親法人による通算完全支配関係を有しなくなったこと

この「通算完全支配関係を有しなくなったこと」とは、次のとおりです。

イ　通算子法人の発行済株式又は出資（以下「発行済株式等」といいます。）の全部又は一部が当該通算子法人との間に通算完全支配関係がない者に保有されることとなったこと

ロ　当該通算子法人の発行済株式等の全部又は一部を直接又は間接に保有する他の通算

子法人（以下「株式等保有通算子法人」という。）について次の事実が生じたこと。

(イ)　株式等保有通算子法人の発行済株式等の全部又は一部が当該株式等保有通算子法人との間に通算完全支配関係がない者に保有されることとなったこと

(ロ)　破産手続開始の決定による解散

(ハ)　合併による解散（当該株式等保有通算子法人との間に通算完全支配関係がある通算法人との合併による解散を除きます。）

(ニ)　法人税法第127条第２項《青色申告の承認の取消し》の規定による通知を受けたことにより通算承認の効力を失ったこと

(ホ)　法人税法施行令第131条の11第２項《通算法人の範囲》の規定により読み替えられた令第４条の２第２項《支配関係及び完全支配関係》に規定する「割合」が５％以上となったこと

ハ　通算親法人が法人税法第127条第２項《青色申告の承認の取消し》の規定による通知を受けたことにより、当該通算親法人の通算承認の効力が失われることとなった結果、その通算グループに属する通算子法人も、当該通算親法人との間に通算完全支配関係を有しないこととなりその通算承認の効力を失うこととなること

(7)　(5)及び(6)の事実又は通算子法人について、(6)の事由により通算承認の効力を失ったことに起因して通算法人が通算親法人のみとなったこと

Q52

通算承認の効力を失う場合

通算承認の効力を失う場合とは、どのような場合ですか。

A

一定の事実が生じた場合には、それぞれの日において通算承認の効力を失うこととなります。

解説

以下の解説に記した事実が生じた場合には、以下の各日においてグループ通算制度の承認の効力を失うこととなります。

⑴ 通算法人が法人税法第127条第２項の規定により青色申告の承認の取消処分の通知を受けたときには、その通算法人の通算承認は、その通知を受けた日から、その効力を失うものとされています（法64の10⑤、127）。

⑵ 次の事実が生じた場合には、次の通算法人は、それぞれ次の日において通算承認の効力を失うものとされています（法64の10⑥）。

イ　通算親法人が解散した場合、通算親法人及び全ての通算子法人について、その解散の日の翌日（合併による解散の場合には、その合併の日）において、通算承認の効力を失うこととされています。

ロ　通算親法人が公益法人等に該当することとなった場合、通算親法人及び全ての通算子法人について、その公益法人等に該当することとなった日において、通算承認の効力を失うこととされています。

ハ　通算親法人と内国法人（普通法人又は協同組合等に限ります。）との間にその内国法人による完全支配関係が生じた場合には、通算親法人及び全ての通算子法人について、その完全支配関係が生じた日において、通算承認の効力を失うこととされています。

ニ　通算親法人と内国法人（公益法人等に限ります。）との間にその内国法人による完全支配関係がある場合において、その内国法人が普通法人又は協同組合等に該当することとなった場合には、通算親法人及び全ての通算子法人について、その内国法人が普通法人又は協同組合等に該当することとなった日において、通算承認の効力を失うこととされています。

ホ　通算子法人が解散（合併又は破産手続開始の決定による解散に限ります。）又は残余財産が確定した場合には、その通算子法人について、その解散の日の翌日（合併による解散の場合には、その合併の日）又はその残余財産の確定の日の翌日において、通算承認の効力を失うこととされています。

へ　通算子法人が通算親法人との間にその通算親法人による通算完全支配関係を有しなくなった場合には（イ～ホの場合を除きます。）、その通算子法人について、その通算完全支配関係を有しなくなった日において、通算承認の効力を失うこととされています。

ト　通算法人が通算親法人のみとなった場合には、通算親法人について、 その通算親法人のみとなった日において、通算承認の効力を失うこととされています。

なお、通算親法人が青色申告の承認の取消処分の通知を受けた場合には、通算親法人と通算子法人間の通算完全支配関係が喪失するため、結果として、通算親法人及び全ての通算子法人について、通算承認の効力が失われることとなります。

Q53

グループ通算制度の適用の取りやめ

グループ通算制度の適用を取りやめることはできますか。

A

やむを得ない事情があるときは、国税庁長官の承認を得ることを条件に、グループ通算制度の適用を取りやめることが認められます。

解説

グループ通算制度の適用は、やむを得ない事情があるときに、国税庁長官の承認を得ることを条件に、取りやめることが認められています（法64の10①）。

(1)　グループ通算制度の適用の取りやめの手続き

グループ通算制度の適用の取りやめの承認を受けようとする場合には、全ての通算法人が連名で、その理由等、一定の事項を記載した申請書を、所轄税務署長を経由して国税庁長官に提出します（同法②）。

国税庁長官は書面により、通算親法人に対し、この申請に係る承認又は却下の処分の結果を通知することになります（同法⑤、令131の14①）。この申請に対し、承認の通知があった場合には、その承認を受けた日の属する通算親法人事業年度終了の時において、他の通算法人の全てについて、その申請に係る承認があったものとみなされます（同令②）。

(2)　取りやめの効果

グループ通算制度の適用の取りやめの承認を受けた場合には、その承認を受けた日の属する事業年度終了の日の翌日から承認の効力が失われます（同法④）。

なお、グループ通算制度の適用を取りやめた法人（親法人及び子法人）は、その承認を受けた日の属する事業年度終了の日の翌日から同日以後５年を経過する日の属する事業年度終了の日までの期間を経過するまでの間は、グループ通算制度の適用を受けることはできません（法64の９①三　なおＱ４参照）。

(3)　グループ通算制度の適用の取りやめと事業年度の特例

通算子法人の会計年度の末日（事業年度の末日）と通算親法人の事業年度の末日が異なる場合、その承認を受けた日の属する通算親法人事業年度終了の日の翌日からその翌日の属するその子法人の事業年度終了の日までの期間の事業年度が生ずることとなります（法14④二）。

第 4

申告・納付

１　確定申告

Q54

確定申告書の提出期限

通算法人は、いつまでに確定申告書を提出する必要がありますか。

A

通算法人は、原則として各事業年度終了の日の翌日から２か月以内に、確定申告書を提出する必要があります。

解説

通算法人は、各事業年度終了の日の翌日から２か月以内に、確定申告書を税務署長に対し提出しなければなりません（法74①）。

ただし、通算法人又は他の通算法人が、定款等の定め又は特別の事情により、各事業年度終了の日の翌日から２か月以内にその各事業年度の決算についての定時総会が招集されない常況にあり、又は通算法人が多数に上ることなどの理由により、通算法人に適用される規定による所得の金額等の計算を了することができないために確定申告書を提出期限までに提出することができない常況にあると認められる場合には、所轄税務署長は通算親法人の申請に基づき、その各事業年度の確定申告書の提出期限を２か月間延長することができることとされています（法75の２⑪）。

また、上記にかかわらず、次に該当する場合には、次に定める期間まで確定申告書の提出期限を延長することができます。

(1)　その通算法人又は他の通算法人が会計監査人を置いている場合で、かつ、定款等の定めによりその事業年度以後の各事業年度終了の日の翌日から４か月以内にその各事業年度の決算についての定時総会が招集されない常況にあると認められる場合（下記(2)に掲げる場合を除きます。）は、４か月を超えない範囲内において税務署長が指定する月数の期間

(2)　その通算法人又は他の通算法人に特別の事情があることによりその事業年度以後の各事業年度終了の日の翌日から４か月以内にその各事業年度の決算についての定時総会が招集されない常況にあることその他やむを得ない事情があると認められる場合は、税務署長が指定する月数の期間

《参考》

イ　この確定申告書の提出期限の延長の特例を受けるためには、通算親法人がその適用を受けようとする事業年度終了の日の翌日から45日以内に、その申請書を通算親法人の納税地の所轄税務署長に提出する必要があります。

　なお、通算子法人は、この申請書を提出することができません。

ロ　通算親法人が確定申告書の提出期限の延長について、その適用を受けた場合には、他の通算法人の全ての確定申告書の提出期限についても延長されたものとみなされます。

《イメージ図》

（申告期限の延長の特例により２か月の延長が認められた場合の通算法人の確定申告書の提出期限）

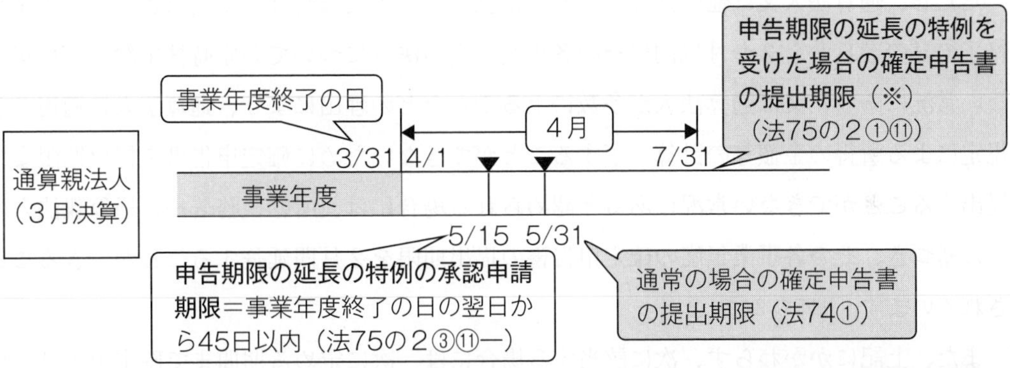

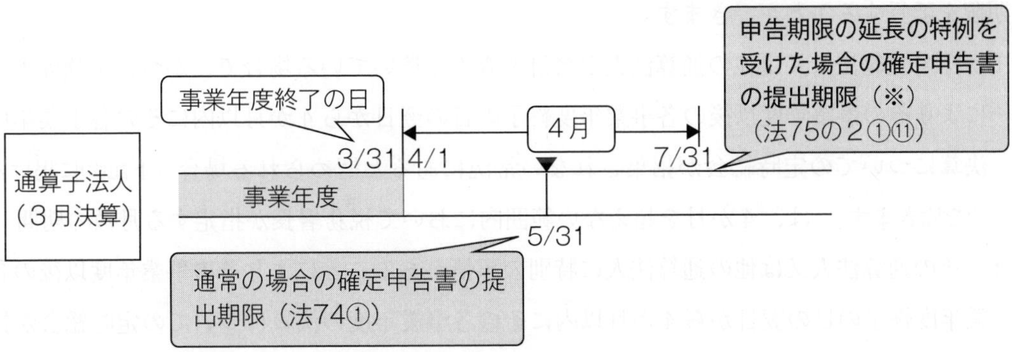

Q55

申告期限延長特例の手続き

グループ通算制度の適用にあたり、確定申告書の提出期限の延長特例を受けようと考えていますが、その手続きはどのようにすればよいでしょうか。

A

解説のとおりです。

解説

1　確定申告書の提出期限の延長特例

通算法人は、各事業年度終了の日の翌日から2か月以内に、確定申告書を提出しなければならないこととされています（法74①）。

ただし、通算法人又は他の通算法人が、定款等の定め又は特別の事情により、各事業年度終了の日の翌日から2か月以内にその各事業年度の決算についての定時株主総会が招集されない常況にあり、又は通算法人が多数に上ることなどの理由により、通算法人に適用される規定による所得の金額等の計算を了することができないために確定申告書を提出期限までに提出することができない常況にあると認められる場合には、所轄税務署長は通算親法人の申請に基づき、その各事業年度の確定申告書の提出期限を2月間延長することができることとされています（法75の2⑪）。

また、上記にかかわらず、次に該当する場合には、次に定める期間まで確定申告書の提出期限を延長することができます。

(1)　その通算法人又は他の通算法人が会計監査人を置いている場合で、かつ、定款等の定めによりその事業年度以後の各事業年度終了の日の翌日から4か月以内にその各事業年度の決算についての定時総会が招集されない常況にあると認められる場合（下記(2)に掲げる場合を除きます。）は、4か月を超えない範囲内において税務署長が指定する月数の期間

(2)　その通算法人又は他の通算法人に特別の事情があることによりその事業年度以後の各事業年度終了の日の翌日から4か月以内にその各事業年度の決算についての定時総会が招集されない常況にあることその他やむを得ない事情があると認められる場合は、税務署長が

指定する月数の期間

2　確定申告書の提出期限の延長特例の手続き

グループ通算制度において、確定申告書の提出期限の延長特例の適用を受ける場合は、次のとおり、延長特例を受けるための申請書を提出する必要があります（法75の２③⑪）。

《申請の概要》

項目	概要又は申請書の記載内容等
申請者	通算親法人
提出期限	延長特例を受けようとする事業年度終了の日の翌日から45日以内
提出先	通算親法人の納税地の所轄税務署長
記載事項	⑴　定款等の定め又は特別の事情の内容、グループ通算に係る規定による所得の金額若しくは欠損金額及び法人税の額の計算を了することができない理由 ⑵　申請をする通算親法人の名称、納税地及び法人番号 ⑶　代表者の氏名 ⑷　当該申告書に係る事業年度終了の日 ⑸　法人税法第75条の２第１項各号に該当する特別の事情があり延長する月の指定を受けようとする場合には、その指定を受けようとする月数の期間その提出期限の延長を必要とする理由 ⑹　上記⑸の特別の事情による指定の月数の変更をしようとする場合には、その変更後の月数の期間その提出期限の延長を必要とする理由 ⑺　その他参考となるべき事項

㈱１　通算親法人が確定申告書の提出期限の延長について、その適用を受けた場合には、他の通算法人の全ての確定申告書の提出期限についても延長されたものとみなされます。

２　通算子法人は、この申請書を提出することができません。

３　この延長特例の申請書の提出があった場合において、その事業年度終了の日の翌日から２か月以内にその申請に係る却下処分がなかったときは、その申請した延長期限が承認されたものとみなされます。

Q56

通算子法人が申告書を提出する際の電子署名を行う者

通算子法人が法人税の申告書を提出する際の電子署名を行う者とは、どのような者をいうのでしょうか。

A

通算子法人が法人税の申告書を提出する際の電子署名を行う者とは、①通算子法人の代表者、②通算子法人の代表者から法人税の申告書記載事項等の提供の委任を受けた通算子法人の役員又は職員、並びに③通算子法人の関与税理士です。

解説

通算子法人が電子情報処理組織（以下「e-Tax」といいます。）を使用してその法人税の申告書を提出する場合は、その代表者が電子署名を行い、その電子署名に係る電子証明書と併せてこれらを送信することにより、納税申告書を提出する必要があります（法75の4①、国税関係法令に係る情報通信技術を活用した行政の推進等に関する省令5①）。

また、国税庁長官が定める次の者がe-Taxを使用して通算子法人の法人税の申告書を提出する場合は、その通算子法人の代表者の電子署名及びその電子署名に係る電子証明書の送信を要しないこととされています（国税関係法令に係る情報通信技術を活用した行政の推進等に関する省令第5条第1項第2号に規定する国税庁長官が定める者を定める件）。

⑴　通算子法人の代表者から委任を受けたその通算子法人の役員又は職員が電子署名を行い、e-Taxにより法人税の申告書記載事項等の提供を行う場合のその通算子法人の代表者

⑵　通算子法人の法人税に係る税理士法第2条第1項第2号に規定する税務書類の作成の委嘱を受けた者

上記⑴の通算子法人の役員又は職員がe-Taxによる送信を行う際には、その通算子法人の代表者がその役員又は職員にe-Taxにより法人税の申告書記載事項等の提供を行うことを委任した旨の電子委任状を添付する必要があります。

また、上記⑵の者がe-Taxにより法人税の申告書の提出を行う場合には、上記⑵の者が電子署名を行い、送信することになります。

Q57

通算親法人が通算子法人の申告書記載事項等を提供する際の電子署名を行う者

通算親法人が通算子法人の法人税の申告書記載事項等を提供する際の電子署名を行う者とは、どのような者をいうのでしょうか。

A

通算親法人が通算子法人の法人税の申告書記載事項等を提供する際の電子署名を行う者とは、①通算親法人の代表者、②通算親法人の代表者からその提供の委任を受けた通算親法人の役員又は職員又は③通算親法人の代表者からその提供の委任を受けた通算親法人の関与税理士です。

解説

通算親法人が、通算子法人の法人税の申告に関する事項の処理として、その通算親法人の代表者又は国税庁長官が定める者の電子署名を行い申告書記載事項又は添付書類記載事項を電子情報処理組織（以下「e-Tax」といいます。）を使用して、入力して送信する方法等により提供した場合には、その通算子法人はこれらの記載事項をe-Taxにより提供したものとみなされます（法150の３①②、規68①②、国税関係法令に係る情報通信技術を活用した行政の推進等に関する省令５⑦、６②）。

この国税庁長官が定める者は、国税庁告示（国税関係法令に係る情報通信技術を活用した行政の推進等に関する省令第５条第７項に規定する国税庁長官が定める者を定める件）において次のように定められています。

⑴　通算親法人の代表者から委任を受けたその通算親法人の役員又は職員

⑵　通算親法人の代表者から委任を受けたその通算親法人の法人税に係る税理士法第２条第１項第２号に規定する税務書類の作成の委嘱を受けた者

㈟　通算親法人の代表者並びに上記⑴及び⑵の者が行うことができる通算子法人の申告書記載事項等の提供は、通算親法人との間に通算完全支配関係がある期間内に納税義務が成立した法人税に係るものが対象となり、その申告に係る修正申告を含みます。

上記⑴及び⑵の者がe-Taxによる送信を行う際には、通算親法人の代表者が上記⑴及び⑵

の者にe-Taxにより法人税の申告書の提供を行うことを委任した旨の電子委任状を添付する必要があります。

《参考》

通算子法人の申請等の手続についても、通算親法人が、通算子法人の申請等に関する事項の処理として、申請書面等記載事項及び添付書面等記載事項をe-Taxを使用して提供する場合に電子署名をすべき者は、申告書記載事項の提供の際に電子署名をすべき者と同様とされています（国税関係法令に係る情報通信技術を活用した行政の推進等に関する省令５⑦）。

Q58

連結納税からグループ通算制度へ移行した場合の確定申告書の提出期限の延長手続き

連結納税制度の適用を受けているX社連結グループは、グループ通算制度へ移行することとしました。

そして、この連結グループの連結親法人X社は、連結確定申告書の提出期限の延長の特例の承認を受けていますが、グループ通算制度へ移行後も連結納税制度と同様に確定申告書の提出期限の延長の特例を適用したいと考えています。

この場合、X社およびその子法人は、新たに確定申告書の提出期限の延長手続を行う必要がありますか。

A

X社及びその子法人は、グループ通算制度へ移行に際し、確定申告書の提出期限の延長の特例の規定の適用について新たに手続を行う必要はありません。

解説

令和４年３月31日において連結親法人に該当する内国法人及び同日の属する連結親法人事業年度終了の日においてその内国法人との間に連結完全支配関係がある連結子法人については、同日の翌日において、グループ通算制度の承認があったものとみなすこととされています（令和２年改正法附則29①）。

この規定により、グループ通算制度の承認があったものとみなされた内国法人（連結親法人であったものに限ります。以下「移行法人」といいます。）が令和４年３月31日の属する連結事業年度において連結確定申告書の提出期限の延長の特例の規定の適用を受けていた場合には、その移行法人及びその連結事業年度終了の日においてその移行法人との間に連結完全支配関係があった内国法人（同日の翌日においてその移行法人との間に通算完全支配関係を有しなくなったものを除きます。）は、当該翌日において、確定申告書の提出期限の延長の特例による申告期限の延長がされたものとみなされます（令和２年改正法附則34①）。

したがって、X社が連結確定申告書の提出期限の延長の特例の規定の適用を受けていることから、X社及びその子法人の連結事業年度終了の日（令和４年３月31日）においてX社との間に連結完全支配関係があるその子法人は、同日の翌日（令和４年４月１日）において、確定申告書の提出期限の延長の特例による申告期限の延長がされたものとみなされますので、X社及びその子法人は、連結納税制度からグループ通算制度への移行に伴い、確定申告書の提出期限の延長の特例の規定の適用を受けるために新たに手続を行う必要はありません。

Q59

グループ通算制度へ移行しなかった法人の確定申告書の提出期限の延長の特例について

連結納税制度を適用しているX社グループ（連結親法人X社、連結子法人Y社）は、申告期限の延長の特例を受けていますが、グループ通算制度へ移行しない場合、令和４年４月１日以後に開始する事業年度において、申告期限の延長の特例を受けるに当たり、それぞれの会社は改めて申告期限の延長手続きをする必要がありますか。

なお、X社およびY社は連結納税制度適用前の各事業年度において、確定申告書の提出期限の延長の特例の規定の適用は受けていません。

A

X社およびY社は、「申告期限の延長の特例の申請書」をそれぞれの納税地の所轄税務署長に提出する必要があります。

解説

令和４年３月31日における連結親法人と同日の属する連結親法人事業年度終了の日におけるその連結子法人については、同日の翌日において、通算制度の承認があったものとみなすこととされています（改正法附則29①）。

そして、通算制度の承認があったものとみなされた連結親法人であった内国法人（以下「移行法人」といいます。）が令和４年３月31日の属する連結事業年度において連結確定申告書の提出期限の延長の特例の規定の適用を受けていた場合には、その移行法人及びその連結事業年度終了の日においてその移行法人との間に連結完全支配関係があった内国法人（同日の翌日においてその移行法人との間に通算完全支配関係を有しなくなったものを除きます。）は、当該翌日において、確定申告書の提出期限の延長の特例による申告期限の延長がされたものとみなされます（令和２年改正法附則34①）

一方、連結親法人が令和４年４月１日以後最初に開始する事業年度開始の日の前日までに「グループ通算制度へ移行しない旨の届出書」を納税地の所轄税務署長に提出した場合には、その連結親法人及び当該前日における連結子法人については、グループ通算制度を適用しない法人となることとされています。そうすると、「グループ通算制度へ移行しない旨の届出書」を提出してグループ通算制度を適用しない法人の場合、移行法人に該当せず、確定申告書の提出期限の延長の特例による申告期限の延長がされたものとはみなされません。

したがって、X社及びY社は、連結納税制度適用前の各事業年度において、確定申告書の提出期限の延長の特例の規定の適用を受けていないことから、令和4年4月1日以後に開始する事業年度終了の日までに「申告期限の延長の特例の申請書」をそれぞれの納税地の所轄税務署長に提出する必要があります（法75の2③）。

Q60

通算グループへの加入法人に係る申告期限延長特例の取扱い

通算グループに加入した法人に係る確定申告書の提出期限の延長特例の取扱いはどのようになりますか。

A

法人が確定申告書の提出期限の延長の特例の適用を受けている通算親法人の通算グループに加入した場合、その法人も延長の特例を受けたものとみなされます。

解説

内国法人がグループ通算制度の開始又は加入によりその承認を受けた場合には、その承認の効力が生じた日以後に終了する事業年度については、その承認の前に受けていた確定申告書の提出期限の延長の処分はその効力を失うこととされています。つまり、単体申告法人が確定申告書の提出期限の延長の特例の適用を受けていた場合に、通算グループに加入したときは、加入前の単体申告に係る提出期限の延長の特例は失効することになります（法75の２⑪二）。

一方、内国法人が確定申告書の提出期限の延長の特例の適用を受けている通算親法人との間に通算完全支配関係を有することとなった場合には、その内国法人について確定申告書の提出期限の延長の特例を受けたものとみなされます（法75の２⑪五）。

したがって、法人が確定申告書の提出期限の延長の特例の適用を受けている通算親法人の通算グループに加入した場合、その法人も同様に確定申告書の提出期限の延長の特例を受けたこととなるため、加入に伴い新たに延長の特例の申請手続きを行う必要はありません。

Q61

通算グループから離脱した法人の確定申告書の提出期限

通算グループから離脱した法人に係る確定申告書の提出期限の延長特例の取扱いはどのようになりますか。

A

通算グループから離脱する場合、その離脱日の前日までの事業年度については、延長の特例が有効であり、離脱日以後の事業年度については延長の特例が失効することになります。

解説

通算法人がグループ通算制度の取りやめ、通算グループから離脱等により、通算承認の効力を失った場合には、その効力を失った日以後に終了する事業年度については、その通算承認の効力を失う前に受けていた確定申告書の提出期限の延長の処分はその効力を失うこととされています。つまり、確定申告書の提出期限の延長の特例の適用を受けている通算グループから、その通算グループ内の通算子法人が離脱する場合、その離脱日の前日までの事業年度については、延長の特例が有効であり、離脱日以後の事業年度については延長の特例が失効することになります（法75の2⑪六）。

なお、単体法人において確定申告書の提出期限延長の特例の適用を受けていても、通算グループの加入により通算承認の効力が生じた場合、その効力が生じる前の延長の特例は失効しますので、通算グループからの離脱日以後の事業年度について延長の特例の適用を受ける場合は、改めて延長の特例の申請手続きを行う必要があります（法75の2⑪五）。

Q62

地方税に係る申告期限延長特例の手続き

地方税に係る申告期限の延長の手続きはどのようになりますか。

A

法人税に係る申告期限の延長の特例の適用を受けた場合、各通算法人は地方税についても、申告書の提出期限の延長の手続きを行う必要があります。

解説

法人税におけるグループ通算制度においては、定款等の定め又は特別の事情等により、確定申告書の提出期限の延長の特例が定められていますが、この延長の特例の適用を受けた場合、各通算法人は地方税（法人事業税や法人の道府県民税）についても、申告書の提出期限の延長の手続きを行う必要があります。（地法72の25⑤、72の28②）。

法人事業税に係る申告期限の延長については、その事業年度終了の日から45日以内に、法人の道府県民税については、法人税に係る申告書の提出期限の延長の処分に係る事業年度終了の日から22日以内に、いずれも承認申請書を事務所又は事業所所在地の道府県知事に提出しなければなりません（地法53㊵、地令24の４の３）。

Q63

災害等による確定申告書の提出期限の延長

通算法人における災害等による確定申告書の提出期限の延長制度について教えてください。

A

解説のとおりです。

解説

1　国税通則法第11条の規定による確定申告書の提出期限の延長の適用がある場合

国税庁長官等は、災害その他やむを得ない理由により、国税に関する法律に基づく申告、申請、請求、届出その他書類の提出、納付又は徴収に関する期限までにこれらの行為をすることができないと認めるときは、次のとおり、その理由のやんだ日から２月以内に限り、その期限を延長することができることとされています（通法11）。

⑴　地域による指定（通令３①）

国税庁長官は、都道府県の全部又は一部にわたり災害その他やむを得ない理由により、国税通則法第11条に規定する期限までに同条に規定する行為をすることができないと認める場合には、地域及び期日を指定してその期限を延長することとされています。

⑵　対象者の範囲による指定（通令３②）

国税庁長官は、災害その他やむを得ない理由により、国税通則法第11条に規定する期限までに同条に規定する行為をすべき者（上記⑴の規定の適用がある者を除きます。）であって、その期限までにその行為のうち特定の税目に係る国税に関する法律又は情報通信技術を活用した行政の推進等に関する法律第６条第１項の規定により電子情報処理組織を使用して行う申告その他の特定の税目に係る特定の行為をすることができないと認める者（以下「対象者」といいます。）が多数に上ると認める場合には、対象者の範囲及び期日を指定してその期限を延長することとされています。

⑶　上記⑴及び⑵以外の個別指定（通令３③）

国税庁長官等は、災害その他やむを得ない理由により、国税通則法第11条に規定する期限までに同条に規定する行為をすることができないと認める場合には、上記(1)及び(2)の規定の適用がある場合を除き、その行為をすべき者の申請により、期日を指定してその期限を延長することとされています。

なお、上記のとおり、通算法人の確定申告書の提出期限が延長された場合（注１）には、他の通算法人についても全て、上記(1)～(3)の指定された期日まで、確定申告書（その延長された申告書に係る事業年度終了の日に終了する当該他の通算法人の事業年度に係るものに限ります。）の提出期限が延長されたものとみなされます（法75の３、令150の３②）（注２）。

(注)１　通算承認を受ける前に上記の地域等の指定がされていた場合で、その通算承認の効力が生ずる日以後に終了する事業年度の確定申告書の提出期限が延長されるときも含まれます。

２　その指定された期日が当該他の通算法人の確定申告書の提出期限前の日である場合には、適用されません。

したがって、各通算法人がその期限として指定された期日のうち、最も遅い日まで延長されることになります。

2　国税通則法第11条の規定による確定申告書の提出期限の延長の適用がない場合（上記１以外の場合）

上記１の確定申告書の提出期限の延長の適用がない場合であっても、災害その他やむを得ない理由により、その通算法人若しくは他の通算法人の決算が確定しないため、又は通算法人に適用される規定による所得の金額若しくは欠損金額及び法人税の額の計算を了することができないために確定申告書を提出期限までに提出することができないと認められる場合には、納税地の所轄税務署長は、通算親法人の申請に基づき、期日を指定してその提出期限を延長することができることとされています（法75①⑧一）。

この提出期限の延長の規定を適用するためには、通算親法人がその適用を受けようとする事業年度終了の日の翌日から45日以内に、その申請書を通算親法人の納税地の所轄税務署長に提出し、その延長の規定の適用を受ける必要があります（法75②④⑤⑧）。

通算親法人に対して提出期限が延長された場合には、他の通算法人の全てにつき提出期限の延長がされたものとみなされます（法75⑧二）。

なお、通算子法人は、この規定を適用するための申請書を提出することができません（法75⑧三）。

Q64

事業年度終了45日後の申告期限延長特例の申請

事業年度終了45日後に災害その他やむを得ない理由の発生による申告期限の延長の申請はできますか。

A

法人税法75条〈確定申告書の提出期限の延長〉の規定に準じて申告書の提出期限の延長の申請を行うことができます。

解説

通算法人に係る災害その他やむを得ない理由により決算が確定しない場合の確定申告書の提出期限の延長の申請は、その申告に係る事業年度終了の日の翌日から45日以内に行わなければならないこととされています（法75①、75の2⑪）。

そして、通算法人の事業年度終了の日から45日を経過した日後に災害その他やむを得ない理由の発生により、その通算法人若しくは他の通算法人の決算が確定しないため、又は所得の金額若しくは欠損金額及び法人税の額の計算を了することができないため、確定申告書の提出期限までに確定申告書を提出することができない場合には、法第75条の規定に準じて提出期限の延長の申請を行うことができます。

この場合の確定申告書の提出期限の延長の申請書は、その理由の発生後直ちに提出する必要があります。

また、その申請書の提出があった日から15日以内に承認又は却下がなかったときは、その申請に係る指定を受けようとする日を税務署長が指定した日としてその承認があったものとされます（通算通達2－69）。

Q65

通算子法人が解散した場合の申告

通算子法人Y社（通算親法人X社。３月決算）は、Ｘ５年２月６日に解散（合併又は破産手続開始の決定による解散ではありません。）しましたが、このY社の解散に係る申告はどのように行うこととなりますか。

A

Y社は、自Ｘ４年４月１日至Ｘ５年３月31日事業年度については、X社の通算グループ内の通算法人として、グループ通算制度の規定を適用して申告を行うこととなります。

解説

通算子法人の解散（合併又は破産手続開始の決定による解散に限ります。）があった場合には、その解散の日の翌日（合併による解散の場合には、その合併の日）において、その通算子法人のグループ通算制度の承認の効力が失われます（法64の10⑥五）。したがって、その通算子法人は通算親法人との間に通算完全支配関係を有しなくなることから、その通算子法人の事業年度は、その有しなくなった日の前日に終了することとなります（法14④二）。

しかしながら、本件のように合併又は破産手続開始の決定による解散以外の解散である場合には、Y社のグループ通算制度の承認の効力が失われることはなく、また、解散日までの事業年度が生じないことから（法14⑦）、Y社は、自Ｘ４年４月１日至Ｘ５年３月31日事業年度において、X社の通算グループ内の法人としてグループ通算制度の規定を適用して申告を行うこととなります。

〈イメージ図〉

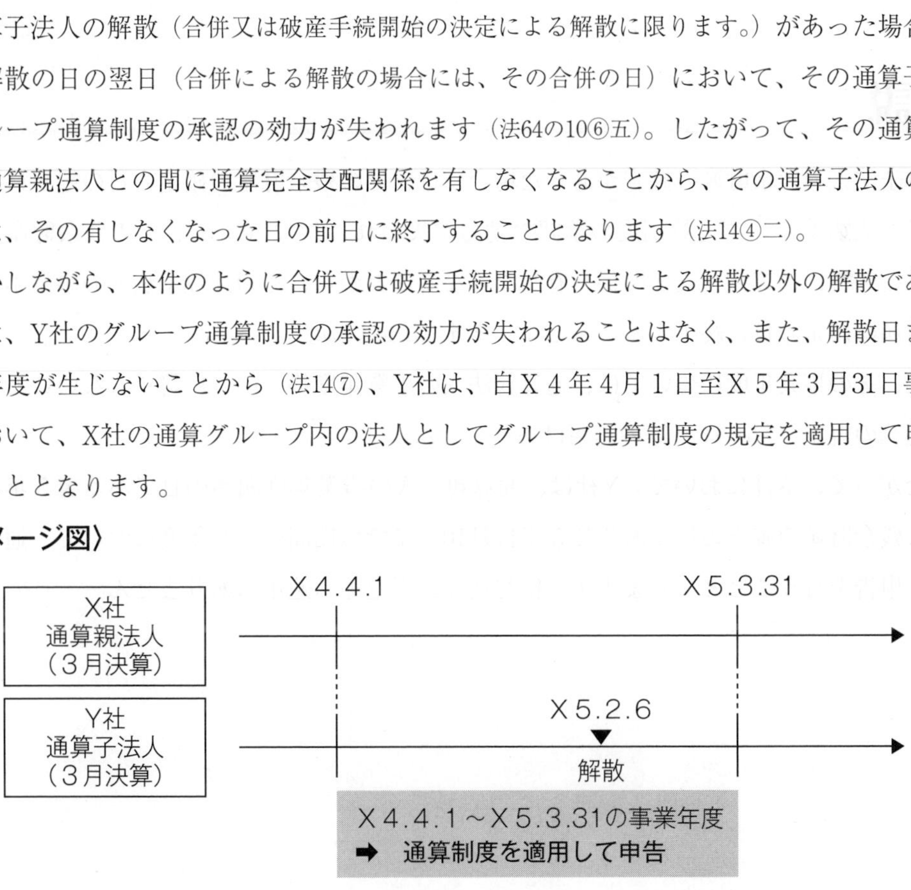

Q66

通算子法人の残余財産の確定があった場合の申告

通算子法人Y社（通算親法人X社。３月決算）は、Ｘ５年２月６日に解散（合併又は破産手続開始の決定による解散ではありません。）し、Ｘ５年11月10日に残余財産が確定しました。このY社の残余財産の確定に係る申告はどのように行うこととなりますか。

A

Y社の残余財産の確定の日の翌日であるＸ５年11月11日にY社の通算制度の承認の効力は失われることから、Ｘ５年４月１日からＸ５年11月10日までの期間について事業年度が生ずることとなり、その事業年度についてはY社が通算法人として損益通算の規定等を適用しないで申告を行うことになります。

解説

通算子法人の残余財産の確定があった場合には、その残余財産の確定の日の翌日において、通算子法人のグループ通算制度の承認の効力が失われ（法64の10⑥五）、その残余財産が確定した日の翌日に通算完全支配関係を有しなくなることから、その通算子法人の事業年度は、残余財産の確定の日に終了することとなります（法14④二）。

また、その事業年度については、通算親法人の事業年度終了の日に終了しないことから、損益通算の規定（法64の５）等の適用はありません。

したがって、本件において、Y社は、通算親法人の事業年度開始の日であるＸ５年４月１日から残余財産の確定の日であるＸ５年11月10日までの期間の事業年度について、通算法人として申告を行うこととなりますが、損益通算の規定等の適用はありません。

〈イメージ図〉

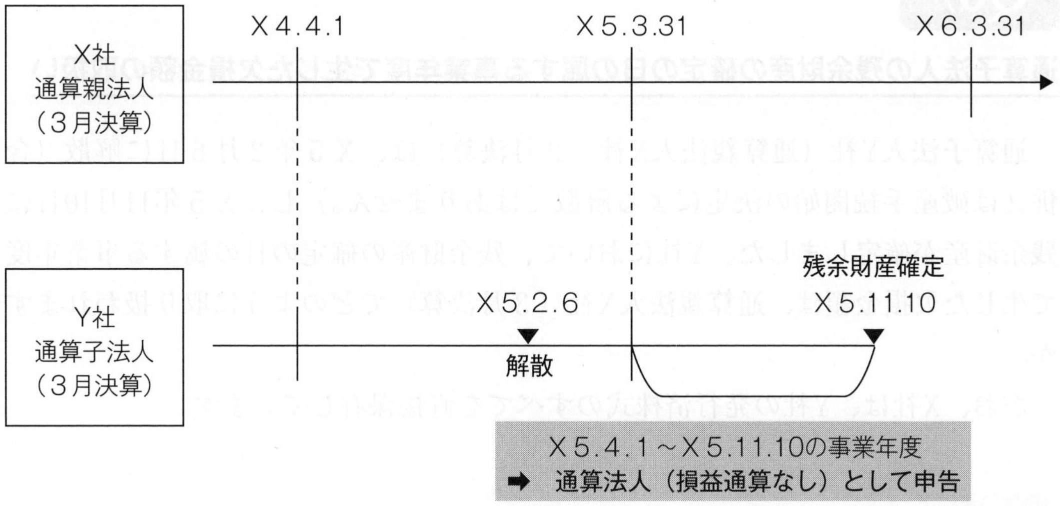
X社
通算親法人
（3月決算）
X4.4.1
X5.3.31
X6.3.31
Y社
通算子法人
（3月決算）
X5.2.6
解散
残余財産確定
X5.11.10
X5.4.1～X5.11.10の事業年度
➡ 通算法人（損益通算なし）として申告

Q67

通算子法人の残余財産の確定の日の属する事業年度で生じた欠損金額の取扱い

通算子法人Y社（通算親法人X社。３月決算）は、Ｘ５年２月６日に解散（合併又は破産手続開始の決定による解散ではありません。）し、Ｘ５年11月10日に残余財産が確定しました。Y社において、残余財産の確定の日の属する事業年度で生じた欠損金額は、通算親法人X社（３月決算）でどのように取り扱われますか。

なお、X社は、Y社の発行済株式のすべてを直接保有しています。

A

その残余財産の確定の日の翌日の属するX社の事業年度（自Ｘ５年４月１日至Ｘ６年３月31日事業年度）において、損金の額に算入することとなります。

解説

通算法人との間に通算完全支配関係がある他の内国法人でその通算法人が発行済株式又は出資の全部又は一部を有するものの残余財産が確定した場合（その残余財産の確定の日が通算親法人の事業年度終了の日である場合を除きます。）において、その残余財産の確定の日の属する事業年度で生じた欠損金額があるときは、その欠損金額に相当する金額㈲は、その通算法人のその残余財産の確定の日の翌日の属する事業年度において、損金の額に算入することとされています（法64の８）。

したがって、本件において、その欠損金額に相当する金額は、Y社の残余財産の確定の日の翌日（Ｘ５年11月11日）の属するX社の事業年度（自Ｘ５年４月１日至Ｘ６年３月31日）において損金の額に算入することとなります。

㈲　その残余財産が確定した他の内国法人に株主等が２以上ある場合には、その欠損金額に相当する金額を当該他の内国法人の発行済株式又は出資（当該他の内国法人が有する自己の株式又は出資を除きます。）の総数又は総額で除し、これにその通算法人の有する当該他の内国法人の株式又は出資の数又は金額を乗じて計算した金額をいいます。

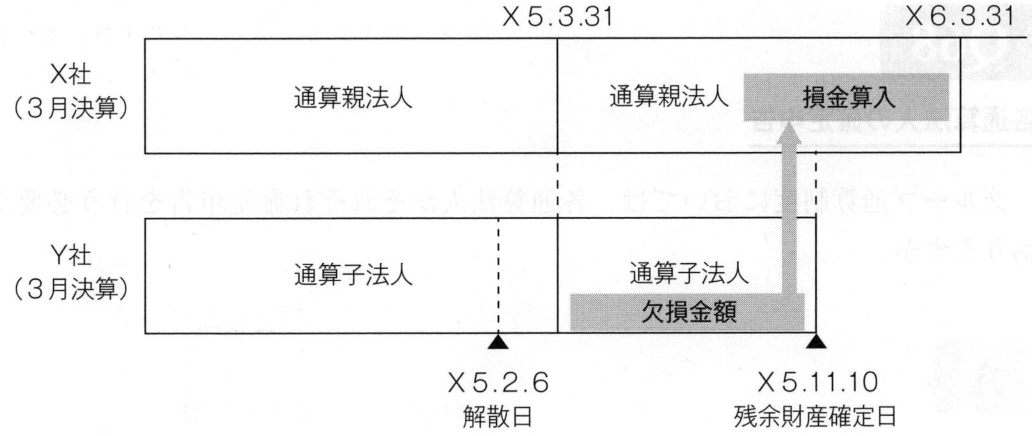
X5.3.31
X6.3.31
X社
（3月決算）
通算親法人
通算親法人
損金算入
Y社
（3月決算）
通算子法人
通算子法人
欠損金額
X5.2.6
解散日
X5.11.10
残余財産確定日

Q68

各通算法人の確定申告

グループ通算制度においては、各通算法人がそれぞれ確定申告を行う必要がありますか。

A

グループ通算制度においては、その適用を受ける通算グループ内の各通算法人が法人税額の計算及び申告を行う必要があります。

また、通算グループの全ての通算法人は、電子情報処理組織を使用する方法（e-Tax）により納税申告書を提出する必要があります。

解説

グループ通算制度においては、その適用を受ける通算グループ内の各通算法人を納税単位として、その各通算法人が法人税額の計算及び申告を行います（法74等）。

また、通算法人は、事業年度開始の時における資本金の額又は出資金の額が１億円超であるか否かにかかわらず、電子情報処理組織（以下「e-Tax」といいます。）を使用して、申告書記載事項を入力して送信する方法等により納税申告書を提出する必要があります（法75の4①②、規36の４）。

なお、通算親法人が、通算子法人の法人税の申告に関する事項の処理として、その通算親法人の代表者又は国税庁長官が定める者の電子署名を行い申告書記載事項又は添付書類記載事項をe-Taxによる申告に併せて入力して送信し、又は提出する方法等により提供した場合には、その通算子法人はこれらの記載事項をe-Taxにより提供したものとみなされます（法150の３①②、規68①②、国税関係法令に係る情報通信技術を活用した行政の推進等に関する省令⑦、６②）。

つまり、この通算親法人の電子署名を用いた方法等による通算子法人の申告書記載事項の提供により、通算子法人は、e-Taxにより確定申告を行ったこととなります。

Q69

申告期限の延長特例を受けている場合の納付期限の延長

通算法人が、申告期限の延長の特例を受けている場合に、それに係る法人税の納付期限も延長されますか。

A

納付期限も延長されます。

解説

確定申告書を提出した通算法人は、その申告書に記載した法人税の額を、その申告書の提出期限までに、国に納付しなければならないこととされています（法77）。

そのため、通算法人がその確定申告書の提出期限の延長の特例を受けている場合には、その申告書に係る法人税の納付期限についても延長することが認められます。

なお、確定申告書に係る法人税の納付期限が延長される場合には、その延長された期間の日数に応じて、年7.3%の割合を乗じて計算した金額に相当する利子税を納付しなければなりません（法75⑦、75の２⑧、措法93）。

Q70

通算法人の連帯納付責任

通算グループのうち、法人税を滞納した通算法人があった場合に、他の通算法人は何らかの責任を負うことになりますか。

A

通算法人は、他の通算法人の納付すべき法人税につき、連帯納付の責任を負うことになります。

解説

グループ通算制度において、通算法人は、他の通算法人の各事業年度の所得に対する法人税のうちその通算法人と当該他の通算法人との間に通算完全支配関係がある期間内に納税義務が成立した法人税について、連帯納付の責任を負うこととされています（法152①）。

このため、通算法人がその法人税を滞納した場合には、他の通算法人の全てはその法人税の全部について納付する必要があります。なお、この連帯納付の責任には限度額は設けられていません。

また、通算法人が連帯納付の責任を負うこととなるその法人税については、他の通算法人の納税地の所轄税務署長のみならず、その通算法人の納税地の所轄税務署長からも滞納に係る処分を受ける場合があります（法152②、通法43①）。

2　中間申告

Q71

グループ通算制度における中間申告

グループ通算制度においては、どのような場合に中間申告書の提出が必要ですか。

A

解説のとおりです。

解説

1　前期実績に基づく予定申告

前期実績に基づく予定申告については、その通算法人に係る通算親法人の事業年度の月数が6か月を超える場合（その通算親法人が協同組合等である場合を除きます。）において、その通算法人の前期実績基準額が10万円を超えるときは、中間申告書を提出する必要があります。

「前期実績基準額」とは、次の算式により計算した金額をいいます。

$$\text{前期実績基準額} = \frac{\text{前事業年度の}}{\text{確定法人税額（注1）}} \times \frac{\text{中間期間（注2）の月数}}{\text{前事業年度の月数}}$$

㊟1　前事業年度の確定法人税額とは、前事業年度の確定申告書に記載すべき法人税の額で、その事業年度開始の日（通算子法人にあっては、その開始の日の属する通算親法人の事業年度の開始の日）以後6か月を経過した日（以下「6月経過日」といいます。）の前日までに確定したものをいいます（法71①一）。

2　中間期間とは、当該事業年度開始の日から6月経過日の前日までの期間をいいます（法71①一）。

2　仮決算に基づく中間申告

普通法人が中間申告書を提出しなければならない場合において、仮決算に基づき中間期間の所得金額及び法人税額を計算し、その法人税額が前期実績基準額を超えないときは、その所得金額及び法人税額を記載した中間申告書を提出することができることとされています（法72①）。

仮決算に基づく中間申告については、通算法人が中間申告書の提出を要する場合において、その通算法人が予定申告に代えて仮決算に基づく中間申告を行おうとするときは、通算グループ内の全ての通算法人が仮決算に基づく中間申告書を提出する必要があります。

ただし、通算グループ内の全ての通算法人の仮決算に基づく中間申告の法人税額の合計額がこれらの通算法人の前期実績基準額の合計額を超える場合には、通算グループ内の全ての通算法人について、仮決算に基づく中間申告を行うことができません。

Q72

通算グループ内のいずれかの通算法人が仮決算に基づく中間申告を行わなかったときの取扱い

通算法人が仮決算に基づく中間申告を行った場合、通算グループ内のいずれかの通算法人が仮決算に基づく中間申告を行わなかったときはどのような取扱いになりますか。

A

解説のとおりです。

解説

通算法人が仮決算に基づく中間申告を行った場合において、通算グループ内のいずれかの通算法人が仮決算に基づく中間申告を行わなかったときは、通算法人から提出された仮決算に基づく中間申告書は、次の場合の区分に応じ、それぞれ次のとおり取り扱うこととされています（法72⑤四）。

1　その通算法人が中間申告書を提出しなければならない法人である場合
……前期実績基準額が記載された中間申告書とみなされます。

2　その通算法人が中間申告書を提出しなければならない法人でない場合
……その提出がされなかったものとみなされます。

Q73

清算中の通算法人に係る中間申告

清算中の通算法人において中間申告は必要でしょうか。

A

通算子法人は、清算中であっても所定の要件を充足する場合には中間申告書を提出する必要があります。

解説

グループ通算制度において、清算中の通算子法人はその事業年度（注１）が６か月を超える場合（注２）には、その事業年度開始の日の属する通算親法人の事業年度開始の日以後６か月を経過した日から２か月以内に、所定の計算方法に基づいて算出した法人税額等を記載した中間申告書を提出しなければなりません（法71①）。

なお、この法人税額が10万円以下の場合若しくはない場合又は通算親法人である協同組合等との間に通算完全支配関係がある場合は、中間申告書を提出する必要はありません。

㊟１　通算承認の効力が生じた日が、同日の属する通算親法人の事業年度開始の日以後６か月を経過した日以後であるときのその効力が生じた日の属する事業年度を除きます。

２　その事業年度開始の日の属する通算親法人の事業年度が６か月を超え、かつ、その通算親法人の事業年度開始の日以後６か月を経過した日において通算親法人との間に通算完全支配関係がある場合です。

また、通算法人が中間申告書を提出期限までに提出しなかった場合には、前事業年度の実績に基づいた中間申告書の提出があったものとみなされます（法73）。

Q74

仮決算による中間申告の提出期限

通算法人の仮決算による中間申告はいつまで提出することができますか。

A

通算法人は、その事業年度開始後６か月を経過した日から２か月以内に中間申告書を提出することができます。

解説

通算法人は、一定の場合を除き、その事業年度開始の日以後６か月の期間（通算子法人の場合は、その事業年度開始の日の属する通算親法人の事業年度開始の日以後６か月を経過した日の前日までの期間）を一事業年度とみなして、その期間に係る所得金額又は欠損金額を計算した場合には、その事業年度開始後６か月を経過した日から２か月以内に中間申告書を提出することができます（法72①⑤）。

なお、中間申告書の提出を要する通算法人が仮決算に基づく中間申告書をその提出期限までに提出して、同じ通算グループの他のいずれかの通算法人が仮決算に基づく中間申告書を提出期限までに提出しなかった場合には、その通算法人の中間申告書は前事業年度の実績に基づく中間申告書の提出があったものとみなされます。また、この場合、仮決算に基づく中間申告書を提出した通算法人が、中間申告書を要しない法人であった場合には、その中間申告書を提出しなかったものとみなされます。

Q75

仮決算による中間申告ができない事由

通算法人において仮決算による中間申告ができないのはどのような場合ですか。

A

解説のとおりです。

解説

通算法人において、次の事項に該当する場合は仮決算による中間申告書を提出することはできません。

1　国税通則法第11条《災害等による期限の延長》の規定による申告期限の延長により、その通算グループの全通算法人の中間申告書の提出期限と確定申告書の提出期限が同一の日となる場合（法71の2）(注)

2　通算親法人の事業年度開始の日以後6か月を経過した日及びその前日において通算完全支配関係がある通算法人全てについて、前事業年度の法人税額に基づいて算出した中間法人税額が10万円以下若しくはない場合、又は通算親法人である協同組合等との間に通算完全支配関係がある場合（法72⑤二）(注)

3　通算親法人の事業年度開始の日以後6か月を経過した日及びその前日において通算完全支配関係がある通算法人全ての仮決算に基づく中間法人税額の合計額が、その通算法人の全ての前事業年度の法人税額に基づいて算出した中間法人税額の合計額を超える場合（法72⑤二）

(注)　通算法人のいずれかについて、通算親法人の事業年度開始の日以後6か月を経過した日の属する事業年度開始の日から6か月を経過した日の前日までの期間において生じた災害損失欠損金額がある場合を除きます。

Q76

グループ通算初年度の中間申告額の計算

グループ通算制度の初年度において、前期実績に基づく中間申告に係る中間申告額はどのように計算するのですか。

A

解説のとおりです。

解説

グループ通算制度の初年度においても、仮決算を行わず前期実績に基づく中間申告書を提出する場合の中間申告額は、通常の単体申告の場合と同様に、原則として、各通算法人は次の計算式により算出します。

$$中間申告額 = \frac{前事業年度の確定法人税額（注1）}{前事業年度の月数（注3）} \times 中間期間（注2）の月数（注3）$$

㈴1①　前事業年度の確定法人税額とは、前事業年度の確定申告書に記載すべき法人税の額で、その事業年度開始の日（通算子法人にあっては、その開始の日の属する通算親法人の事業年度の開始の日）以後6か月を経過した日（以下「6月経過日」といいます。）の前日までに確定したものをいいます（法71①一）。

②　前事業年度の確定申告において過年度における外国税額控除に係る税額控除超過額相当額を加算している場合は、その加算した額となります（法71①一）。

③　普通法人の令和4年4月1日以後において、その事業年度の前事業年度において、その事業年度の前事業年度の期間が連結事業年度であった場合、当該法人税額はその普通法人の前連結事業年度における連結法人税個別帰属支払額とすることとされています（令和2年改正法附則33①）。

2　中間期間とは、当該事業年度開始の日から6月経過日の前日までの期間をいいます（法71①一）。

3　前事業年度が連結事業年度である場合は、その前事業年度の月数とします。また、月数は、暦に従って計算し、1か月未満の端数は1か月として計算します（令和2年改正法附則33③）。

Q77

事業年度の上半期に加入した通算子法人の中間申告額の計算

通算親法人の事業年度の上半期に加入した通算子法人について、前期実績に基づく中間申告に係る中間申告額はどのように計算するのですか。

A

加入日から開始する事業年度において、その前事業年度の確定申告書の法人税額及び月数をもとに中間申告額を計算します。

解説

加入した通算子法人の事業年度開始の日の属するその通算親法人の事業年度が６か月を超え、かつ、その通算親法人の事業年度開始の日以後６か月を経過した日において、その通算親法人との間に通算完全支配関係がある場合には、その加入日から開始する通算子法人の事業年度については、中間申告する必要があります。

そして、前期実績に基づく中間申告を行う場合における中間申告額は、前事業年度（加入日の前日に終了する事業年度）の確定した法人税額及び月数に基づいて計算することになります。

具体的な計算例は、次のとおりです。

〔Ｙ社（３月決算）が通算親法人Ｘ社（３月決算）の事業年度の上期（Ｘ１年８月１日）に、Ｘ社通算グループへ加入した場合〕

・Ｙ社の前事業年度（Ｘ社通算グループ加入日の前日に終了する事業年度）の確定した法人税額……500

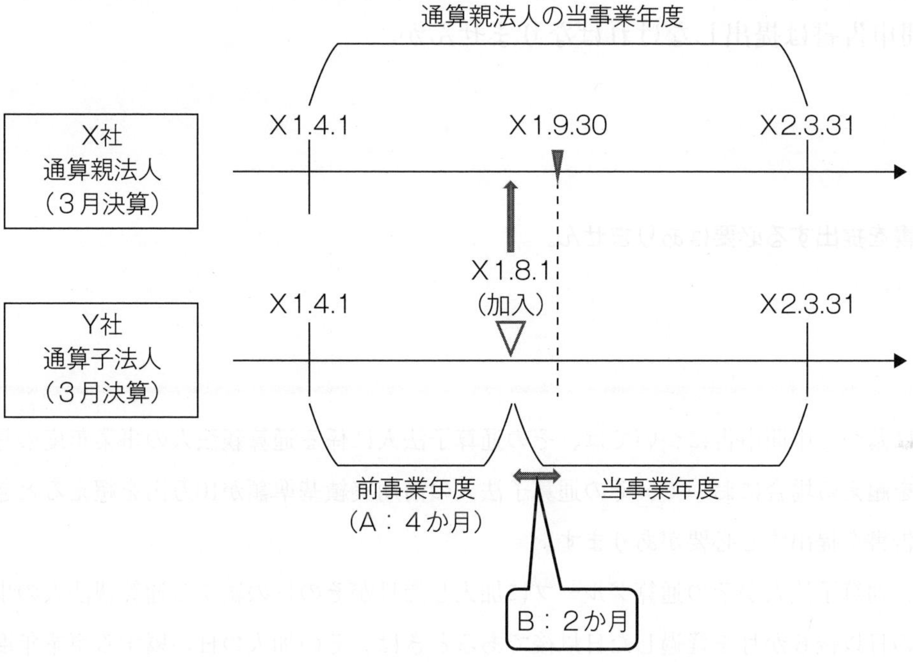

《Ｙ社の当事業年度における中間申告額の計算》

中間申告額 ＝ 前事業年度の法人税額 / 前事業年度の月数（A） × 通算子法人の事業年度開始の日からその日の属する通算親法人の事業年度開始の日以後６か月を経過した日の前日までの月数（B）

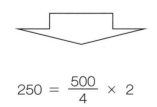

$$250 = \frac{500}{4} \times 2$$

Ｙ社の中間申告額は、250となります。

Q78

事業年度の下半期に加入した通算子法人の中間申告額の計算

通算親法人の事業年度の下半期に加入した通算子法人について、前期実績に基づく中間申告書は提出しなければなりませんか。

A

中間申告書を提出する必要はありません。

解説

前期実績に基づく中間申告については、その通算子法人に係る通算親法人の事業年度の月数が６か月を超える場合において、その通算子法人の前期実績基準額が10万円を超えるときは、中間申告書を提出する必要があります。

この場合、通算子法人がその通算グループに加入した日がその日の属する通算親法人の事業年度開始の日以後６か月を経過した日以後であるときは、その加入の日の属する事業年度を除くこととされています（法71①）。

したがって、通算親法人の事業年度の下期に加入した場合は、その加入した日がその日の属する通算親法人の事業年度開始の日以後６か月を経過した日以後であるときに該当するため、その加入した日から開始する通算子法人の事業年度については、中間申告書を提出する必要はありません。

Q79

加入時期の特例を受けている場合の中間申告額の計算

通算グループの加入時において加入時期の特例を受けている場合、前期実績に基づく中間申告額はどのように計算するのですか。

A

その通算子法人の加入日の前日の属する事業年度の確定した法人税額及び月数に基づいて中間申告額を計算することになります。

解説

法人（他の内国法人）が通算親法人の事業年度の中途でその通算グループに加入することとなった場合、その法人の加入前の事業年度については、会計期間又は月次決算期間の末日に終了し、これに続く事業年度は、その会計期間又は月次決算期間の末日の翌日から開始するとする加入時期の特例が認められています（法14⑧一）。

そうすると、通算グループへ加入した法人が加入時期の特例を受けている場合は、その法人の加入日（通算承認の効力発生日）の前日の属する事業年度（その法人の完全支配関係発生日の前日の属する会計期間又は月次決算期間）において、単体申告による中間申告及び確定申告を行うことになります。そして、その翌事業年度（通算子法人としての最初の通算事業年度）における前期実績に基づく中間申告額は、その法人（通算子法人）の加入日の前日の属する事業年度の確定した法人税額及び月数に基づいて計算することになります（法71①）。

具体的な計算例は、次のとおりです。

〔Ｙ社（３月決算）が通算親法人Ｘ社（３月決算）の前事業年度のＸ１年11月１日にＸ社との間に完全支配関係が生じた場合に、加入時期の特例を適用し、Ｘ２年４月１日からＹ社の最初の通算事業年度が始まる場合〕

・Ｙ社の前事業年度（Ｘ社通算グループ加入日の前日に終了する事業年度）の確定した法人税額……600

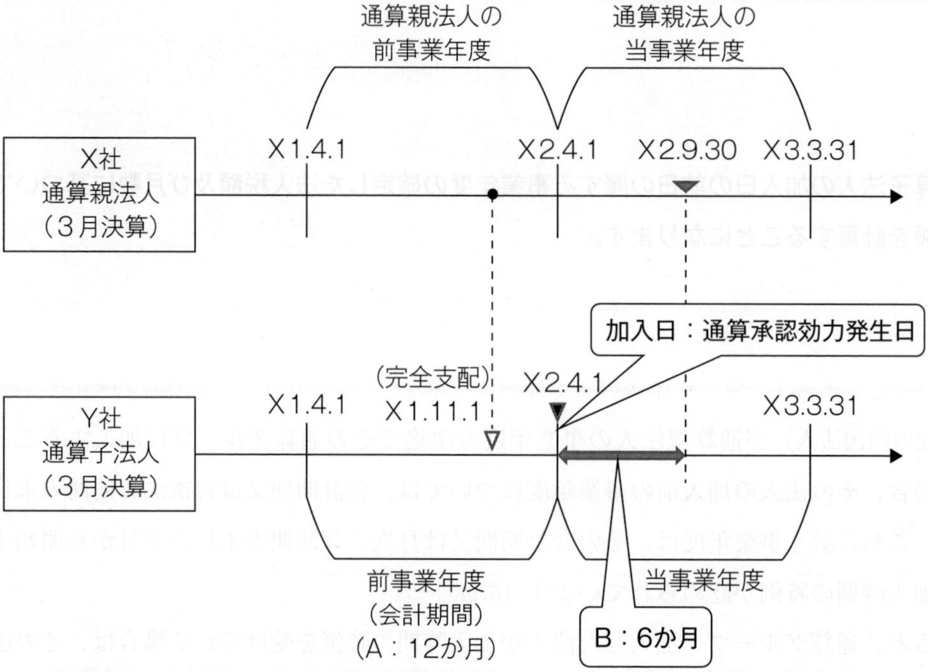

《Ｙ社の当事業年度における中間申告額の計算》

$$中間申告額 = \frac{前事業年度の法人税額}{前事業年度の月数（A）} \times 通算子法人の事業年度開始の日からその日の属する通算親法人の事業年度開始の日以後６か月を経過した日の前日までの月数（B）$$

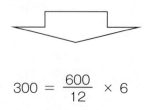

$$300 = \frac{600}{12} \times 6$$

Ｙ社の中間申告額は、300となります。

Q80

通算グループ離脱後における中間申告額の計算

通算グループから離脱した通算子法人の離脱後における前期実績に基づく中間申告に係る中間申告額はどのように計算するのですか。

A

前事業年度（離脱日の前日に終了する事業年度）の確定した法人税額及び月数を基に計算することになります。

解説

内国法人が通算親法人との間に通算完全支配関係を有しなくなった場合、つまり、通算子法人がその通算グループから離脱した場合の事業年度は、その離脱した日の前日に終了し、これに続く事業年度はその離脱した日から開始することとされています。

したがって、通算子法人が通算グループから離脱した場合に、その離脱した法人における前期実績に基づく中間申告に係る中間申告額は、その離脱した日から開始する事業年度が6か月を超える場合は、前事業年度（離脱日の前日に終了する事業年度）の確定した法人税額及び月数を基に計算することになります。

具体的な計算例は、次のとおりです。

〔Ｙ社（５月決算）が通算親法人Ｘ社（３月決算）の事業年度のＸ１年11月１日に、Ｘ社通算グループから離脱した場合〕

・Ｙ社の前事業年度（Ｘ社通算グループ離脱日の前日に終了する事業年度）の確定した法人税額……700

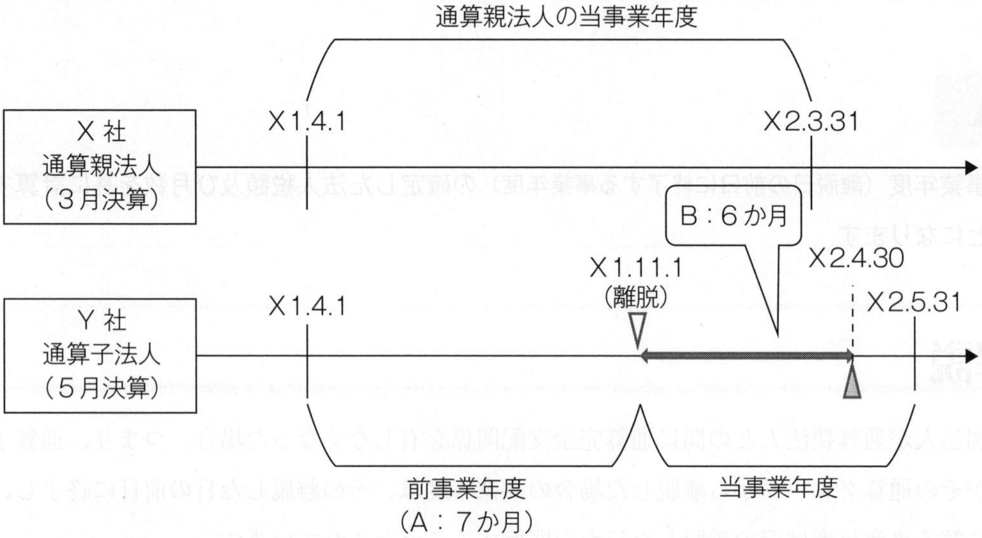

《Ｙ社の当事業年度における中間申告額の計算》

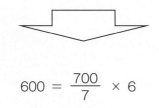

$$\text{中間申告額} = \frac{\text{前事業年度の法人税額}}{\text{前事業年度の月数（A）}} \times \text{事業年度開始の日からその事業年度開始の日以後6か月を経過した日の前日までの月数（B）}$$

$$600 = \frac{700}{7} \times 6$$

Ｙ社の中間申告額は、600となります。

Q81

前事業年度に適格合併があった場合の中間申告額の計算

前事業年度に適格合併があった場合に合併法人の前期実績に基づく中間申告に係る中間申告額はどのように計算するのですか。

A

通常の単体申告における合併法人分に被合併法人分を加算して計算します。

解説

通算法人がその前事業年度に適格合併を行った場合、合併法人（通算法人）の前期実績に基づく中間申告に係る中間申告額は、次のとおり、通常の単体申告における合併法人分に被合併法人分を加算して計算します（法71②一）。

《計算式》

$$\text{中間申告額} = \left(\frac{\text{合併法人の前事業年度の確定法人税額(注1)}}{\text{合併法人の前事業年度の月数(注3)}} \times \text{中間期間(注2)の月数(注3)} \right)_{\text{(合併法人分)}}$$

$$+ \left(\frac{\text{被合併法人の確定法人税額(注4)}}{\text{分子の額の計算の基礎となった事業年度の月数(B)}} \times \frac{\text{合併法人の前事業年度開始の日から合併の日の前日までの月数(注3)}}{\text{合併法人の前事業年度の月数(注3)}} \times \text{中間期間(注2)の月数(注3)} \right)_{\text{(被合併法人分)}}$$

(注)１①　合併法人の前事業年度の確定法人税額とは、合併法人の前事業年度の確定申告書に記載すべき法人税の額で、その事業年度開始の日（通算子法人にあっては、その開始の日の属する通算親法人の事業年度の開始の日）以後６か月を経過した日（以下「６月経過日」と

いいます。）の前日までに確定したものをいいます（法71①一）。

② 前事業年度の確定申告において過年度における外国税額控除に係る税額控除超過額相当額を加算している場合は、その加算した額となります（法71①一）。

③ 普通法人の令和4年4月1日以後において、その事業年度の前事業年度において、その事業年度の前事業年度の期間が連結事業年度であった場合、当該法人税額はその普通法人の前連結事業年度における連結法人税個別帰属支払額とすることとされています（令和2年改正法附則33②）。

2 中間期間とは、当該通算親法人事業年度開始以後6か月を経過した日の前日までの期間をいいます（法71①一）。

3 前事業年度が連結事業年度である場合は、その前事業年度の月数とします。また、月数は、暦に従って計算し、1月未満の端数は1月として計算します（令和2年改正法附則33③）。

4 合併法人の事業年度開始の日の1年前の日以後に終了したその適格合併に係る被合併法人の各事業年度（その月数が6か月に満たないものを除きます。）のうち、6か月経過した日の前日までに確定したもののうち、最新の事業年度までに確定した法人税額のことをいいます。

Q82

上半期に適格合併があった場合の中間申告額の計算

合併法人の当事業年度の上半期に適格合併があった場合に合併法人の前期実績に基づく中間申告に係る中間申告額はどのように計算するのですか。

A

通常の単体申告における合併法人分に被合併法人分を加算して計算します。

解説

通算法人がその事業年度の開始から6か月経過した日の前日までの期間に適格合併を行った場合、合併法人（通算法人）の前期実績に基づく中間申告に係る中間申告額は、次のとおり、通常の単体申告における合併法人分に被合併法人分を加算して計算します（法71②二）。

《計算式》

$$\text{中間申告額} = \left(\frac{\text{合併法人の前事業年度の確定法人税額(注1)}}{\text{合併法人の前事業年度の月数(注3)}} \times \text{中間期間(注2)の月数(注3)} \right)_{\text{(合併法人分)}}$$

$$+ \left(\frac{\text{被合併法人の確定法人税額(注4)}}{\text{分子の額の計算の基礎となった事業年度の月数(B)}} \times \frac{\text{合併法人の前事業年度開始の日から合併の日の前日までの月数(注3)}}{\text{合併法人の前事業年度の月数(注3)}} \times \text{合併の日から6か月経過した日の前日までの月数(注3)} \right)_{\text{(被合併法人分)}}$$

(注)1① 合併法人の前事業年度の確定法人税額とは、合併法人の前事業年度の確定申告書に記載すべき法人税の額で、その事業年度開始の日（通算子法人にあっては、その開始の日の属する通算親法人の事業年度の開始の日）以後6か月を経過した日（以下「6月経過日」と

いいます。）の前日までに確定したものをいいます（法71①一）。

② 前事業年度の確定申告において過年度における外国税額控除に係る税額控除超過額相当額を加算している場合は、その加算した額となります（法71①一）。

③ 普通法人の令和4年4月1日以後において、その事業年度の前事業年度において、その事業年度の前事業年度の期間が連結事業年度であった場合、当該法人税額はその普通法人の前連結事業年度における連結法人税個別帰属支払額とすることとされています（令和2年改正法附則33②）。

2　中間期間とは、当該通算親法人事業年度開始以後6か月を経過した日の前日までの期間をいいます（法71①一）。

3　前事業年度が連結事業年度である場合は、その前事業年度の月数とします。また、月数は、暦に従って計算し、1月未満の端数は1月として計算します（令和2年改正法附則33③）。

4　合併法人の事業年度開始の日の1年前の日以後に終了したその適格合併に係る被合併法人の各事業年度（その月数が6か月に満たないものを除きます。）のうち、6か月経過した日の前日までに確定したもののうち、最新の事業年度までに確定した法人税額のことをいいます。

Q83

適格合併による設立後最初の中間申告額の計算

適格合併により設立された合併法人の設立後最初の事業年度の前期実績に基づく中間申告に係る中間申告額はどのように計算するのですか。

A

各被合併法人の確定法人税額を基礎として計算します。

解説

合併法人が適格合併により設立された法人の場合、その合併法人の設立後最初の事業年度の前期実績に基づく中間申告書に係る中間申告額は、次のとおり、その適格合併に係る各被合併法人の被合併法人確定法人税額を基礎に計算します（法71③）。

《計算式》

$$\text{中間申告額} = \frac{\text{被合併法人の確定法人税額（注1）}}{\text{分子の額の計算の基礎となった事業年度の月数（注3）}} \times \text{中間期間（注2）の月数（注3）}$$

(注)1　被合併法人の確定法人税額とは、合併法人の事業年度開始に１年前の日以後に終了したその適格合併に係る被合併法人の各事業年度（その月数が６か月に満たないものを除きます。）のうち、６か月経過した日の前日までに確定したもののうち、最新の事業年度までに確定した法人税額のことをいいます。

なお、前事業年度の確定申告において過年度における外国税額控除に係る税額控除超過額相当額を加算している場合は、その加算した額となります（法71②一）。

また、被合併法人の計算期間となる事業年度が連結事業年度であった場合、その計算期間の確定法人税額は被合併法人の連結事業年度におけるその連結法人税個別帰属支払額とすることとされています（令和２年改正法附則33②）。

2　中間期間とは、合併法人の事業年度開始の日からその日の属する通算親法人の事業年度開始の日以後６か月を経過した日の前日までの期間をいいます（法71①一）。

3　月数は、暦に従って計算し、１か月未満の端数は１か月として計算します（令和２年改正法附則33②）。

第 5

青色申告

Q84

グループ通算制度の承認申請と青色申告の承認申請との関係

当社は、設立事業年度からグループ通算制度の規定の適用を受けるために、グループ通算制度の承認申請書をその提出期限内に提出し、また、その承認申請が却下された場合のことを考慮し「青色申告の承認申請書」についてもその提出期限内に提出しました。

そこで、当社がグループ通算制度の適用を受けようとする最初の事業年度開始の日の前日までにグループ通算制度の承認の申請が承認又は却下されなかった場合、青色申告の承認申請はどのように取り扱われますか。

A

そのグループ通算制度の承認の効力が生じた日において青色申告の承認があったものとみなされます。

解説

内国法人が青色申告を行うためには、その内国法人は「青色申告の承認申請書」をその事業年度開始の日の前日までに納税地の所轄税務署長に提出し、青色申告の承認を受ける必要があります（法122①）。また、青色申告の承認を受けていない内国法人がグループ通算制度の承認を受けた場合には、その通算制度の承認の効力が生じた日において青色申告の承認があったものとみなされます（法125②）。

そして、設立事業年度からグループ通算制度の適用を受けようとする場合、グループ通算制度の承認申請書を提出した日から2か月を経過する日までにグループ通算制度の承認の申請が承認又は却下されなかった場合には、その2か月を経過する日において、そのグループ通算制度の承認があったものとみなされ（法64の9⑨）、設立事業年度開始の日以後の期間についてそのグループ通算制度の承認の効力が生ずることとなり、その開始の日において、青色申告の承認があったものとみなされます（法64の9⑩二、125②）。

Q85

グループ通算制度の通算承認申請が却下された場合における青色申告の承認申請の取扱い

当社は、設立事業年度からグループ通算制度の規定の適用を受けるために、グループ通算制度の承認申請書をその提出期限内に提出し、また、その承認申請が却下された場合のことを考慮し「青色申告の承認申請書」についてもその提出期限内に提出しました。

そこで、当社のグループ通算制度の承認の申請が却下された場合、青色申告の承認申請はどのように取り扱われますか。

A

その青色申告の承認申請について設立事業年度終了の日までに承認又は却下されなかったときは、その日において青色申告の承認があったものとみなされます。

解説

内国法人が青色申告を行うためには、その内国法人は「青色申告の承認申請書」をその提出期限内に提出し、青色申告の承認を受ける必要があります（法122①）。また、青色申告の承認を受けていない内国法人がグループ通算制度の承認を受けた場合には、その通算制度の承認の効力が生じた日において青色申告の承認があったものとみなされます（法125②）。

青色申告の承認申請について、その事業年度終了の日までに承認又は却下の処分がなかったときは、その日において青色申告の承認があったものとみなされます（法125①）。

したがって、グループ通算制度の承認の申請が却下された場合でも、青色申告の承認とは関係がありませんので、その青色申告の承認申請について設立事業年度終了の日までに承認又は却下されなかったときは、その日において青色申告の承認があったものとみなされます。

Q86

グループ通算制度への移行に伴う青色申告の承認を受けていない子法人の承認申請

当社の法人グループは、連結納税制度からグループ通算制度に移行しますが、移行する法人のうちに青色申告の承認を受けていない子法人がある場合、その子法人については新たに青色申告の承認申請を行う必要がありますか。

A

新たに青色申告の承認申請を行う必要はありません。

解説

連結納税制度を適用していた法人がグループ通算制度に移行する場合、つまり、令和４年３月31日において連結親法人である法人及び同日の属する連結親法人の事業年度終了の日において連結完全支配関係のある連結子法人については、その日の翌日にグループ通算制度の承認があったものとみなされ、同日からその効力を生じることとされています。また、この場合、この承認の効力が生じた日において青色申告の承認があったものとみなされるため、グループ内に青色申告の承認を受けていない法人があっても、その法人について新たに青色申告の承認申請を行う必要はありません（法64の９①、125②、令２改正法附則29①）。

Q87

グループ通算制度へ移行しなかった法人の青色申告の承認申請書の提出期限

連結親法人（3月決算）が「グループ通算制度へ移行しない旨の届出書」を提出したことから、その連結子法人（3月決算）である当社は令和4年4月1日以後に開始する事業年度から通算制度が適用されないこととなります。

そこで、当社は、元々青色申告の承認申請を提出していませんでしたが、自令和4年4月1日至令和5年3月31日事業年度において青色申告を行おうと考えているところ、「青色申告の承認申請書」はいつまで提出する必要がありますか。

A

貴社の「青色申告の承認申請書」の提出期限は、最終の連結事業年度の翌事業年度開始の日以後3か月を経過した日の前日である令和4年6月30日までに納税地の所轄税務署長に提出する必要があります。

解説

連結親法人が令和4年4月1日以後最初に開始する事業年度開始の日の前日までに「グループ通算制度へ移行しない旨の届出書」を納税地の所轄税務署長に提出した場合には、その連結親法人及び当該前日においてその連結親法人との間に連結完全支配関係がある連結子法人は、通算制度を適用しない法人となることとされています（令和2年改正法附則29②）。

上記の規定によりグループ通算制度を適用しないこととした法人が、最終の連結事業年度の翌事業年度以後の各事業年度の確定申告書等について青色申告の承認を受けようとする場合には、青色申告の承認申請書の提出期限は、その翌事業年度開始の日以後3か月を経過した日とその翌事業年度終了の日とのうちいずれか早い日の前日とされています（令和2年改正法附則36②）

したがって、貴社は、連結納税制度を適用していましたが、過去に青色申告の承認を受けていないことからその承認申請を行う必要があり、令和4年4月1日以後最初に開始する事業年度から青色申告を行うためには、最終の連結事業年度の翌事業年度開始の日（令和4年

4月1日）以後3か月を経過した日（令和4年7月1日）とその翌事業年度終了の日（令和5年3月31日）とのうちいずれか早い日の前日（令和4年6月30日）までに「青色申告の承認申請書」を納税地の所轄税務署長に提出する必要があります。

Q88

通算グループから離脱した場合の青色申告の承認手続き

通算子法人である当社は、青色申告に係る承認申請を行っていませんが、将来、通算親法人の事情等により当社が通算グループから離脱したとしても、引き続き青色申告を行いたいと考えています。

この場合、青色申告の承認を受けるための申請手続を行う必要はありますか。

A

青色申告の承認を受けるために、改めて申請手続を行う必要はありません。

解説

青色申告の承認を受けていない内国法人が通算制度の承認を受けた場合には、その承認の効力が生じた日において、青色申告の承認があったものとみなされます（法125②）。

この青色申告の承認は、その事業年度に係る帳簿書類の備付け、記録又は保存が所定の方法に従って行われていないことなど一定の事実がある場合に、税務署長が取り消すことができることとされていますが、通算完全支配関係を有しなくなったことはこの一定の事実に該当しません（法127①③④）。

したがって、その内国法人がグループ通算制度の承認を受けた後に通算グループから離脱したとしても、青色申告の承認が取り消されるものではないことから、その離脱に伴い改めて青色申告の承認を受けるための申請手続を行う必要はありません。

Q89

青色申告の承認取消しを受けた場合の通算承認の効力

通算法人が青色申告の承認の取消しの処分の通知を受けた場合、グループ通算制度の承認の効力も失われることとなりますか。

A

青色申告の承認の取消しの処分の通知を受けた日から、その通知を受けた通算法人はグループ通算制度の承認の効力を失うこととなります。

解説

通算法人が青色申告の承認の取消しの処分の通知を受けた場合には、その通算法人に係るグループ通算制度の承認は、その通知を受けた日から、その効力を失うものとされています(法64の10⑤)。

また、通算法人に対する青色申告の承認については、その取消しの通知を受けた日の前日（当該前日が通算親法人の事業年度終了の日である場合には、その通知を受けた日）の属する事業年度以後、その効力を失うものとされています（法127①③)。

なお、納税地の所轄税務署長は、青色申告の承認を受けた内国法人について、その承認の取消事由が生じた場合には、その承認の取消事由に該当する事業年度まで遡って、その承認を取り消すことができることとされていますが、通算法人であった内国法人について、その承認の取消事由に該当する事業年度が通算承認の効力を失った日の前日（当該前日が通算親法人の事業年度終了の日である場合には、その効力を失った日）の属する事業年度前の事業年度である場合には、その属する事業年度までとされています（法127①④)。

Q90

通算承認を受けている法人の青色申告の取りやめ

当社はグループ通算制度の承認を受けていますが、青色申告の取りやめはできますか。

A

グループ通算制度の承認を受けている法人は、青色申告の取りやめはできません。

解説

青色申告の承認を受けていない内国法人が通算制度の承認を受けた場合には、その承認の効力が生じた日において、青色申告の承認があったものとみなされます（法125②）。

一方、青色申告の承認を受けている内国法人は、青色申告をやめようとするときは、その事業年度終了の日の翌日から２か月以内に「青色申告書の取りやめの届出書」を納税地の所轄税務署長に提出しなければならないこととされています（法128）。

しかしながら、この取扱いは、通算法人を除くこととされています。したがって、グループ通算制度の承認を受けている法人は、青色申告の取りやめをできないことになります。

第 6

事業年度

Q91

親法人と子法人の決算期が異なる場合の事業年度の特例

通算子法人となろうとする法人の事業年度が通算親法人となろうとする法人の事業年度と異なる場合において、通算承認がなされたときの通算子法人の事業年度は、どのようになりますか。

A

当該通算子法人の事業年度は、原則としてグループ通算制度の規定の適用を受けようとする最初の事業年度開始の日の前日までの期間で終了し、グループ通算制度の適用後は、親法人と同じ事業年度となります。

解説

通算子法人で通算親法人の事業年度開始の時にその通算親法人との間に通算完全支配関係がある法人の事業年度は、当該通算親法人の事業年度開始の日に開始するものとされ、通算子法人で通算親法人の事業年度終了の時にその通算親法人との間に通算完全支配関係がある法人の事業年度は、その終了する日に終了するものとされています（法14③）。

具体的には、通算子法人は、その事業年度開始の日からグループ通算制度の規定の適用を受けようとする最初の事業年度開始の日の前日までの期間について、グループ通算制度の規定を適用しないで申告を行うこととなります。

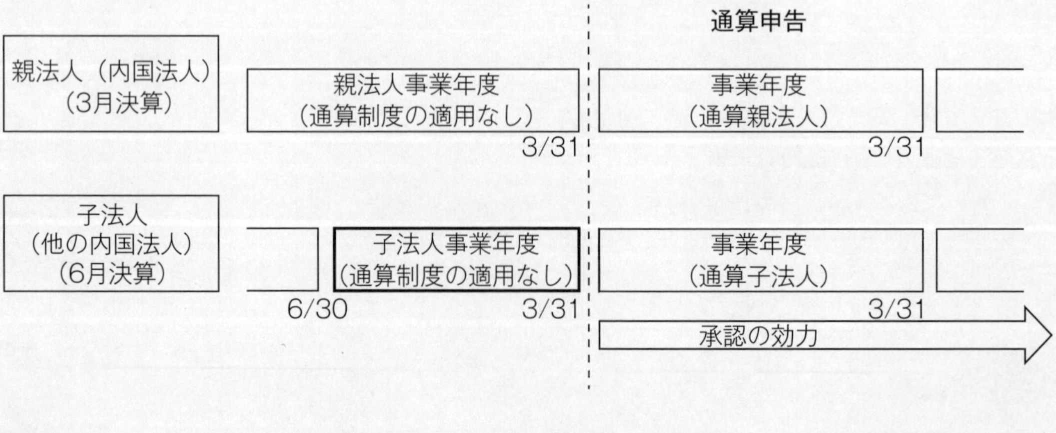

Q92

通算子法人が更生手続開始の決定を受けた場合の事業年度

通算子法人が更生手続開始の決定を受けた場合、その開始の時にその通算子法人の事業年度は終了しますか。

A

通算子法人が更生手続開始の決定を受けた場合であっても、その通算子法人の事業年度は、その通算親法人の事業年度と同じ期間となりますので、その開始の時には終了しません。

解説

法人税法における事業年度とは、原則として、法人の会計期間で、法令で定めるもの又は法人の定款等に定めるものをいうこととされていますが、グループ通算制度に係る事業年度については、法人税法第14条《事業年度の特例》の第２項以降に通算法人（通算親法人及び通算子法人）に係る事業年度の特例の規定として定められています。これらの規定のうち同条第３項では、通算子法人については、その通算親法人の事業年度開始の時に当該通算親法人との間に通算完全支配関係があるものの事業年度は当該開始の日に開始するものとし、その通算親法人の事業年度終了の時に当該通算親法人との間に通算完全支配関係があるものの事業年度は当該終了の日に終了するものとするといったように、通算親法人の事業年度の開始の日又は終了の日に合わせる旨の規定が定められています。

また、会社更生法第232条第２項《法人税法等の特例》によれば、法人が更生手続開始の決定を受けた場合、更生会社の事業年度は、更生手続の開始の時に終了し、これに続く事業年度は、更生計画認可の時又は更生手続の終了の日に終了することとされています。ただし、その期間が１年を超える場合には１年ごとに打ち切ることとされています。

そこで、通算子法人が更生手続開始の決定を受けた場合ですが、その通算子法人は、更生手続開始の決定を受けたことにより通算承認の効力を失うことはなく、引き続き当該通算子法人に係る通算親法人との間に通算完全支配関係を有することになるため、法人税法第14条第７項の規定により、同条第３項の規定に従って事業年度を決定することとなります。つまり、通算子法人が更生手続開始の決定を受けた事実をもって、通算子法人の法人税に係る事業年度がその開始の時で終了するということにはならず、通算親法人の事業年度の終了の日にその通算子法人の事業年度が終了するものとして、法人税の申告を行うということになります。

Q93

加入法人に係る特例事業年度

法人（他の内国法人）が通算親法人事業年度の中途でその通算グループに加入する場合、その法人の事業年度は、どのようになりますか。

A

加入日の前日までの期間がグループ通算制度の適用とならない事業年度、加入日から加入する通算親法人事業年度終了日までの期間が通算制度の適用となる事業年度となります。

解説

法人（他の内国法人）がある通算グループの通算親法人事業年度の途中において、その通算親法人との間に完全支配関係を有することとなり、その通算グループに加入することとなった場合、その加入日（完全支配関係を有することとなった日）の前日までの期間において当該加入法人の事業年度は終了し、それまでの期間（特例事業年度）についての申告（グループ通算制度の適用外）を行い、当該加入日から通算親法人事業年度終了の日までの期間の事業年度（グループ通算制度の適用となる事業年度）についての申告を行うこととなります（法14④）。

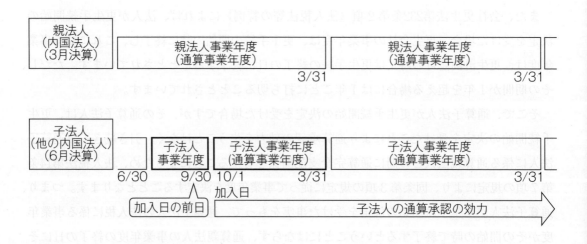

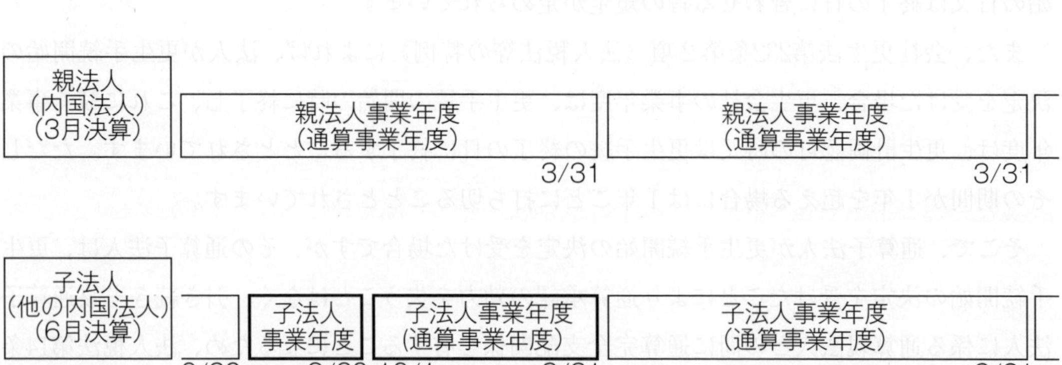

Q94

申請特例年度の途中で加入する法人に係る特例事業年度

申請特例年度の途中において、通算グループに加入する法人の事業年度は、どのようになりますか。

A

申請特例年度の途中において加入する法人の事業年度は、その加入日の前日に終了し、それに続く事業年度は、その加入の日から申請特例年度末日までの期間となります。

解説

申請特例年度の途中においてその通算グループへ加入する法人(他の内国法人・通算加入法人)の事業年度は、その加入日(完全支配関係を有することとなった日)の前日までの期間に終了し、当該加入日から申請特例年度末日までの期間がそれに続く事業年度となります(法14⑤)。

ただし、当該加入法人が時価評価法人等である場合には、当該加入日から申請特例年度末日までの期間の事業年度については、通算承認の効力は生じません(法64の9⑫)。したがって、時価評価法人等に該当する加入法人の通算承認の効力は、申請特例年度末日の翌日から生じることとなります。

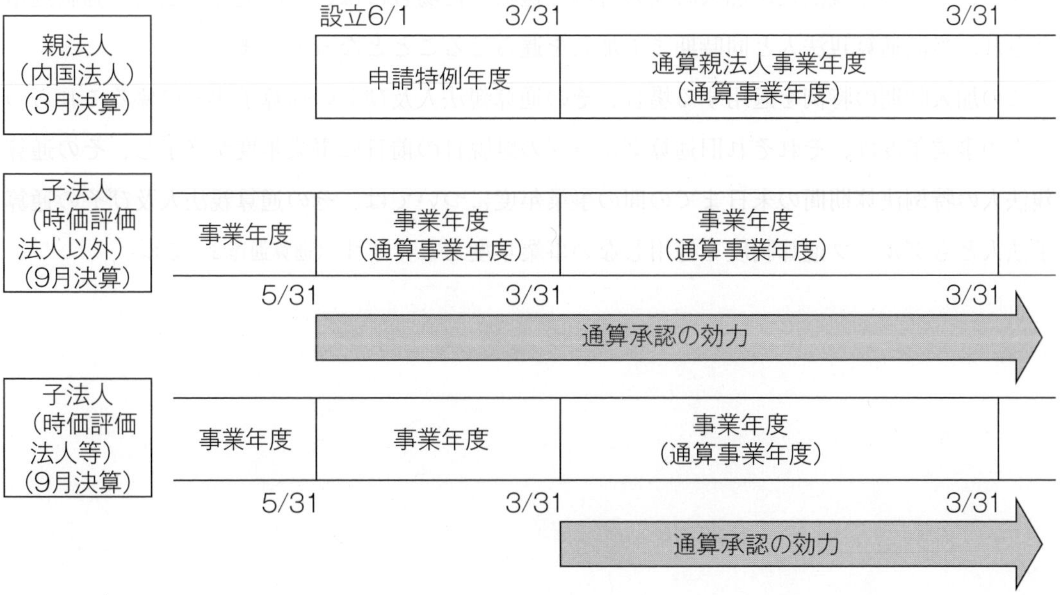

Q95

加入時期の特例の適用を受ける場合の特例決算期間の事業年度

加入時期の特例の適用を受ける場合の特例決算期間の事業年度はどのような取扱いになりますか。

A

特例決算期間の事業年度はグループ通算制度を適用しない事業年度となります。

解説

通算グループの親法人の株式等が買収されたことにより、その通算グループ全体が他の通算グループに属することとなった場合、つまり、ある通算グループを離脱すると同時に他の通算グループに加入するような場合に、この買収等された通算グループの通算親法人及び通算子法人に係る加入時期の特例の適用については、連結納税制度ではその通算親法人及びその通算子法人に相当する連結親法人及び連結子法人とも適用不可とされていましたが、グループ通算制度ではその通算親法人及びその通算子法人とも適用可能とされています（グループ通算通達２－５）。

なお、その通算親法人が加入時期の特例を選択した場合には、その通算子法人は強制適用とされ、当該通算親法人と同時期まで加入を遅らせることとなっています。

この加入時期の特例を適用する場合、その通算親法人及びその通算子法人に係るこれらの法人の事業年度は、それぞれ旧通算グループの離脱日の前日に事業年度が終了し、その通算親法人の特例決算期間の末日までの間の事業年度については、その通算親法人及びその通算子法人ともグループ通算制度を適用しない事業年度となります（通算通達２－５）。

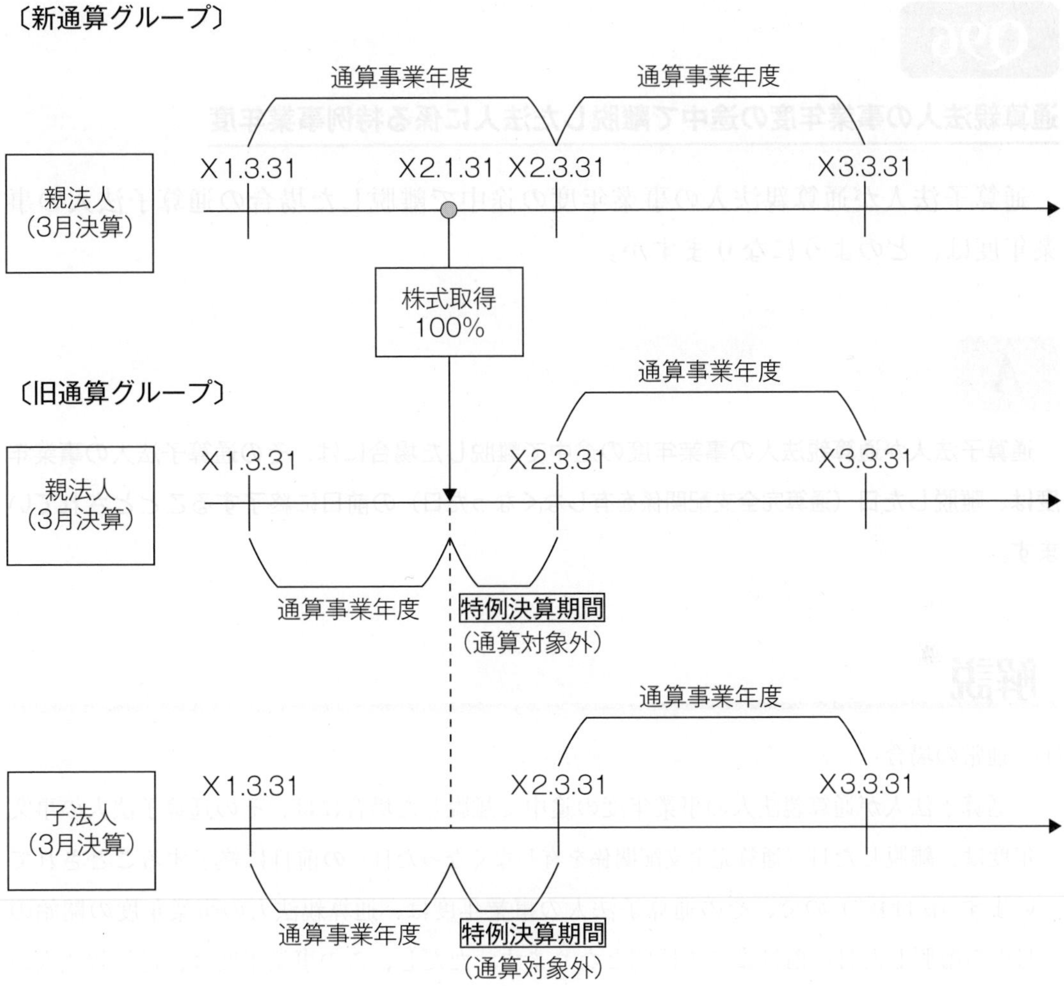
〔新通算グループ〕
通算事業年度
通算事業年度
親法人
(3月決算)
X1.3.31
X2.1.31
X2.3.31
X3.3.31
株式取得
100%
〔旧通算グループ〕
通算事業年度
親法人
(3月決算)
X1.3.31
X2.3.31
X3.3.31
通算事業年度
特例決算期間
(通算対象外)
通算事業年度
子法人
(3月決算)
X1.3.31
X2.3.31
X3.3.31
通算事業年度
特例決算期間
(通算対象外)

Q96

通算親法人の事業年度の途中で離脱した法人に係る特例事業年度

通算子法人が通算親法人の事業年度の途中で離脱した場合の通算子法人の事業年度は、どのようになりますか。

A

通算子法人が通算親法人の事業年度の途中で離脱した場合には、その通算子法人の事業年度は、離脱した日（通算完全支配関係を有しなくなった日）の前日に終了することとされています。

解説

(1)　通常の場合

通算子法人が通算親法人の事業年度の途中で離脱した場合には、その通算子法人の事業年度は、離脱した日（通算完全支配関係を有しなくなった日）の前日に終了することされています（法14④二）ので、その通算子法人の事業年度は、通算親法人の事業年度の開始の日から離脱した日の前日までの期間となります。ただし、この事業年度は、通算親法人の事業年度の終了の日に終了していませんので、損益通算の規定（法64の５）等の適用はありません。

また、離脱した子法人のこれに続く事業年度は、当該離脱した日から当該子法人の本来の事業年度の終了の日までの期間となります（法14④二）。

なお、離脱した日の前日が通算親法人の事業年度の終了の日と一致する場合には、当該前日までの期間についても、損益通算の規定（法65の５）等の適用の対象となります。

○通算親法人事業年度4.1～3.31　○通算子法人の会計期間1.1～12.31

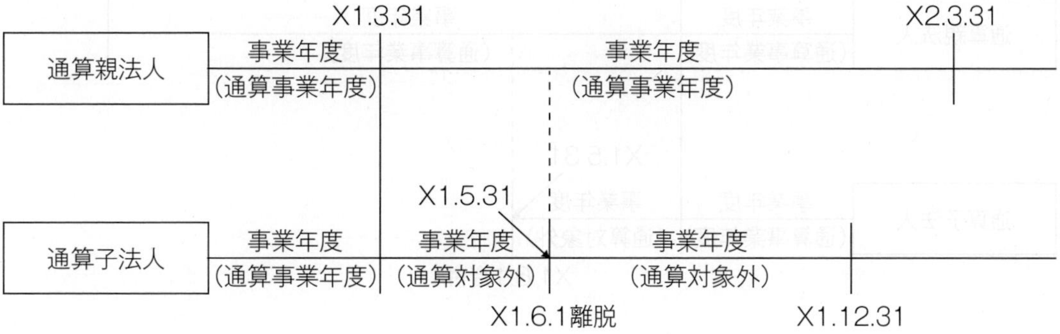

○通算親法人事業年度4.1～3.31　○通算子法人の会計期間1.1～12.31

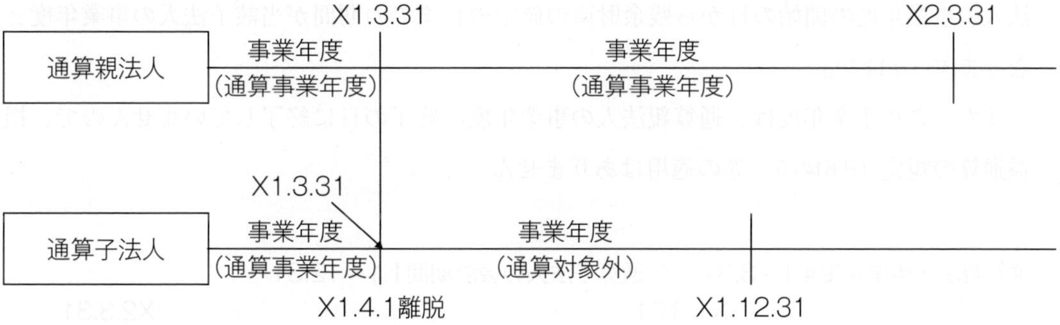

(2)　通算子法人が合併により解散した場合

通算子法人が通算親法人の事業年度の途中で合併により解散した場合には、その通算親法人の事業年度の開始の日から合併の日の前日までの期間が当該子法人の事業年度となります。

また、この事業年度は、通算親法人の事業年度の終了の日に終了していませんので、損益通算の規定（法64の５）等の適用はありません。

なお、合併の日の前日が通算親法人の事業年度の終了の日と一致する場合には、当該前日までの期間についても、損益通算の規定（法65の５）等の適用の対象となります。

○通算親法人事業年度4.1～3.31　○通算子法人の会計期間1.1～12.31

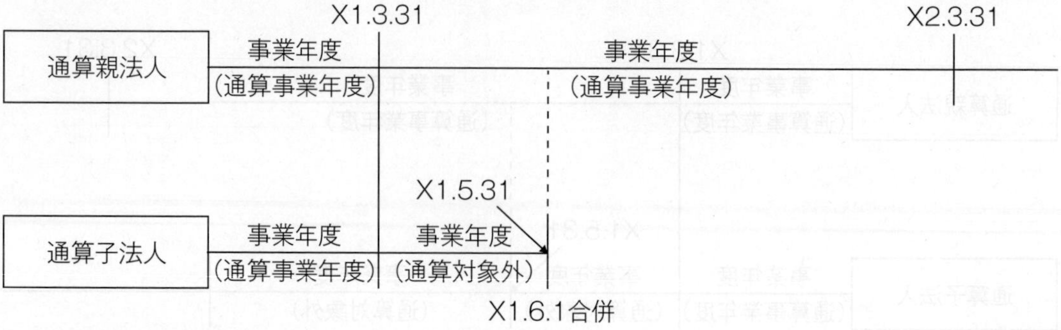

(3)　通算子法人の残余財産が確定した場合

通算親法人の事業年度の途中で通算子法人の残余財産が確定した場合には、その通算親法人の事業年度の開始の日から残余財産の確定の日までの期間が当該子法人の事業年度となります（法14⑦）。

また、この事業年度は、通算親法人の事業年度の終了の日に終了していませんので、損益通算の規定（法64の５）等の適用はありません。

○通算親法人事業年度4.1～3.31　○通算子法人の会計期間1.1～12.31

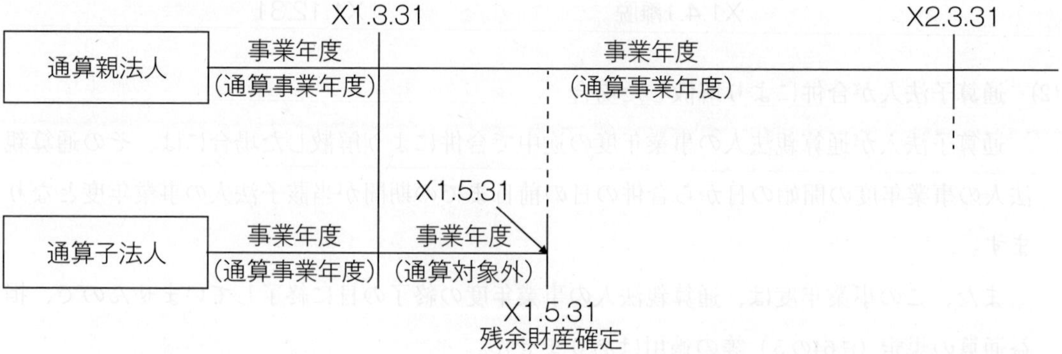

Q97

通算親法人の同一事業年度中に加入及び離脱をした法人の特例事業年度

通算親法人の同一の事業年度中に加入及び離脱をした法人の事業年度はどのようになりますか。

A

事業年度中に加入及び離脱をした法人の事業年度については、当該加入の前日までの期間、加入日から離脱した日の前日までの期間及び当該離脱した日から当該子法人の本来の事業年度の終了の日までの期間となります。

解説

通算子法人となることができる法人が、通算親法人との間にその通算親法人による完全支配関係を有することとなった場合の当該子法人の事業年度は、加入日の前日に終了し、これに続く事業年度は、その加入日から開始するものとされています（法14④一）。

また、通算子法人が、通算親法人との間にその通算親法人による通算完全支配関係を有しなくなった場合には、その通算子法人の事業年度は、離脱日の前日に終了し、これに続く事業年度は、その離脱日から開始するものとされています（法14④二）。

したがって、事業年度中に加入及び離脱をした法人の事業年度については、①加入の前日までの期間において当該加入法人の事業年度は終了し、また、②それに続く事業年度は、加入日から離脱した日の前日までの期間となり、さらに、③当該離脱した日から当該子法人の本来の事業年度の終了の日までの期間がその次の事業年度となります。

なお、この場合において、加入日から離脱日の前日までの事業年度（次の図における②の期間）については、通算子法人において通算承認の効力が生じていますが、その事業年度は、通算親法人の事業年度終了の日に終了しないことから、損益通算の規定（法64の５）等の適用はありません。

○通算親法人事業年度4.1～3.31　　○子法人の会計期間1.1～12.31

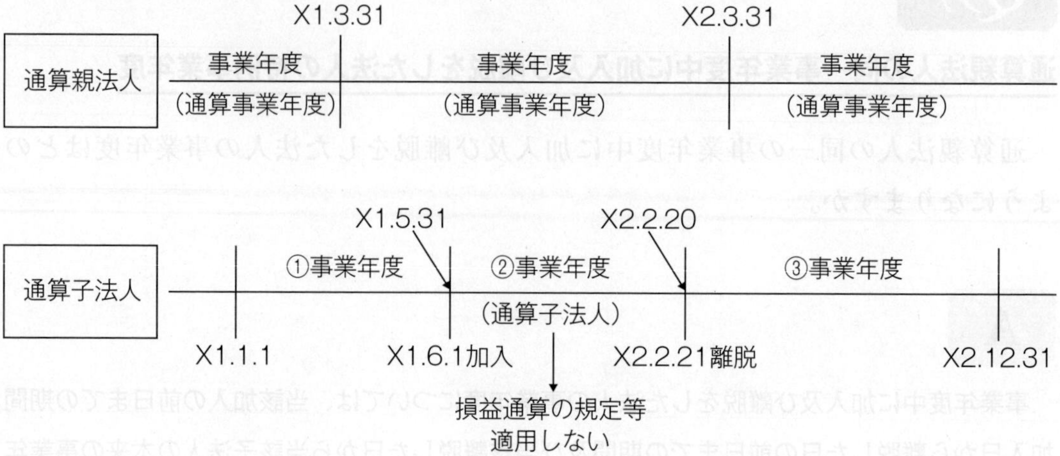

Q98

設立事業年度等の承認申請特例の場合の子法人の特例事業年度

設立事業年度等の承認申請特例における子会社（時価評価法人等以外の場合）の事業年度は、どのようになりますか。

A

解説のとおりです。

解説

親法人（通算親法人となろうとする法人）の申請特例年度開始の時にその親法人との間に完全支配関係がある子法人の事業年度は、その申請特例年度の開始の日の前日に終了し、当該申請特例年度の開始の日から、申請特例年度終了の日までの期間がグループ通算制度の規定の適用を受けようとする最初の事業年度となります（法14⑤）。

承認を受けた場合

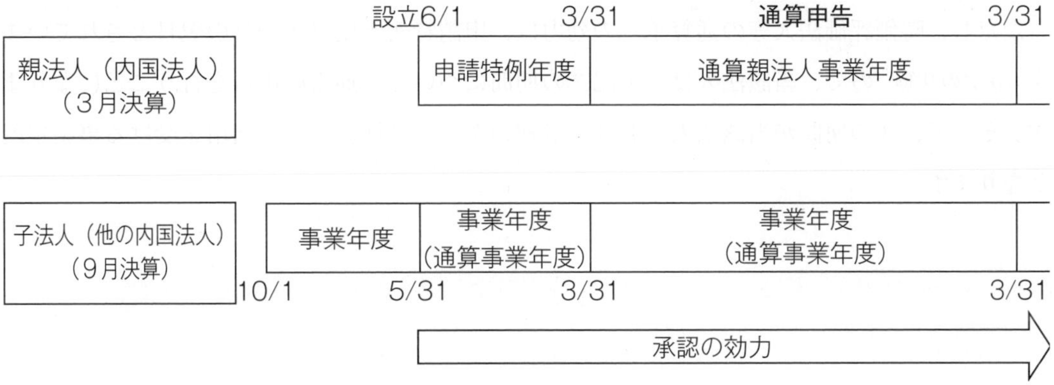

Q99

設立事業年度等の承認申請特例の場合の子法人が時価評価法人等であるときの通算の効力

設立事業年度等の承認申請特例において、その子会社が時価評価法人等である場合の事業年度は、どのようになりますか。

A

時価評価法人等の通算事業年度は、申請特例年度の翌事業年度からとなります。

解説

設立事業年度等の承認申請特例において、時価評価法人等（時価評価法人に該当する子会社及び当該子会社が発行済み株式等を直接または間接に保有する子法人）の事業年度は、①申請特例年度開始の日前の事業年度の開始の日から申請特例年度の開始の日の前日までの期間、②申請特例年度開始の日からその終了の日までの期間及び③申請特例年度の終了の日の翌日からその通算事業年度終了の日までの期間となります。

ただし、時価評価法人等の通算承認の効力は、申請特例年度終了の日の翌日とされています（法64の9⑩）ので、当該法人は、上記②の期間について、通常の申告を行うことになります。そして、③の期間が当該法人における最初のグループ通算制度の適用を受ける事業年度となります。

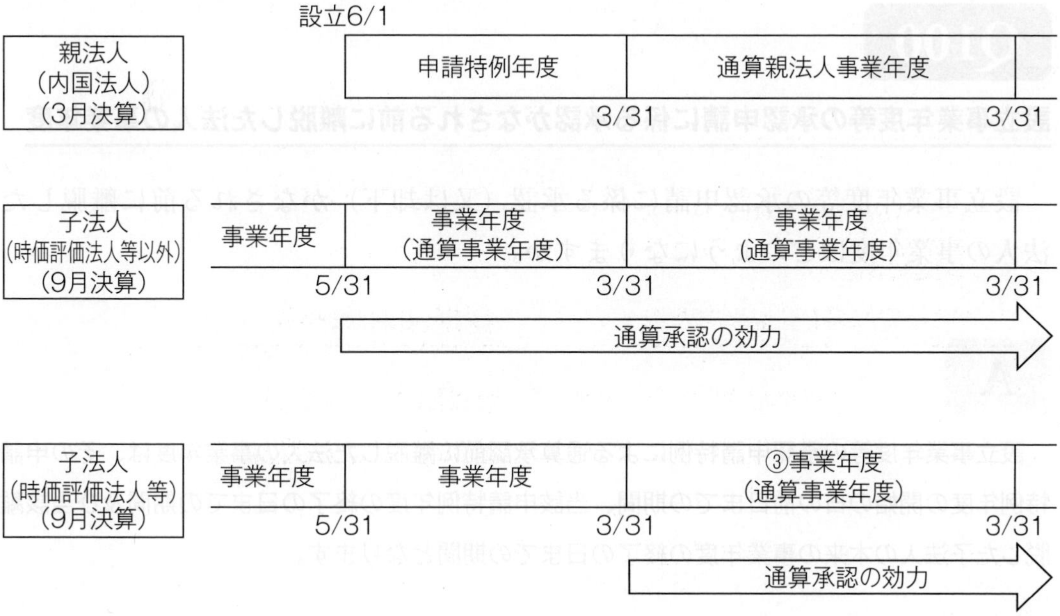

設立6/1
親法人
（内国法人）
（3月決算）
申請特例年度
通算親法人事業年度
3/31
3/31
子法人
（時価評価法人等以外）
（9月決算）
事業年度
事業年度
（通算事業年度）
事業年度
（通算事業年度）
5/31
3/31
3/31
通算承認の効力
子法人
（時価評価法人等）
（9月決算）
事業年度
事業年度
③事業年度
（通算事業年度）
5/31
3/31
3/31
通算承認の効力

Q100

設立事業年度等の承認申請に係る承認がなされる前に離脱した法人の事業年度

設立事業年度等の承認申請に係る承認（又は却下）がなされる前に離脱した法人の事業年度はどのようになりますか。

A

設立事業年度等の承認申請特例による通算承認前に離脱した法人の事業年度は、その申請特例年度の開始の日の前日までの期間、当該申請特例年度の終了の日までの期間及び当該離脱した子法人の本来の事業年度の終了の日までの期間となります。

解説

通算親法人となろうとする法人の申請特例年度開始の時にその親法人との間に完全支配関係がある子法人の事業年度は、申請特例年度開始の日の前日に終了し、これに続く事業年度は、その申請特例年度開始の日から開始することとされています（法14⑤一）。

なお、当該子法人であった法人が通算承認（法64の9①②）を受けなかったときは、当該子法人であった法人のその申請特例年度開始の日から開始する事業年度は、申請特例年度終了の日に終了し、これに続く事業年度は、その申請特例年度終了の日の翌日から開始するものとされています（法14⑥、⑦括弧書）。

したがって、当該子法人が通算承認を受ける前に通算親法人となろうとする法人との間に、完全支配関係を有しなくなった場合（離脱した場合）には、当該離脱法人は、通算承認を受けないこととなることから、当該離脱法人の事業年度は、①その申請特例年度の開始の日の前日に終了し、②これに続く事業年度は、当該申請特例年度の終了の日に終了し、さらに、③当該申請特例年度の終了の日の翌日から、当該離脱した子法人の本来の事業年度の終了の日までの期間がその次の事業年度となります。

設立6/1
3/31
3/31
親法人
（内国法人）
（３月決算）
申請特例年度
（通算事業年度）
通算親法人事業年度
（通算事業年度）
通算承認7/31
子法人
（９月決算）
①事業年度
②事業年度
③事業年度
5/31
3/31
9/30
離脱7/1

Q101

通算親法人事業年度の途中で加入する法人の加入時期の特例

他の内国法人が月の途中で通算グループに加入する場合において、会計期間の末日又は月次決算期間の末日の翌日を加入日とする加入時期の特例があると聞きましたが、具体的にどのようなものですか。

A

通算親法人事業年度の中途でその通算グループに加入する法人については、その会計期間又は月次決算期間の末日の翌日を加入日とする加入時期の特例を採用することが認められています。

解説

グループ通算制度への加入の場合の通算子法人となる法人の事業年度については、原則として、加入日の前日に終了し、これに続く事業年度は、その加入日から開始するものとされています（法14④一）。また、通算子法人で通算親法人の事業年度終了の時にその通算親法人との間に通算完全支配関係がある法人の事業年度は、その終了の日に終了するものとされています（法14③）。

ただし、この通算子法人となる法人の事業年度については、その子法人の会計期間又は月次決算期間の末日に終了し、これに続く事業年度は、その会計期間又は月次決算期間の末日の翌日から開始するものとする加入時期の特例の適用を受けることが認められています（法14⑧一）。

この場合、当該加入法人においては、加入日の前日の属する会計期間又は月次決算期間の末日の翌日において通算の承認があったものとされ、その承認は同日からその効力を生ずるものとされています（法64の９⑪括弧書）。

なお、この加入時期の特例を受けるためには、この特例の適用がないものとした場合に生ずることとなる加入日の前日の属する事業年度（下図では、４月１日から９月14日の事業年度）に係る確定申告書の提出期限となる日までに、通算親法人又は通算親法人となる法人が加入時期の特例を受ける旨等を記載した書類を納税地の所轄税務署長に提出する必要があります（法14⑧、規８の３の３）。

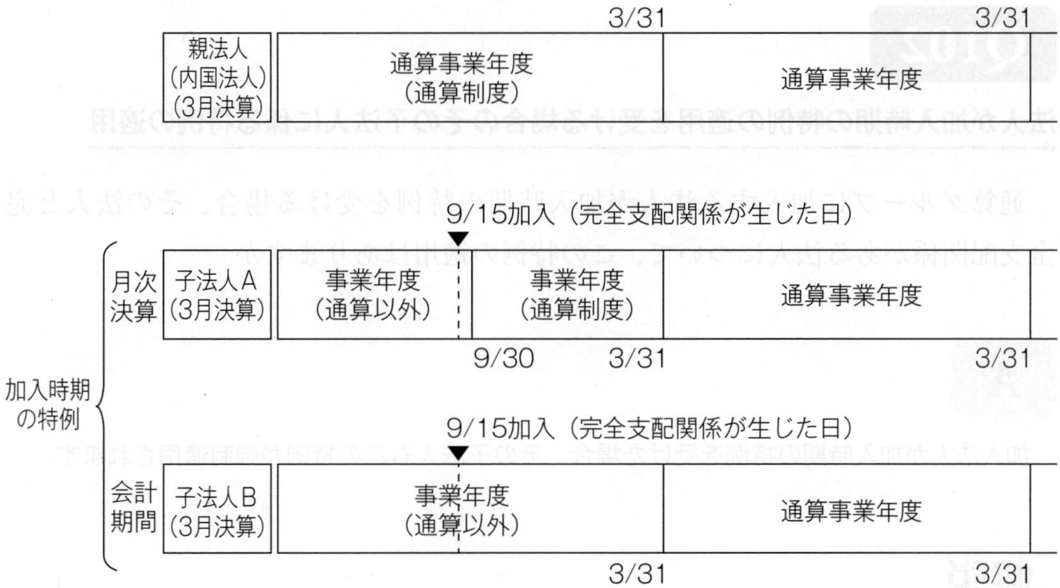
3/31
3/31
親法人
(内国法人)
(3月決算)
通算事業年度
(通算制度)
通算事業年度
9/15加入（完全支配関係が生じた日）
月次決算
子法人A
(3月決算)
事業年度
(通算以外)
事業年度
(通算制度)
通算事業年度
9/30
3/31
3/31
加入時期の特例
9/15加入（完全支配関係が生じた日）
会計期間
子法人B
(3月決算)
事業年度
(通算以外)
通算事業年度
3/31
3/31

Q102

法人が加入時期の特例の適用を受ける場合のその子法人に係る特例の適用

通算グループに加入する法人が加入時期の特例を受ける場合、その法人と完全支配関係がある法人について、この特例の適用はありますか。

A

加入法人が加入時期の特例を受けた場合、その子法人もこの特例が強制適用されます。

解説

法人（他の内国法人）が通算親法人の事業年度の中途でその通算グループに加入することとなった場合、その法人の加入前の事業年度については、会計期間又は月次決算期間の末日に終了し、これに続く事業年度は、その会計期間又は月次決算期間の末日の翌日から開始するとする加入時期の特例が認められています（法14⑧一）。

なお、この特例が認められるのは、内国法人の加入日からその特例の決算期間の末日までの間にその通算親法人又は親法人との間に完全支配関係を有することとなったものに限ります。

また、複数の子法人がある加入法人がこの加入時期の特例の適用を選択した場合には、その子法人（いわゆる連れ子）について強制適用とされ、加入法人と同時期まで加入を遅らせることとなっています（通算通達２－４）。

〈イメージ図〉

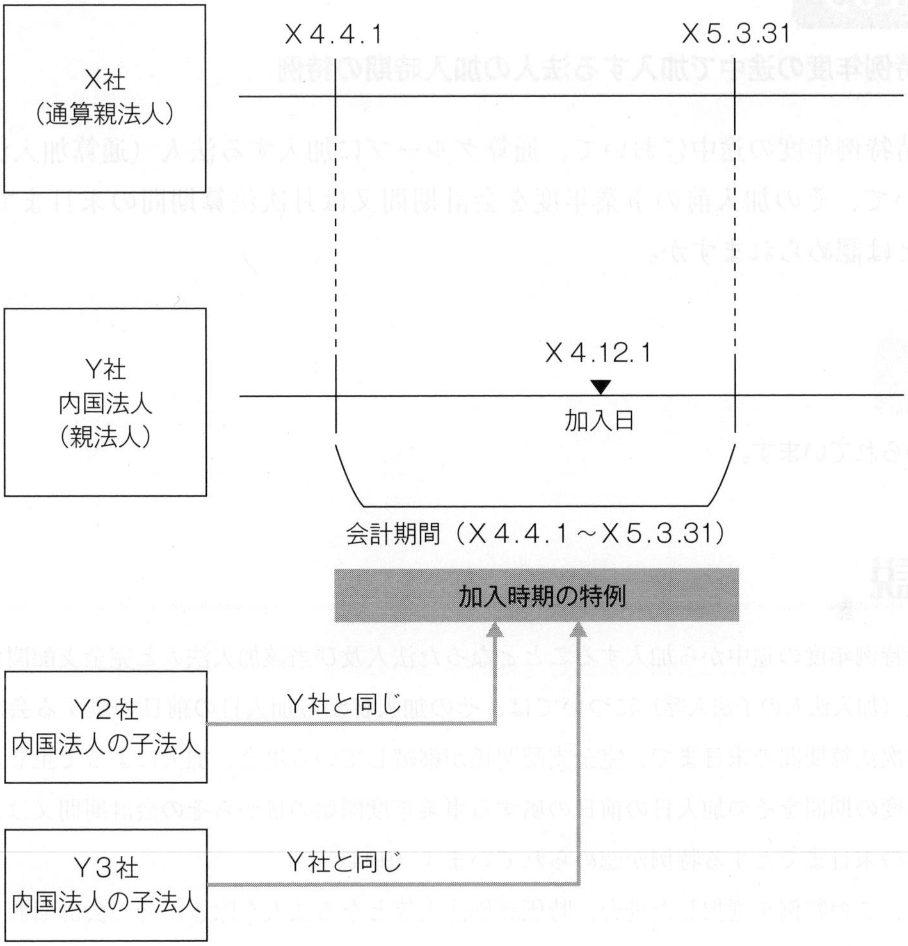

X社
（通算親法人）
X 4.4.1
X 5.3.31
Y社
内国法人
（親法人）
X 4.12.1
加入日
会計期間（X 4.4.1～X 5.3.31）
加入時期の特例
Y 2 社
内国法人の子法人
Y社と同じ
Y 3 社
内国法人の子法人
Y社と同じ

Q103

申請特例年度の途中で加入する法人の加入時期の特例

申請特例年度の途中において、通算グループに加入する法人（通算加入法人）について、その加入前の事業年度を会計期間又は月次決算期間の末日までとすることは認められますか。

A

認められています。

解説

申請特例年度の途中から加入することとなった法人及び当該加入法人と完全支配関係のある法人（加入法人の子法人等）については、その加入日から加入日の前日の属する会計期間又は月次決算期間の末日まで、完全支配関係が継続している場合、加入によって生じる特例事業年度の期間をその加入日の前日の属する事業年度開始の日からその会計期間又は月次決算期間の末日までとする特例が認められています（法14⑧）。

また、この特例を選択した場合、時価評価法人等となる法人を除き、その会計期間又は月次決算期間（特例決算期間（法14⑧））の末日の翌日において通算承認があったものとみなされます（法64の9⑫二）。

一方、当該加入法人が時価評価法人等である場合の加入時期については、その会計期間又は月次決算期間の末日の翌日が申請特例年度終了の日後であるときは、当該申請特例年度終了の日が会計期間又は月次決算期間の末日とみなすこととされています。

また、時価評価法人等における通算承認は、申請特例年度終了の日の翌日と特例決算期間の末日の翌日とのうちいずれか遅い日となります（法64の9⑫一）。

なお、この特例は、通算親法人等が、加入日の属する事業年度の確定申告期限までに、この規定の適用を受ける旨等を記載した書類を納税地の所轄税務署長に提出した場合に限り適用されますので注意が必要です（法14②）。

○　時価評価法人等以外

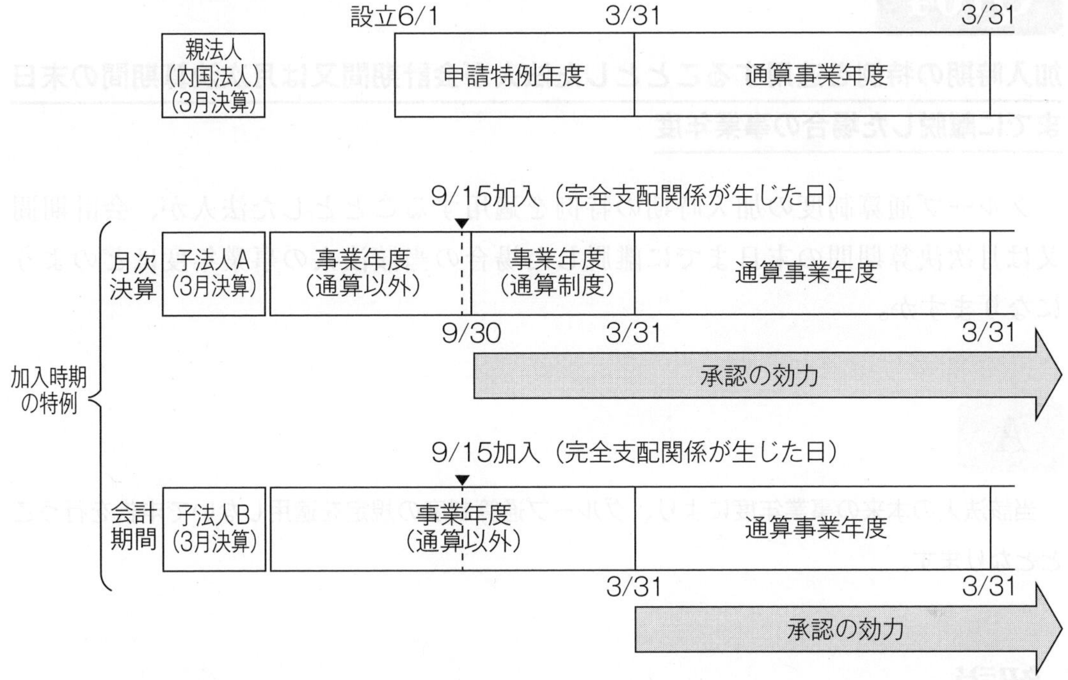

○　時価評価法人等

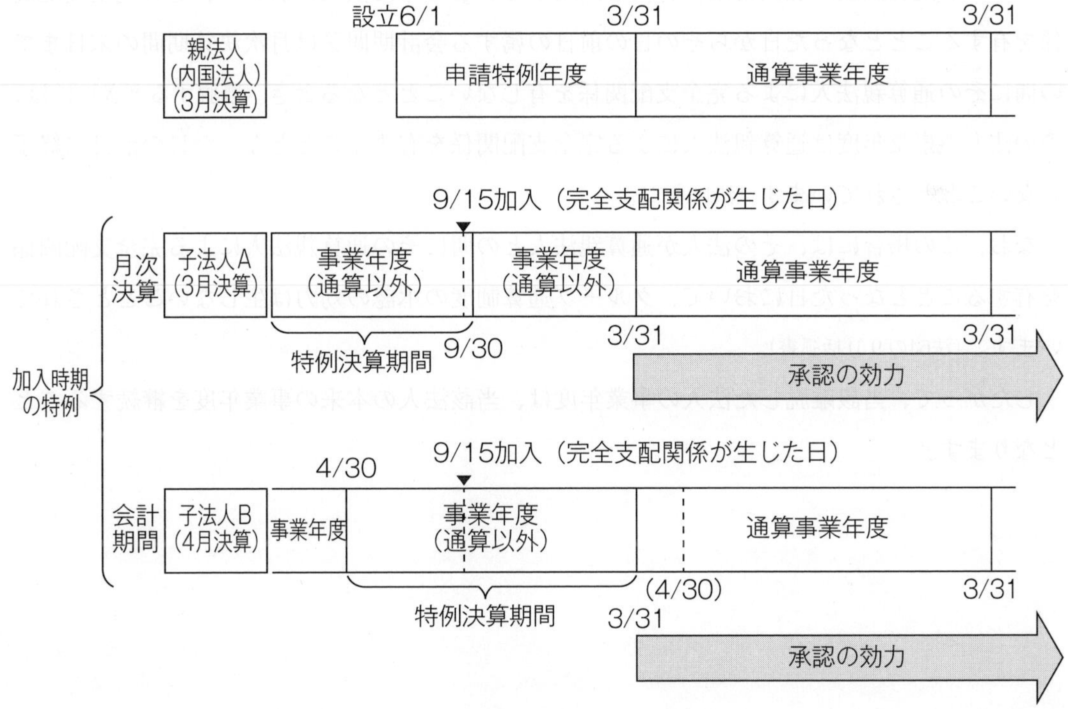

Q104

加入時期の特例を適用することとした法人が会計期間又は月次決算期間の末日までに離脱した場合の事業年度

グループ通算制度の加入時期の特例を適用することとした法人が、会計期間又は月次決算期間の末日までに離脱した場合の当該法人の事業年度はどのようになりますか。

A

当該法人の本来の事業年度により、グループ通算制度の規定を適用しないで申告を行うこととなります。

解説

グループ通算制度の加入時期の特例を適用することとした法人において、その完全支配関係を有することとなった日からその日の前日の属する会計期間又は月次決算期間の末日までの間にその通算親法人による完全支配関係を有しないこととなるとき（離脱するとき）には、その法人の事業年度は通算親法人による完全支配関係を有することとなった日の前日に終了しないこととされています（法14⑧二）。

なお、この場合には、その法人が通算親法人との間にその通算親法人による完全支配関係を有することとなった日において、グループ通算制度の承認の効力は生じないこととされています。（法64の９⑪括弧書）。

したがって、当該離脱した法人の事業年度は、当該法人の本来の事業年度を継続することとなります。

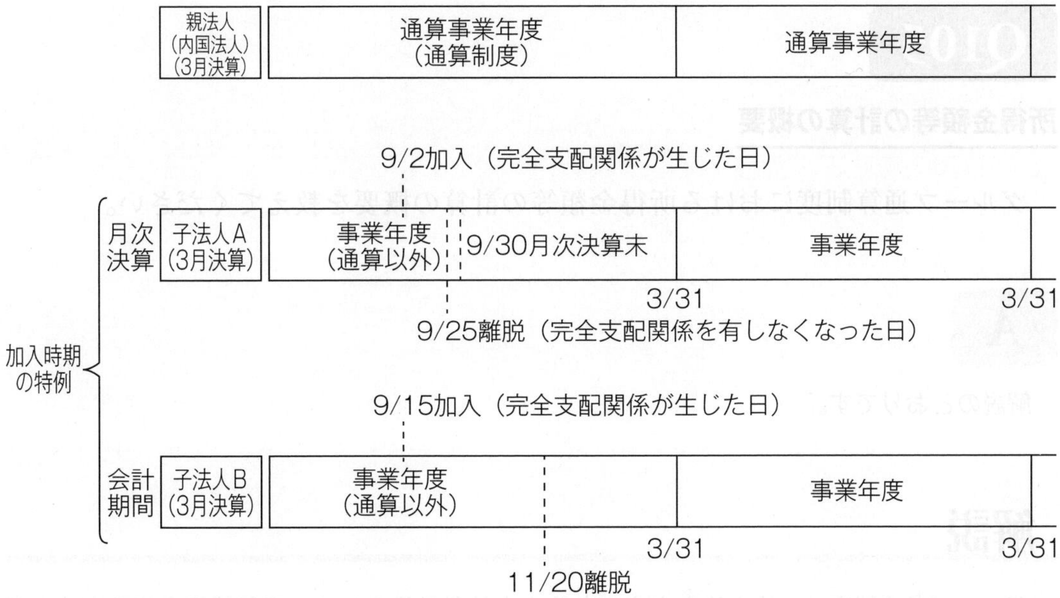
親法人
(内国法人)
(3月決算)
通算事業年度
(通算制度)
通算事業年度
9/2加入（完全支配関係が生じた日）
月次
決算
子法人A
(3月決算)
事業年度
(通算以外)
9/30月次決算末
事業年度
3/31
3/31
9/25離脱（完全支配関係を有しなくなった日）
加入時期
の特例
9/15加入（完全支配関係が生じた日）
会計
期間
子法人B
(3月決算)
事業年度
(通算以外)
事業年度
3/31
3/31
11/20離脱

Q105

所得金額等の計算の概要

グループ通算制度における所得金額等の計算の概要を教えてください。

A

解説のとおりです。

解説

グループ通算制度は、法人格を有する各法人を納税単位として、課税所得金額及び法人税額の計算並びに申告は各法人がそれぞれ行い、また、企業グループの一体性に着目し、課税所得金額及び法人税額の計算上、企業グループをあたかも一つの法人であるかのように捉え、損益通算等の調整を行う仕組みとなっています。

さらに、修正事由が生じた場合についても、企業グループ内の一法人の事後的な課税所得金額又は法人税額の修正が、その企業グループ内の他の法人の課税所得金額又は法人税額の計算に波及しない仕組みとされています。

グループ通算制度における所得金額等の計算の全体イメージは、次のとおりです。

※　修正申告又は更正処分により、通算前所得金額又は通算前欠損金額が当初申告の額と変更となった場合でも、原則、損益通算した金額が当初申告の金額に固定されグループ全体では再計算しません。

第 7

時価評価

1　時価評価の概要

Q106

グループ通算制度の開始時の時価評価

グループ通算制度の開始に当たり、通算親法人又は通算子法人となろうとする法人はその保有資産につき時価評価を行う必要はありますか。

A

グループ通算制度の適用開始に際し、親会社又は子会社は、一定の法人を除き、通算開始直前事業年度の終了の時に有する時価評価資産の評価益又は評価損をこれらの事業年度において益金の額又は損金の額に算入する必要があります。

解説

グループ通算制度の適用開始に伴い、通算完全支配関係にあるこれらの法人間の損益通算や一定の繰越欠損金の通算が可能となります。

その結果、通算事業年度開始前において、ある通算法人に生じている資産の含み損益等が通算制度の適用開始後の通算事業年度において実現した場合、当該通算法人に計上されるべき当該資産に係る損益の一部が、他の通算法人の損益に移転する等の問題が生じます（下図）。

したがって、グループ通算制度の適用（通算承認）を受ける親法人及び子法人は、一定の法人を除き、通算開始直前事業年度において、これらの事業年度終了の時に有する一定の資産（時価評価資産）につきこれを時価評価し、これらの事業年度においてその時価評価損益を計上することとされています（法64の11）。

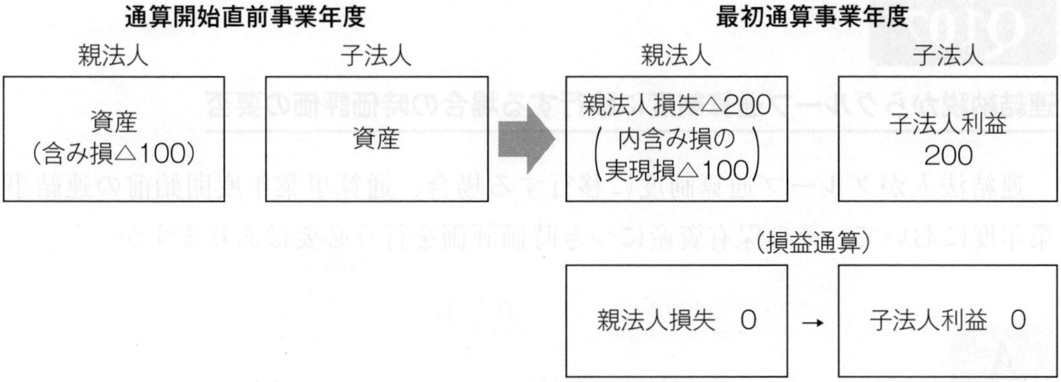
通算開始直前事業年度
親法人
資産
（含み損△100）
子法人
資産
最初通算事業年度
親法人
親法人損失△200
（内含み損の
実現損△100）
子法人
子法人利益
200
（損益通算）
親法人損失　0
→
子法人利益　0

Q107

連結納税からグループ通算制度に移行する場合の時価評価の要否

連結法人がグループ通算制度に移行する場合、通算事業年度開始前の連結事業年度において、その保有資産につき時価評価を行う必要はありますか。

A

連結法人がグループ通算制度に移行する場合には、グループ通算制度の適用開始に伴う時価評価資産の時価評価は不要です。

解説

既に連結納税を行っている連結法人が、令和４年４月１日以後に開始する事業年度から、グループ通算制度に移行する場合は、グループ通算制度の開始には該当しないことから、グループ通算制度の適用開始に伴う時価評価資産の時価評価は不要とされています（令和２年改正法附則30②）。

Q108

グループ通算制度の開始又は加入に際しての租税特別措置法上の特別勘定の取崩し

法人がグループ通算制度の開始又は加入に際して、その法人が租税特別措置法等に基づく特別勘定等を有している場合、その特別勘定等の取崩しが必要となると聞きましたが、具体的にはどのようなことでしょうか。

A

時価評価法人が通算開始直前事業年度又は通算加入直前事業年度終了の時に有する1,000万円以上の特別勘定については取り崩して、その通算開始直前事業年度又は通算加入直前事業年度の益金の額に算入することになります。

解説

時価評価法人が、①完全支配関係のある法人間の取引に係る繰延損益（法61の11④、令122の12⑪⑫、132の13①）、②リース譲渡に係る契約のうち繰延長期割賦損益額等（法63④）、③収用等（措法64の２⑪）、④換地処分等（措法65③）、⑤特定の資産の譲渡等（措法65の８⑪）、⑥特別新事業開拓事業者に対し特定事業活動として出資をした場合の課税の特例（措法65の13⑧）並びに⑦東日本大震災の被災者等に係る国税関係法律の臨時特例に関する法律第20条第１項に規定する特別勘定（同法⑪）の適用による繰延損益又は特別勘定（以下「特別勘定等」）を有している場合でその特別勘定等の金額が1,000万円以上のものについては、通算開始直前事業年度又は通算加入直前事業年度において、特別勘定等を取り崩して戻し入れる（益金の額に算入する）必要があります（法63④、措法64の２⑪他）。

なお、国庫補助金等に係る特別勘定（法44）及び保険金等に係る特別勘定（法48）については、この取崩しの措置の対象とはされていませんので注意してください。

Q109

グループ通算制度の開始又は加入に際しての特別勘定の取崩しの対象外となる場合

時価評価法人に該当する法人がグループ通算制度の開始又は加入時において、租税特別措置法等に基づく繰延損益又は特別勘定（以下「特別勘定等」）を有している場合、その全てについて、取崩しが必要でしょうか。

A

最初通算事業年度開始の日又は通算完全支配関係発生日以後２か月以内に一定の事由により離脱する法人については、この取崩しの適用を受ける法人から、除外されています。

解説

時価評価法人に該当する法人が租税特別措置法等に基づく1,000万円以上の特別勘定等を有している場合、グループ通算制度の開始又は加入に際し、当該特別勘定等を取り崩すものとされています。

また、親法人または子法人を合併法人とする合併及び残余財産の確定により完全支配関係を有しなくなる場合の離脱子法人が有する特別勘定等については、取崩しが必要です。

ただし、最初通算事業年度開始の日又は通算完全支配関係発生日以後２か月以内に次の事由により離脱する子法人（初年度離脱開始子法人、初年度離脱加入子法人）の特別勘定等については、この取崩しの適用対象から、除外されています（令131の15①八）。

1　通算子法人の破産手続開始等による解散

2　当該子法人株式の譲渡等による通算完全支配関係の喪失

なお、1,000万円未満の特別勘定等については、取崩しを要しないこととされています。

また、通算親法人の事業年度末よりも後の離脱の場合には、取崩しが必要となります（次図　グループ通算制度に加入の場合の子法人Ｅ）。

グループ通算制度開始の場合

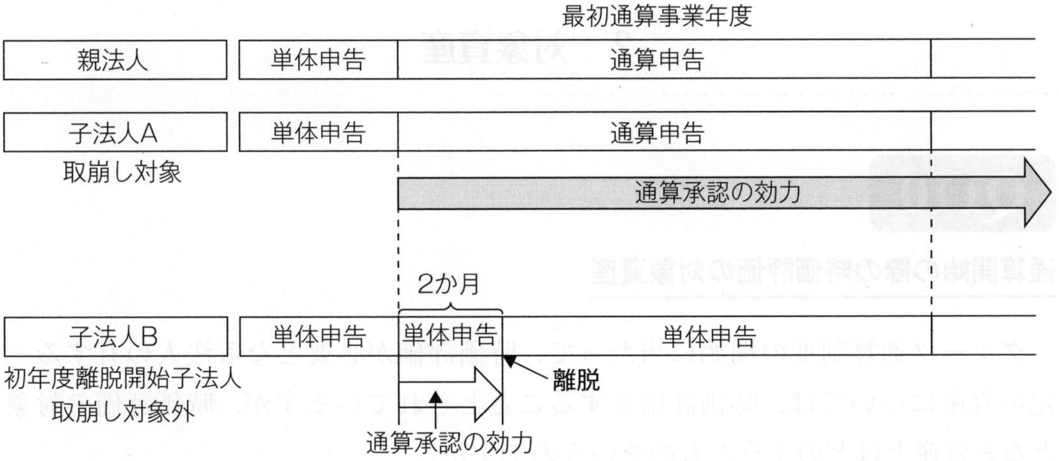

グループ通算制度に加入の場合

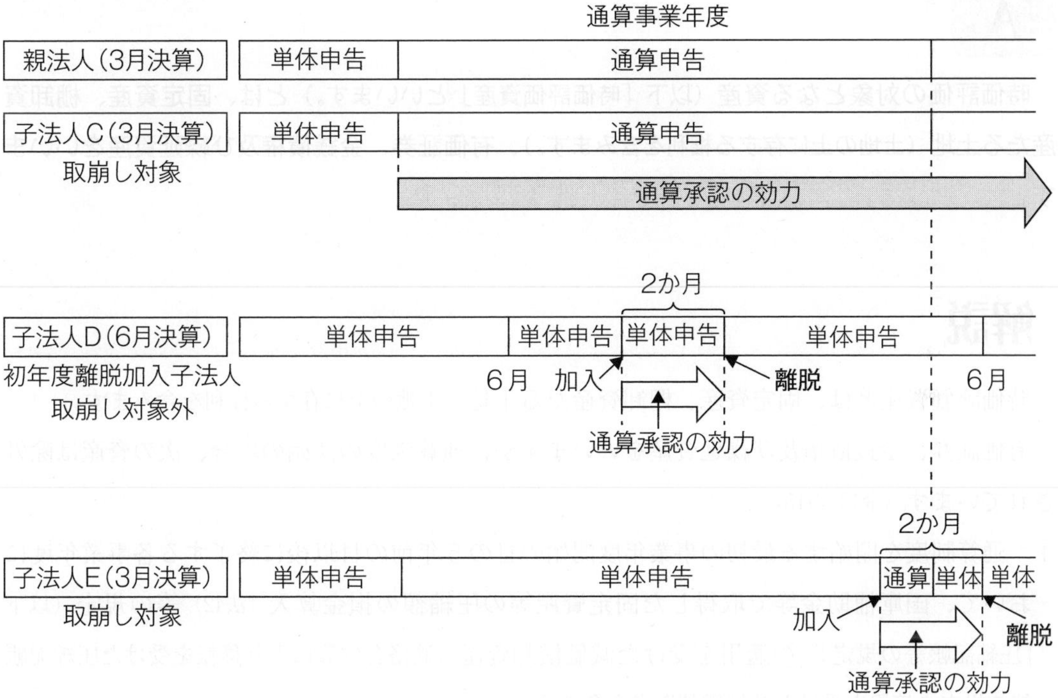

2　対象資産

Q110

通算開始の際の時価評価の対象資産

グループ通算制度の開始に当たって、時価評価が必要となる法人の有する一定の資産については、時価評価をすることとされていますが、時価評価の対象となる資産とはどのようなものをいうのですか。

A

時価評価の対象となる資産（以下「時価評価資産」といいます。）とは、固定資産、棚卸資産たる土地（土地の上に存する権利を含みます。）、有価証券、金銭債権及び繰延資産をいいます。

解説

時価評価資産とは、固定資産、棚卸資産たる土地（土地の上に存する権利を含みます。）

有価証券、金銭債権及び繰延資産をいいますが、通算制度の開始の場合、次の資産は除外されています（令131の15）。

1　通算制度を開始する最初の事業年度開始の日の５年前の日以後に終了する各事業年度において、国庫補助金等で取得した固定資産等の圧縮額の損金算入（法42）等の規定（以下「圧縮記帳等の規定」）の適用を受けた減価償却資産（適格合併等により移転を受けた圧縮記帳等の規定の適用を受けた減価償却資産を含みます。）

2　売買目的有価証券（法61の３①一）及び償還有価証券（令119の14）

3　資産の帳簿価額が1,000万円に満たない場合のその資産

4　資産の価額とその帳簿価額との差額（その５年前の日以後に終了する各事業年度において圧縮記帳等の規定の適用を受けた固定資産のうち減価償却資産以外のもので、その価額がその帳簿価額を超えるものについては、その圧縮記帳等の規定により損金の額に算入された金額又はそ

の超える部分の金額のいずれか少ない金額を控除した金額）が、その資産を有する通算親法人となる法人若しくは通算子法人となる法人の資本金等の額の２分の１に相当する金額又は1,000万円のいずれか少ない金額に満たない場合のその資産

5　通算親法人となる法人との間に完全支配関係がある内国法人（清算中のもの、合併による解散以外の解散をすることが見込まれるもの又はその通算親法人となる法人との間に完全支配関係がある内国法人との間で適格合併を行うことが見込まれるものに限ります。）の株式又は出資で、その価額がその帳簿価額に満たないもの

6　通算親法人となる法人又は通算子法人となる法人が他の通算グループに属していた場合のその法人が有する他の通算法人（通算親法人を除きます。）の株式又は出資

7　初年度離脱開始子法人（Q109ただし書参照）の有する資産

Q111

グループ通算制度への加入の際の時価評価の対象資産

グループ通算制度への加入に当たり、時価評価の対象となる資産とはどのようなものをいうのですか。

A

時価評価資産とは、固定資産、棚卸資産たる土地等、有価証券、金銭債権及び繰延資産をいいますが、グループ通算制度への加入の場合、次の【解説】に記載する資産は除くこととされています。

解説

時価評価資産とは、固定資産、棚卸資産たる土地（土地の上に存する権利を含みます。以下「土地等」）、有価証券、金銭債権及び繰延資産をいいますが、グループ通算制度の加入に当たり次の資産は除くこととされています（令131の16）。

1　通算親法人との間に完全支配関係（通算除外法人（Q９）及び外国法人が介在しない一定の関係に限ります。）を有することとなった日以後最初に開始するその通算親法人の事業年度開始の日の５年前の日以後に終了する通算子法人となる法人の各事業年度において、圧縮記帳等の規定の適用を受けた減価償却資産（適格合併等により移転を受けた圧縮記帳等の規定の適用を受けた減価償却資産を含みます。）

2　売買目的有価証券（法61の３①一）及び償還有価証券（令119の14）

3　資産の帳簿価額が1,000万円に満たない場合のその資産

4　資産の価額とその帳簿価額との差額（その５年前の日以後に終了する各事業年度において圧縮記帳等の規定の適用を受けた固定資産のうち減価償却資産以外のもので、その価額がその帳簿価額を超えるものについては、その圧縮記帳等の規定により損金の額に算入された金額又はその超える部分の金額のいずれか少ない金額を控除した金額）が、通算子法人となる法人の資本金等の額の２分の１に相当する金額又は1,000万円のいずれか少ない金額に満たない場合のその資産

5　通算子法人となる法人との間に完全支配関係がある内国法人（清算中のもの、合併によ

る解散以外の解散をすることが見込まれるもの又はその通算子法人となる法人との間に完全支配関係がある内国法人との間で適格合併を行うことが見込まれるものに限ります。）の株式又は出資で、その価額がその帳簿価額に満たないもの

6　通算子法人となる法人が他の通算グループに属していた場合のその法人が有する他の通算法人（通算親法人を除きます。）の株式又は出資

7　初年度離脱加入子法人（令131の16①六）の有する資産

Q112

グループ通算制度の離脱の際の時価評価対象資産

グループ通算制度における離脱に際し、時価評価の対象となる資産とはどのようなものをいうのですか。

A

固定資産、棚卸資産たる土地（土地の上に存する権利を含みます。）、有価証券、金銭債権及び繰延資産が時価評価の対象となる資産となります（一定の資産を除きます。）。

解説

時価評価資産とは、固定資産、棚卸資産たる土地（土地の上に存する権利を含みます。以下同じです。）、有価証券、金銭債権及び繰延資産をいいますが、グループ通算制度から離脱の場合、次の資産を除くこととされています（法64の11～64の13、令131の15～131の17）。

1　グループ通算制度の承認の効力を失う日の前日の属する事業年度（以下「通算終了直前事業年度」といいます。）終了の日の翌日の５年前の日以後に終了する各事業年度において、圧縮記帳等の規定の適用を受けた減価償却資産（適格合併等により移転を受けた圧縮記帳等の規定の適用を受けた減価償却資産を含みます。）

2　売買目的有価証券（法61の３①一）及び償還有価証券（令119の14）

3　資産の帳簿価額が1,000万円に満たない場合のその資産

4　資産の価額とその帳簿価額との差額（その５年前の日以後に終了する各事業年度において圧縮記帳等の規定の適用を受けた固定資産のうち減価償却資産以外のもので、その価額がその帳簿価額を超えるものについては、その圧縮記帳等の規定により損金の額に算入された金額又はその超える部分の金額のいずれか少ない金額を控除した金額）が、グループ通算制度から離脱する通算法人の資本金等の額の２分の１に相当する金額又は1,000万円のいずれか少ない金額に満たない場合のその資産

5　グループ通算制度から離脱する通算法人との間に完全支配関係がある内国法人（清算中のもの、合併による解散以外の解散をすることが見込まれるもの、又はその通算法人との間に完全支配関係がある内国法人との間で適格合併を行うことが見込まれるものに限ります。）の株式

又は出資で、その価額がその帳簿価額に満たないもの

6　グループ通算制度から離脱する通算法人の有する他の通算法人（通算親法人を除きます。）の株式又は出資

7　グループ通算制度から離脱する通算法人の株式又は出資を有する他の通算法人において、通算終了直前事業年度終了の時後にその株式又は出資の譲渡又は評価換えによる損失の額として損金の額に算入される一定の金額が生ずることが見込まれていることから時価評価を要することとされているその通算法人が有する資産（Q110の1から5までに掲げる資産を除きます。）のうち、次に掲げる資産

(1)　通算終了直前事業年度終了の時における帳簿価額が10億円以下の資産

(2)　通算終了直前事業年度終了の時における帳簿価額が10億円超の資産のうち、その時後に譲渡などの一定の事由が生ずることが見込まれていない資産

Q113

グループ通算制度開始の際の通算子法人株式の時価評価

グループ通算制度開始の際、通算子法人となろうとする子会社株式について、時価評価が必要とされるのは、どんな場合ですか。

A

通算子法人となろうとする法人が時価評価の対象法人に該当する場合、当該子法人株式等を保有する法人は、当該子法人株式等について、時価評価損益を計上することとされています。

解説

グループ通算制度開始時に通算子法人となろうとする子法人が時価評価の対象法人に該当する場合には、当該子法人を保有する通算法人となろうとする法人（株式等保有法人）は、通算開始直前事業年度終了の日において、当該子法人株式等について評価損益を計上することとされています（法64の11②）。

この措置は、投資簿価修正について、グループ通算制度からの離脱法人の株式の離脱直前の帳簿価額を離脱法人の簿価純資産価額に相当する金額とする制度に改められたことに伴い、グループ通算制度の開始又はグループ通算制度への加入前の含み益への課税を回避するために短期間通算グループに加入させて帳簿価額を非課税で引き上げるという租税回避行為を防止するため、グループ通算制度の開始又はグループ通算制度への加入をする子法人で親法人との間に完全支配関係の継続が見込まれないものの株式について、株主において時価評価により評価損益を計上することとしたものであると説明されています（令和２年度「連結納税制度の見直しに関する法人税法等の改正」968～969頁、財務省HP）。

なお、親法人の最初通算事業年度開始日以後２月以内で最初通算事業年度終了日までに親法人との間に完全支配関係を有しなくなる子法人株式等は、この適用の対象から除かれています。

㈱ 通算グループ内の法人を合併法人とする合併や残余財産の確定による安全支配関係の喪失の場合は、この時価評価の対象となります。

また、子法人が通算開始事業年度において、時価評価資産を保有していない場合や株式等保有法人が時価評価対象外法人に該当する場合または株式等保有法人が時価評価資産を有していない場合においても、この子法人株式に係る時価評価を行うこととされていますので注意が必要です（通算通達２－46）。

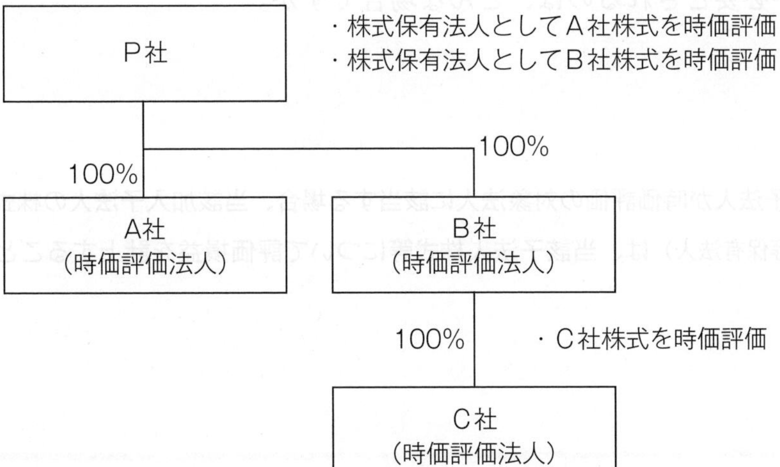

Q114

グループ通算制度への加入の際の加入通算子法人株式の時価評価

グループ通算制度加入の際、通算子法人となろうとする子会社株式について、時価評価が必要とされるのは、どんな場合ですか。

A

加入する子法人が時価評価の対象法人に該当する場合、当該加入子法人の株式を保有する法人（株式等保有法人）は、当該子法人株式等について評価損益を計上することとされています。

解説

通算制度に加入する子法人が時価評価法人に該当するときには、当該子法人が通算親法人との間に完全支配関係が継続することが見込まれている場合を除き、株式等保有法人は、当該子法人の通算承認の効力が生じた日の前日の属する事業年度において、当該子法人株式等について、時価評価損益を計上することとされています（法64の12②）。

なお、当該子法人が親法人による完全支配関係を有することとなった日以後2月以内で親法人の通算事業年度終了日までに親法人との間に完全支配関係を有しなくなる子法人（当該子法人が初年度離脱加入子法人（令131の16①六））株式等については、この適用の対象から除かれています。

㈲　通算グループ内の法人を合併法人とする合併や残余財産の確定による完全支配関係の喪失の場合は、この時価評価の対象となります。

また、株式等保有法人が加入法人の加入日において、既に通算承認を受けている場合や子法人が通算加入直前事業年度において、時価評価資産を保有していない場合及び株式等保有法人が時価評価対象外法人に該当する場合または株式等保有法人が時価評価資産を有していない場合においても、この加入子法人株式に係る時価評価を行うこととされていますので注意が必要です（通算通達2－54）。

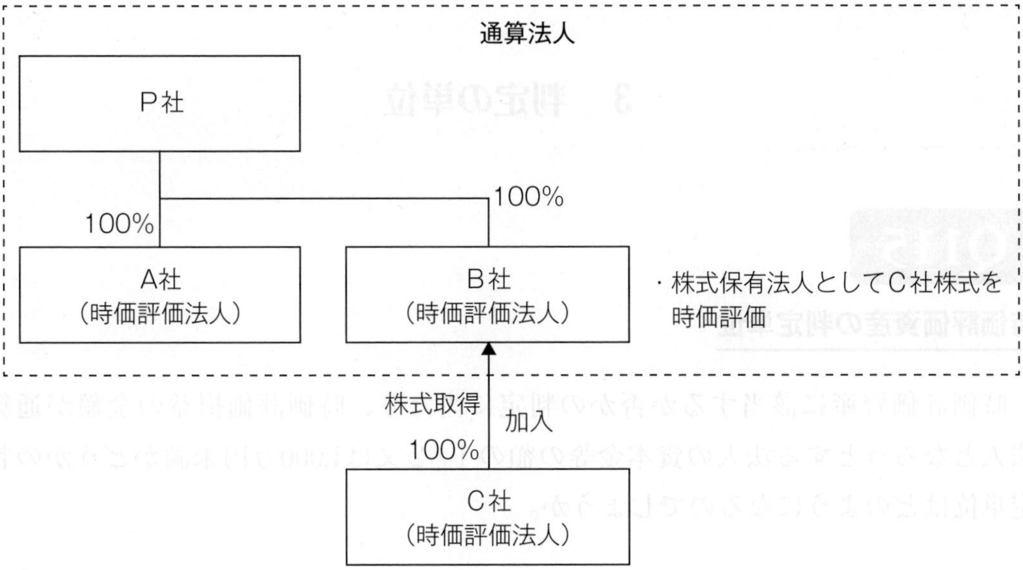
通算法人
P社
100%
100%
A社
（時価評価法人）
B社
（時価評価法人）
・株式保有法人としてC社株式を
時価評価
株式取得
加入
100%
C社
（時価評価法人）

3　判定の単位

Q115

時価評価資産の判定単位

時価評価資産に該当するか否かの判定に当たり、時価評価損益の金額が通算法人となろうとする法人の資本金等の額の1／2又は1,000万円未満かどうかの判定単位はどのようになるのでしょうか。

A

建物、機械装置、土地等、金銭債権、有価証券、繰延資産といった資産の種類ごとにそれぞれに応じて判定を行うことになります。

解説

時価評価の対象となり得る資産の評価損益の金額が通算法人となろうとする法人の資本金等の額の1／2又は1,000万円未満かどうかの判定の単位は、次の資産について、それぞれ次のとおりとされています（規27の16の10、27の15①）。

⑴　建物については1棟ごと

⑵　機械装置については1基又は1台ごと

⑶　土地等については一筆ごと

⑷　金銭債権においては一の債務者ごと

⑸　有価証券についてはその銘柄ごと

⑹　暗号資産についてはその種類の異なるごと

⑺　繰延資産では通常の取引単位ごと

Q116

譲渡損益調整額が1,000万円未満かどうかの判定単位

譲渡損益調整額が1,000万円未満かどうかの判定単位はどのようになるのでしょうか。

A

譲渡損益調整額が1,000万円に満たないかどうかは、その譲渡損益調整額の対象となる譲渡した資産のそれぞれの譲渡損益調整額で判定することになります。

解説

(1)　時価評価法人が通算開始直前事業年度又は通算加入直前事業年度以前の各事業年度において譲渡損益調整資産に係る譲渡利益額又は譲渡損失額につき法人税法第61条の13第１項の規定の適用を受けた法人である場合には、1,000万円以上の譲渡損益調整額は、その通算開始直前事業年度又は通算加入直前事業年度の益金の額又は損金の額に算入することとされています（法61の13④）。

(2)　グループ法人税制下における譲渡損益調整資産に係る譲渡損益の繰延べの規定（法61の13①）は、そもそも個々の譲渡損益調整資産の譲渡損益額を繰り延べるものですので、譲渡損益調整額が1,000万円未満であるかどうかの判定に当たっても、個々の譲渡損益調整資産に対応するそれぞれの譲渡損益調整額ごとに判定することになります（法基通12の３－３－１）。

(注)　法人税基本通達12の３－３－１は、連結納税制度関連の取扱いですが、グループ通算制度においてもこの取扱いは踏襲されると思われます。

Q117

リース譲渡に係る繰延損益が1,000万円未満かどうかの判定単位

リース譲渡に係る繰延長期割賦損益額が1,000万円未満かどうかの判定の単位はどのようになるのでしょうか。

A

法人税法第63条第１項に規定する長期割賦販売等に該当する資産の販売等に係る契約ごとに繰延長期割賦損益額を判定します。

解説

(1)　時価評価法人が通算開始直前事業年度又は通算加入直前事業年度において法人税法第63条第１項又は第２項の規定の適用を受けている場合には、その適用を受けているリース譲渡に係る収益の額と費用の額との差額（繰延長期割賦損益額）が1,000万円以上のものについては、その通算開始直前事業年度又は通算加入直前事業年度の益金の額及び損金の額に算入することとされています（法63④）。

(2)　この繰延長期割賦損益額が1,000万円未満かどうかの判定は、長期割賦販売資産の販売等に係る契約ごとに行うこととされています（法基通12の３－３－１の２）。

なお、当該グループ通算制度開始又は加入に係る法人が、延払基準の方法による収益の額及び費用の額の計算に当たり法人税基本通達２－４－５（延払基準の計算単位）を適用し、同通達における合理的な区分ごとにグルーピングして長期割賦販売等に係る損益計算をしている場合において、その契約の属する区分の差益率を基として、当該契約に係る繰延長期割賦損益額を計算しているときは、これを認めることとされています（法基通12の３－３－１の２）。

(注)　法人税基本通達12の３－３－１の２は、連結納税制度関連の取扱いですが、グループ通算制度においてもこの取扱いは踏襲されると思われます。

Q118

租税特別措置法上の特別勘定の金額が1,000万円未満かどうかの判定単位

租税特別措置法上の特別勘定の金額が1,000万円未満かどうかの判定単位はどのようになるのでしょうか。

A

解説のとおりです。

解説

1　特別勘定の金額が1,000万円に満たないかどうかは、その特別勘定の対象となる譲渡した資産のそれぞれの特別勘定の金額ごとに判定することになります。

例えば、収用等に伴う特別勘定を設けている法人が、時価評価法人に該当することとなった場合には、通算開始直前事業年度又は通算加入直前事業年度終了の時に有する1,000万円以上の特別勘定については取り崩して、その通算開始直前事業年度又は通算加入直前事業年度の益金の額に算入することとされています（措法64の２⑪）。

2　租税特別措置法上の特別勘定は、同法の圧縮記帳に係る特別措置であり、個々の譲渡資産に係る譲渡利益を圧縮し、その譲渡利益を繰り延べるものですから、特別勘定の金額が1,000万円未満かどうかの判定に当たっても、個々の資産に対応する特別勘定ごとに行うこととなります（通算通達２－32）。

Q119

時価評価の対象資産が一括償却資産の場合の1,000万円未満かどうかの判定単位

通算法人となろうとする法人の有する時価評価の対象資産が一括償却資産（令133の2①）であるときの、資本金等の額の1/2又は1,000万円未満かどうかの判定単位はどのようになりますか。

A

一括償却資産全体を一の資産として判定するのではなく、一般の資産の判定単位と同様、一の資産ごとに判定を行うこととなります。

解説

通算法人となろうとする法人の有する時価評価の対象資産が一括償却資産とされている場合であっても、通算子法人の資本金等の額の1/2又は1,000万円未満かどうかの判定単位は、当該一括償却資産全体を一の資産とするのではなく、一般の資産の判定単位と同様、一の資産ごとに行うこととなります（通算通達2－44）。

なお、一括償却資産とした時点で、個々の資産の帳簿価額は認識しないものと考えられることから、この判定の場合の帳簿価額は零として計算することとなります。

ところで、一括償却資産は、そもそも、その取得価額が20万円未満のものに適用されますので、含み損益が1,000万円以上となることは、実務上、あまりないと思われます。

4　時価評価の要否

Q120

グループ通算制度の開始にあたり、時価評価を要しない法人

グループ通算制度の開始にあたって、時価評価を要しない法人とは、具体的にはどのような法人ですか。

A

解説のとおりです。

解説

グループ通算制度の承認を受ける内国法人が、通算開始直前事業年度終了の時に有する時価評価資産の評価益の額又は評価損の額は、当該通算開始直前事業年度において、益金の額又は損金の額に算入する必要があります。

ただし、次の(1)又は(2)の場合に該当する場合には、時価評価資産に係る時価評価を要しないこととされています（法64の11①、令131の15③④）。

(1)　通算承認の効力が生じた後に通算子法人となる法人のいずれかとの間に完全支配関係が継続することが見込まれている場合のその通算親法人となる法人

(2)　通算承認の効力が生じた後に通算親法人となる法人との間にその通算親法人となる法人による完全支配関係が継続することが見込まれている場合の当該通算子法人となる法人

㈱　通算承認の効力が生じた後にその通算子法人となる法人を被合併法人とする適格合併を行うことが見込まれている場合には、その通算親法人となる法人又はその通算親法人となる法人による完全支配関係が継続することが見込まれている法人を合併法人とするものに限り、その通算承認の効力が生じた時からその適格合併の直前の時までその通算親法人となる法人による完全支配関係が継続することとされています。

なお、初年度離脱開始子法人（最初通算事業年度終了の日までに親法人との完全支配関係を有しなくなるもののうち、最初通算事業年度開始の日以後2月以内に親法人との間に完全支配関係を有しなくなる子法人）の保有する資産については、時価評価の対象から除かれています（令131の15①八）。

Q121

令和４年３月31日に時価評価を要する法人に対する経過措置

グループ通算制度の開始又は加入にあたり、令和４年３月31日に時価評価を要する法人については、特別な取扱いがあると聞きましたが、どういう内容でしょうか。

A

解説のとおりです。

解説

内国法人の令和４年３月31日に終了する事業年度については、時価評価に関する規定が遡及適用となることから、次のとおり、時価評価除外法人に該当するかどうかが連結納税制度とグループ通算制度で異なる場合には、時価評価除外法人に該当するかしないかを納税者が選択できることとされています（令和２年改正法附則30③⑤）。

(1)　親法人については、時価評価対象法人に該当しないとみなすことができることとされています。

(2)　グループ通算制度において時価評価法人に該当する、通算子法人となろうとする法人で連結納税の開始に伴う時価評価の対象外となる子法人は、時価評価対象法人に該当しない法人とみなすことができることとされています。

(3)　グループ通算制度において時価評価除外法人に該当する、通算子法人となろうとする法人で連結納税の開始に伴う時価評価法人に該当するものは、時価評価対象法人に該当しない法人とみなすことができることとされています。

なお、上記の取扱いは、連結納税を選択していなかったグループが令和４年４月１日に開始する事業年度からグループ通算制度を適用する場合にのみ適用されます。

また、時価評価除外法人に該当することを選択した場合には、他の制度においても、時価評価除外法人に係る取扱いが適用されます（令和２年改正法附則20⑫、25④、26④、27②、28④、29⑥、31②、138③等）。

Q122

グループ通算制度への加入に当たり、時価評価を要しない法人

グループ通算制度への加入に当たり、通算子法人となろうとする法人はその保有資産につき時価評価を行う必要はありますか。

A

グループ通算制度に加入する子会社は、一定の法人を除き、グループ通算制度への加入直前の事業年度の終了の時に有する時価評価資産について、時価評価を行う必要があります。

解説

グループ通算制度に加入する子会社は、次の法人を除き、グループ通算制度への加入直前の事業年度の終了の時に有する時価評価資産の評価益又は評価損をこれらの事業年度において益金の額又は損金の額に算入する必要があります（法61の12①、令131の16③④）。

⑴　通算グループ内の法人により設立された子会社

⑵　株式交換等により加入することとなった場合の子会社

⑶　完全支配関係が生ずる直前に支配関係がある一定の条件を満たす子会社

⑷　通算法人と共同で事業を行うと認められる一定の条件を満たす子会社

Q123

通算グループ内での新設法人の時価評価の不適用

通算法人により設立された子法人は、グループ通算制度への加入に際し、その保有資産の時価評価は不要とのことですが、具体的にはどのようなことですか。

A

通算親法人による完全支配関係がある法人を設立したことにより、通算グループに加入することとなる新設子会社については、加入時の時価評価を要しないこととされています。

解説

グループ通算制度に加入する子会社は、原則として、通算制度への加入直前の事業年度の終了の時に有する時価評価資産について、時価評価損益を計上することとされていますが、通算法人が、当該通算親法人による完全支配関係がある法人を設立した場合、すなわち、通算グループ内において設立された子会社については、加入時の時価評価を要しないこととされています。

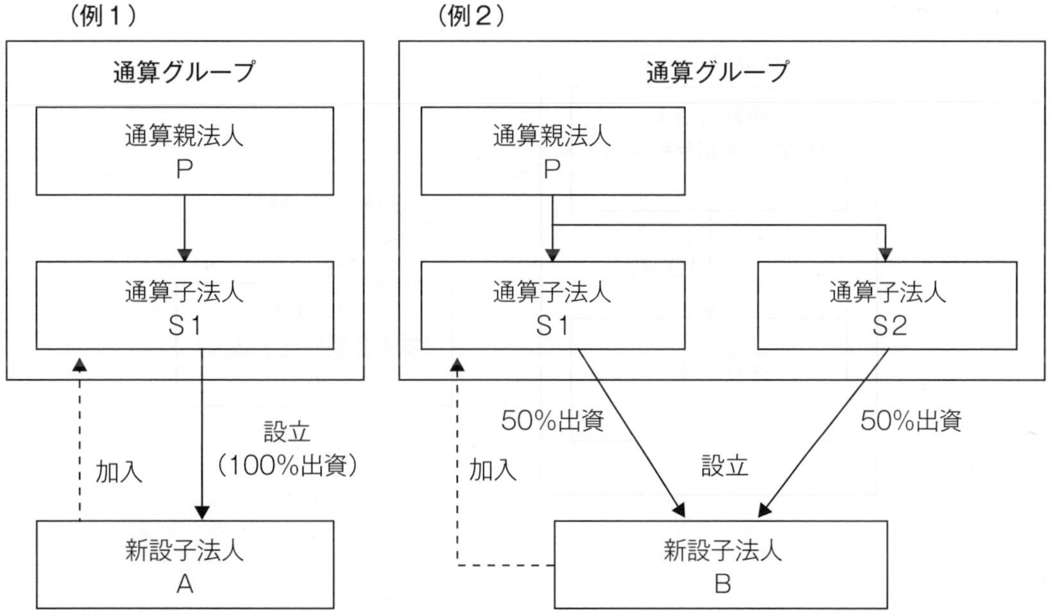

Q124

適格株式交換等によりグループ通算制度に加入する子法人の時価評価の不適用

適格株式交換等により加入する子法人は、グループ通算制度への加入に際し、その保有資産の時価評価は不要とのことですが、具体的にはどのようなことですか。

A

通算親法人又は通算子法人が適格株式交換等により、その発行済株式の全部を保有することとなった場合の子会社については、加入時の時価評価を要しないこととされています。

解説

グループ通算制度に加入する子会社は、原則として、グループ通算制度への加入直前の事業年度の終了の時に有する時価評価資産について、時価評価損益を計上することとされていますが、通算法人を株式交換等完全親法人とする株式交換等完全子法人については、加入時の時価評価の対象外とされています（法61の12①二）。

（例）

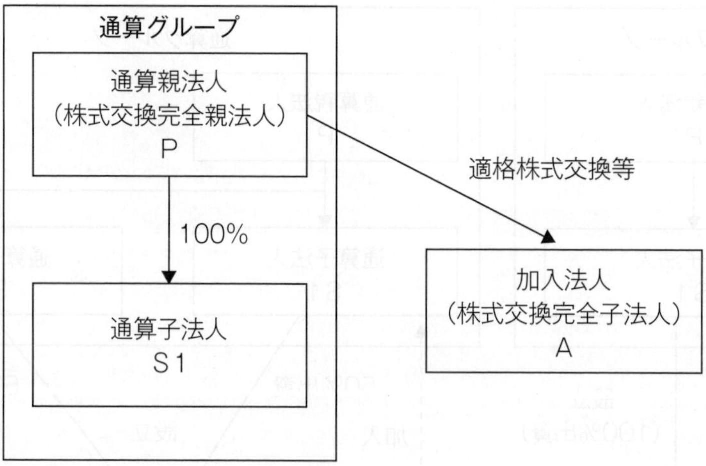

Q125

適格株式交換等により加入する子法人の完全支配子法人の時価評価

適格株式交換等により加入する子法人と完全支配関係がある子法人（孫会社）は、グループ通算制度への加入に際し、その保有資産の時価評価を要することとなりますか。

A

原則として、時価評価を行う必要があります。

解説

通算法人を株式交換等完全親法人とする株式交換等完全子法人については、加入時の時価評価の対象外とされていますが、当該株式交換等完全子法人と完全支配関係がある子法人（株式交換等完全親法人にとっての孫会社）は、株式交換等完全子法人ではないため、原則として、グループ通算制度への加入直前の事業年度の終了の時に有する時価評価資産について、時価評価損益を計上することとなります。

ただし、当該孫会社が①完全支配関係が生ずる直前に支配関係がある一定の条件を満たす子会社（法64の12①三）又は②通算法人と共同で事業を行うと認められる一定の条件を満たす子会社（法64の12①四）（Q122参照）に該当する場合には、時価評価の必要はありません。

（例）

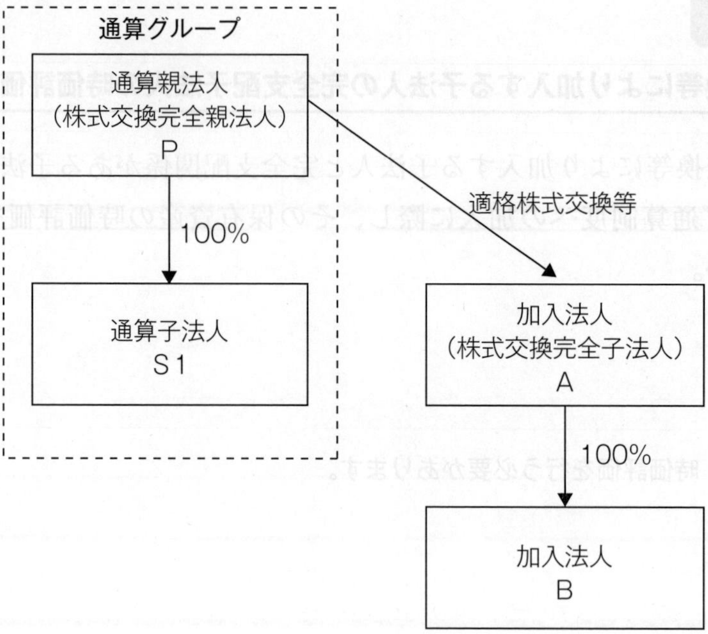
通算グループ
通算親法人
（株式交換完全親法人）
P
100%
通算子法人
S1
適格株式交換等
加入法人
（株式交換完全子法人）
A
100%
加入法人
B

Q126

時価評価が不要とされる通算親法人と支配関係のある加入子法人

通算グループに加入する子法人が完全支配関係の生ずる前に、通算親法人と支配関係がある場合には、その保有資産の時価評価は不要となる場合があるとのことですが、具体的にはどのようなことですか。

A

通算グループに加入する子法人が通算親法人による支配関係がある場合において、一定の要件を具備しているときは、加入時の時価評価は不要とされています。

解説

通算グループに加入する子法人において、通算親法人による完全支配関係発生直前に、通算親法人との間に支配関係がある場合で、次の要件の全てに該当するときは、加入時の時価評価は不要とされています（法61の12①三）。

⑴　通算加入後に、通算親法人による完全支配関係が継続することが見込まれていること（令131の16③）

⑵　加入法人の完全支配関係を有することなる直前の従業者のうち、その総数のおおむね80%以上に相当する者がその加入法人の業務に引き続き従事することが見込まれていること

㈱　上記「加入法人の業務」には、当該加入法人と完全支配関係がある法人の業務が含まれます。

⑶　加入法人の完全支配関係を有することとなる前に行う主要な事業がその加入法人（当該加入法人と完全支配関係がある法人が含まれます。）において引き続き行われることが見込まれていること

Q127

加入子会社が通算親法人との間に支配関係がない場合の時価評価の要否

通算グループに加入する子法人が完全支配関係の生ずる前に、通算親法人と支配関係がない場合であっても、その保有資産の時価評価は不要となる場合があるとのことですが、具体的にはどのようなことですか。

A

通算法人と通算グループに加入する子法人との間に共同で事業を営む場合として次の解説に記載する要件の全てを具備しているときは、加入時の時価評価は不要とされています。

解説

通算グループに加入する子法人（株式以外の資産の交付要件以外の適格要件のいずれにも該当しない非適格株式交換により完全支配関係を有することとなった加入子法人を除きます。）において、通算親法人との間に支配関係がない場合において、次の要件（「共同事業に係る要件」）の全てに該当するときは、加入時の時価評価は不要とされています（法61の12①四）。

⑴　通算加入後に、通算親法人による完全支配関係が継続することが見込まれていること（令131の16③）

⑵　加入法人の完全支配関係発生日前に行ういずれかの主要な事業（子法人事業）と通算親法人又は通算子法人が完全支配関係発生日前に行ういずれかの事業（親法人事業）とが相互に関連するものであること（令131の16④一）

⑶　上記⑵の子法人事業と親法人事業のそれぞれの売上金額、従業者の数若しくはこれらに準ずるものの規模の割合が５倍を超えないこと又は完全支配関係発生日前日の子法人事業を行う法人の特定役員の全てが通算親法人による完全支配関係を有することとなったことに伴って退任をするものではないこと（同令④二）

㈱　特定役員とは、社長、副社長、代表取締役、代表執行役、専務取締役若しくは常務取締役又はこれらに準ずる者で法人の経営に従事している者をいいます。

⑷　加入法人の完全支配関係を有することとなる時の直前の従業者のうち、その総数のおおむね80％以上に相当する者がその加入法人の業務に引き続き従事することが見込まれ

ていること（同令④三）

(注)　上記「加入法人の業務」には、当該加入法人と完全支配関係がある法人の業務が含まれます。

(5)　加入法人の完全支配関係を有することとなる前に行う主要な事業がその加入法人（当該加入法人と完全支配関係がある法人が含まれます。）において引き続き行われることが見込まれていること（同令④四）

なお、上記「共同事業に係る要件」の判定にあたっては、法人税基本通達１－４－４（従業者の範囲）から１－４－７（特定役員の範囲）までの取扱いを準用することとされています（通算通達２－49）。

Q128

非適格株式交換による加入法人が時価評価不要となる場合

株式以外の資産の不交付要件以外の適格要件を満たす非適格株式交換により完全支配関係を有することとなった通算加入子法人は、どのように取り扱われますか。

A

株式以外の資産の不交付要件以外の適格要件を満たす非適格株式交換により完全支配関係を有することとなった通算加入子法人は、加入時の時価評価は不要とされています。

解説

非適格株式交換により通算グループに加入する子法人は、当該非適格株式交換に伴いその保有資産に係る時価評価を行うこととなりますが、株式以外の資産の不交付要件（法２の12の17柱書き）以外の適格要件（法２の12の17イ～ハ）を満たしている場合には、完全支配関係法人間の株式交換（Q125（株式以外の資産の不交付要件を除く））、支配関係法人間の株式交換（Q126）又は共同で事業を行う場合の株式交換（Q127）による通算グループへの加入のいずれかに該当することから、通算加入時においての時価評価は不要とされています（法61の12①三、四）。

Q129

共同で事業を営む場合とされる事業関連性要件における「いずれかの主要な事業」とは

完全支配関係のあるグループが、通算グループに加入する場合、子法人との間に共同で事業を営む場合に該当するかどうかの判定要件とされる「加入法人の完全支配関係発生日前に行ういずれかの主要な事業と通算親法人又は通算子法人完全支配関係発生日前に行ういずれかの事業とが相互に関連するものであること（『事業関連性要件』）においての「いずれかの主要な事業」とは、具体的にはどのようなことですか。

A

事業関連性要件における「いずれかの主要な事業」とは、当該完全支配関係グループにとって主要な事業であることをいいます。

解説

通算グループへの加入の前に加入法人が完全支配関係グループを構成しており、その完全支配関係グループが当該通算グループに加入する場合には、その完全支配関係グループを構成する各法人及び通算グループを構成する各通算法人をそれぞれのグループを一体のものとして、それぞれのグループの事業に係る事業関連性を判定することとされます。

したがって、この場合の「いずれかの主要な事業」とは、完全支配関係グループ内においての主要な事業ということになります（通算通達２－50）。

なお、当該完全支配関係グループにとって主要な事業が複数ある場合には、そのいずれかの事業を子法人事業として事業関連性要件の判定を行うこととなります。

5　離脱時の時価評価

Q130

グループ通算制度からの離脱に伴う時価評価

グループ通算制度からの離脱等に当たり、その保有資産について時価評価が必要となる法人があるそうですが、どのような内容ですか。

A

離脱する通算法人において一定の事由に該当する場合における場合には、その離脱法人が保有する一定の資産について、時価評価を行う必要があります。

解説

グループ通算制度の承認の効力を失う通算法人が、①離脱等の前に行う主要な事業が離脱等後において引き続き行われることが見込まれていない場合又は②通算法人の株式を有する他の通算法人においてその通算法人の離脱等の後にその株式の譲渡等による損失の計上が見込まれている場合には、その通算法人の通算の効力を失う日の前日の属する事業年度（「通算終了直前事業年度」）終了の時に有する一定の時価評価資産（次のＱ131を参照）の評価益の額又は評価損の額は、その通算終了直前事業年度において益金の額又は損金の額に算入することとされています（法64の13①、令131の17①）。

㈱　初年度離脱通算子法人（通算子法人で通算親法人との間に通算完全支配関係を有することとなった日の属するその通算親法人の事業年度終了の日までに通算完全支配関係を有しなくなる法人のうち、その通算完全支配関係を有することとなった日以後２か月以内にその通算グループ内の通算法人による通算完全支配関係を有しなくなる法人）には、時価評価を要しません（令24の３）。

Q131

グループ通算制度からの離脱時に時価評価を要する資産

グループ通算制度からの離脱等に当たり、その保有資産について時価評価の対象となる資産とは、具体的にはどのようなものですか。

A

離脱等に当たり、時価評価を要するとされる要件ごとに、一定の資産が時価評価の対象となります。

解説

グループ通算制度の承認の効力を失う通算法人において、①離脱等の前に行う主要な事業が離脱等の後において引き続き行われることが見込まれていない場合又は②通算法人の株式を有する他の通算法人においてその通算法人の離脱等の後にその株式の譲渡等による損失の計上が見込まれている場合には、上記①又は②のいずれかに該当するかに応じ、その通算終了直前事業年度において益金の額又は損金の額に算入することとされています（法64の13①、令131の17①）。

なお、下記(1)イ①～⑤の資産に区分した後の評価益の額の合計額（完全支配関係のある法人間の取引に係る繰延譲渡利益、リース譲渡契約に係る収益の額、租税特別措置法上等に基づく特別勘定の金額がある場合はこれらの金額を加算した額）が当該資産に区分した後の評価損の額の合計額（完全支配関係のある法人間の取引に係る繰延譲渡損失、リース譲渡契約に係る費用の額がある場合はこれらの金額を加算した額）以上の場合には、時価評価を要しないこととされています。

(1)　離脱等の前に行う主要な事業が離脱等後において引き続き行われることが見込まれていない場合

イ　①固定資産、②棚卸資産たる土地（土地の上に存する権利を含みます。）、③有価証券(注)に記載するものを除きます。）、④金銭債権及び⑤繰延資産でこの①～⑤の資産区分ごとの合計額が1,000万円以上のもの

(注)　離脱法人と完全支配関係がある清算中の法人、合併以外の解散が見込まれている法人、完

全支配関係がある法人との間で適格合併を行うことが見込まれている法人に係る株式等でその時価が帳簿価額に満たないもの及び当該離脱法人が保有する通算親法人以外の他の通算法人の株式等

ロ　上記イの①～⑤の資産区分ごとの時価の合計額と帳簿価額の合計額との差額が1,000万円または資本金等の額の1/2のうちいずれか少ない金額以上のもの

(2)　通算法人の株式を有する他の通算法人においてその通算法人の離脱等の後にその株式の譲渡等による損失の計上が見込まれている場合

(注)　株式等の譲渡に係る損益は、その譲渡に係る契約日となることから、通算子法人の株式等の譲渡に係る譲渡法人である他の通算法人に生ずる損失は、結果として離脱の日前となることがありますが、このような場合についても、上記の「その株式又は出資の譲渡又は評価換えによる損失の額が生ずることが見込まれていること」に該当するものとされています（通算通達2－57）。

離脱法人が通算終了直前事業年度に有する資産（上記(1)イ①～⑤の資産ごとに区分した場合の通算終了直前事業年度の帳簿価額が10億円を超えるもの）のうちその時後に譲渡、評価換え、貸倒れ、除却その他これらに類する事由（令131の17⑥⑦）などが生ずることが見込まれているもの

(注)　当該事由が生ずることにより損金の額に算入される金額がない場合又は当該事由が生ずることにより損金の額に算入される金額がその事由が生ずることにより益金の額に算入される金額以下である場合には、この制度の適用はありません。

Q132

グループ通算制度からの離脱に当たり、時価評価の対象資産から除かれるもの

グループ通算制度からの離脱等に当たり、時価評価の対象となる資産から除かれる資産とは、具体的にはどのようなものですか。

A

解説のとおりです。

解説

グループ通算制度から離脱する通算法人で、初年度離脱通算子法人以外の通算法人が、一定の要件に該当する場合には、その通算法人の通算終了直前事業年度終了の時に有する時価評価資産について、評価損益を計上することとされていますが、次の資産については、その対象から除かれています（令131の17③）。

(1)　通算終了直前事業年度終了の日の翌日の５年前の日以後に終了する各事業年度において、圧縮記帳等の規定の適用を受けた減価償却資産（適格合併等により移転を受けた圧縮記帳等の規定の適用を受けた減価償却資産を含みます。）

(2)　売買目的有価証券及び償還有価証券

(3)　資産の帳簿価額が1,000万円に満たない場合のその資産

(4)　資産の価額とその帳簿価額との差額（その５年前の日以後に終了する各事業年度において圧縮記帳等の規定の適用を受けた固定資産のうち減価償却資産以外のもので、その価額がその帳簿価額を超えるものについては、その圧縮記帳等の規定により損金の額に算入された金額又はその超える部分の金額のいずれか少ない金額を控除した金額）が、グループ通算制度から離脱する通算法人の資本金等の額の２分の１に相当する金額又は1,000万円のいずれか少ない金額に満たない場合のその資産

(5)　グループ通算制度から離脱する通算法人との間に完全支配関係がある内国法人（清算中のもの、合併による解散以外の解散をすることが見込まれるもの、又はその通算法人との間に完全支配関係がある内国法人との間で適格合併を行うことが見込まれるものに限ります。）の株式又は出資で、その価額がその帳簿価額に満たないもの

⑹　グループ通算制度から離脱する通算法人の有する他の通算法人（通算親法人を除きます。）の株式又は出資

⑺　グループ通算制度から離脱する通算法人の株式又は出資を有する他の通算法人において、通算終了直前事業年度終了の時後に、その株式又は出資の譲渡又は評価換えによる損失の額として損金の額に算入される一定の金額が生ずることが見込まれているため、時価評価を要することとされている、その通算法人が有する資産のうちの次の資産

イ　通算終了直前事業年度終了の時における帳簿価額が10億円以下の資産

ロ　通算終了直前事業年度終了の時における帳簿価額が10億円超の資産のうち、その時後に譲渡などの一定の事由が生ずることが見込まれていない資産

令和４年度税制改正大綱

○　令和４年度税制改正大綱に基づき、次のとおりの税制改正が予定されています。

グループ通算制度からの離脱等に伴う資産の時価評価制度について、時価評価資産から除外される資産から帳簿価額1,000万円未満の営業権を除外する。

Q133

通算グループ加入直後に離脱した場合の加入直前事業年度の時価評価

当社は、X社（通算親法人）に株式の全部を取得され、X社通算グループに加入しましたが、加入の1か月後でしかも加入と同じ事業年度中に当社の株式が売却され、X社通算グループから離脱しました。当社は、1,000万円以上の含み益のある土地を保有していますが、X社通算グループへの加入直前の事業年度において、その土地の時価評価を行う必要がありますか。

A

通算グループへの加入直前の事業年度終了の時に貴社が保有する土地は、時価評価資産には該当しませんので、時価評価をする必要はありません。

解説

グループ通算制度への加入に当たっては、原則として、その加入直前の事業年度終了の時に有する時価評価資産の評価益の額又は評価損の額は、その加入直前の事業年度において益金の額又は損金の額に算入することとされています。

ただし、通算法人がその通算法人に係る通算親法人による完全支配関係（通算除外法人（Q9の解説参照）及び外国法人が介在しない一定の関係に限ります。以下同じです。）がある法人を設立した場合におけるその法人など一定の法人は時価評価を要しないこととされています（法64の12①）。

この時価評価資産とは、固定資産、棚卸資産たる土地（土地の上に存する権利を含みます。）、有価証券、金銭債権及び繰延資産をいい、これらの資産のうち一定の資産は時価評価資産から除かれていますが、初年度離脱加入子法人（Q111の7参照）の有する資産は、この時価評価資産から除かれる一定の資産とされています（令131の16①六）。

〈イメージ図〉

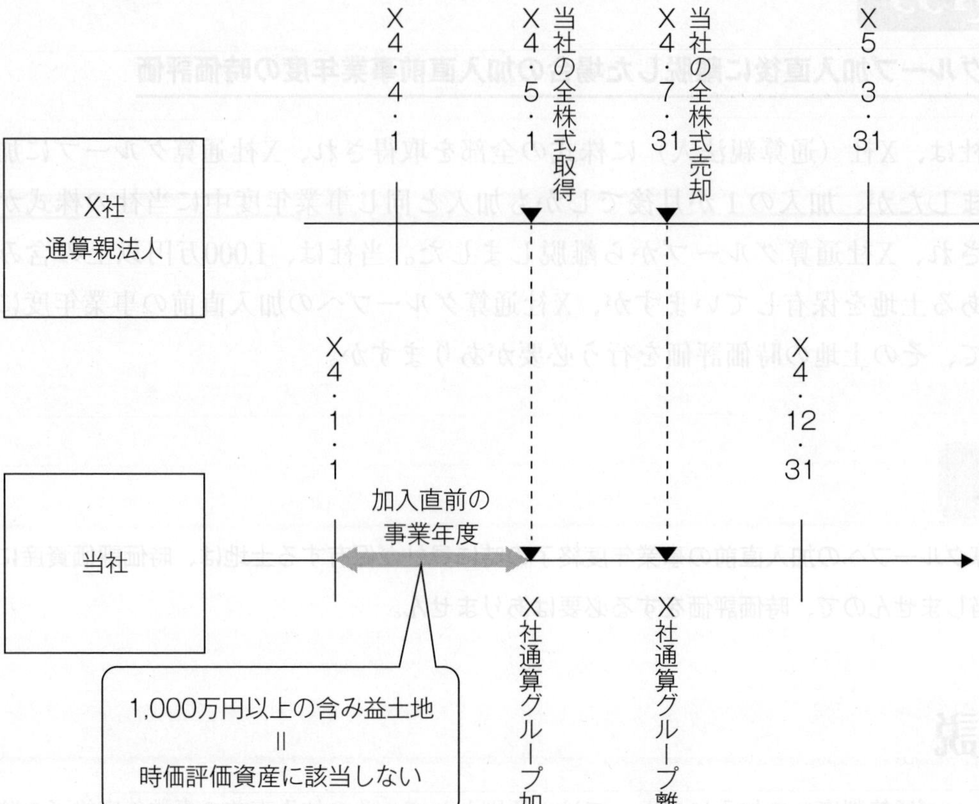
X社
通算親法人
X4・4・1
当社の全株式取得
X4・5・1
当社の全株式売却
X4・7・31
X5・3・31
X4・1・1
X4・12・31
当社
加入直前の
事業年度
X社通算グループ加入
X社通算グループ離脱
1,000万円以上の含み益土地
＝
時価評価資産に該当しない

Q134

月次決算に係る加入時期の特例を受けている場合の初年度離脱加入子法人に該当するかどうかの判定

初年度離脱加入子法人の判定において、月次決算期間の末日の翌日から通算事業年度を開始するものとする加入時期の特例の適用を受ける場合、加入後2月以内に離脱するかどうかについては、どのように判定するのでしょうか。

A

月次決算期間の末日の翌日から開始するものとする加入時期の特例の適用を受ける場合には、特例決算期間の末日の翌日から2か月以内に離脱するかどうかにより判定します。

解説

通算グループに加入する子法人について、その加入日（完全支配関係発生日）以後2か月以内に離脱する子法人で、当該加入日の属する通算親法人事業年度終了の日までに離脱する当該子法人が保有する資産は、時価評価の対象資産から、除外されています。

ここで、当該加入子法人が月次決算期間の末日の翌日から通算事業年度を開始するものとする加入時期の特例の適用を受ける場合には、通算承認の効力の発生が当該月次決算期間の末日の翌日となることから、2か月以内に離脱するかどうかについては、当該月次決算期間の末日の翌日から2か月以内かどうかによることとなります（法14⑧一、64の9⑪）。

初年度離脱加入子法人

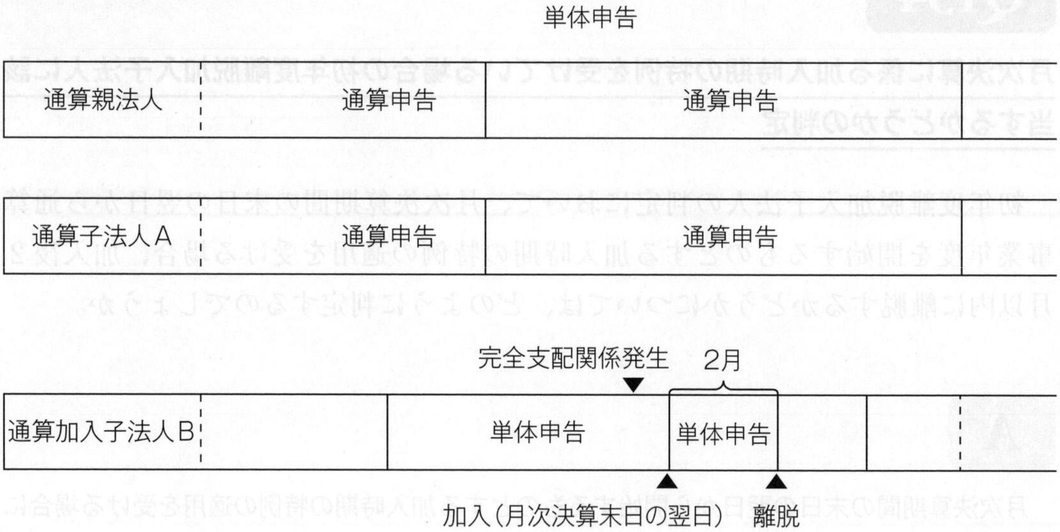
単体申告
通算親法人
通算申告
通算申告
通算子法人A
通算申告
通算申告
完全支配関係発生
2月
通算加入子法人B
単体申告
単体申告
加入（月次決算末日の翌日）
離脱

Q135

通算グループ加入直後に離脱した場合の離脱直前事業年度の時価評価

当社は、X社（通算親法人）に株式の全部を取得され、X社通算グループに加入しましたが、加入の１か月後でしかも加入と同じ事業年度中に当社の株式が売却され、X社通算グループから離脱しました。当社は、1,000万円以上の含み益のある土地を保有していますが、X社通算グループから離脱する直前の事業年度において、その土地の時価評価を行う必要がありますか。

A

通算グループから離脱する直前の事業年度において、貴社は時価評価を要する法人から除かれるため、時価評価をする必要はありません。

解説

グループ通算制度の承認の効力を失う通算法人が、その通算終了直前事業年度（その効力を失う日の前日の属する事業年度をいいます。以下同じです。）終了の時前に行う主要な事業がその通算法人であった内国法人において引き続き行われることが見込まれていないことなど一定の要件に該当する場合には、その通算終了直前事業年度終了の時に有する時価評価資産の評価益の額又は評価損の額は、その通算終了直前事業年度において益金の額又は損金の額に算入することとされています。

しかしながら、その通算法人が初年度離脱通算子法人㈜及びその通算グループ内の合併又は残余財産の確定に基因してグループ通算制度の承認の効力を失う法人に該当する場合には、時価評価を要する法人から除かれます（法64の13①、令131の17①）。

㈜　初年度離脱通算子法人とは、通算子法人で通算親法人との間に通算完全支配関係を有することとなった日の属するその通算親法人の事業年度終了の日までにその通算完全支配関係を有しなくなる法人のうち、その通算完全支配関係を有することとなった日以後２月以内にその通算グループ内の通算法人による株式の売却等の一定の事実が生ずることによりその通算完全支配関係を有しなくなる法人（その通算グループ内の合併又は残余財産の確定によりその通算完全支配関係を有しなくなる法人を除きます。）をいいます（令24の３）。

〈イメージ図〉

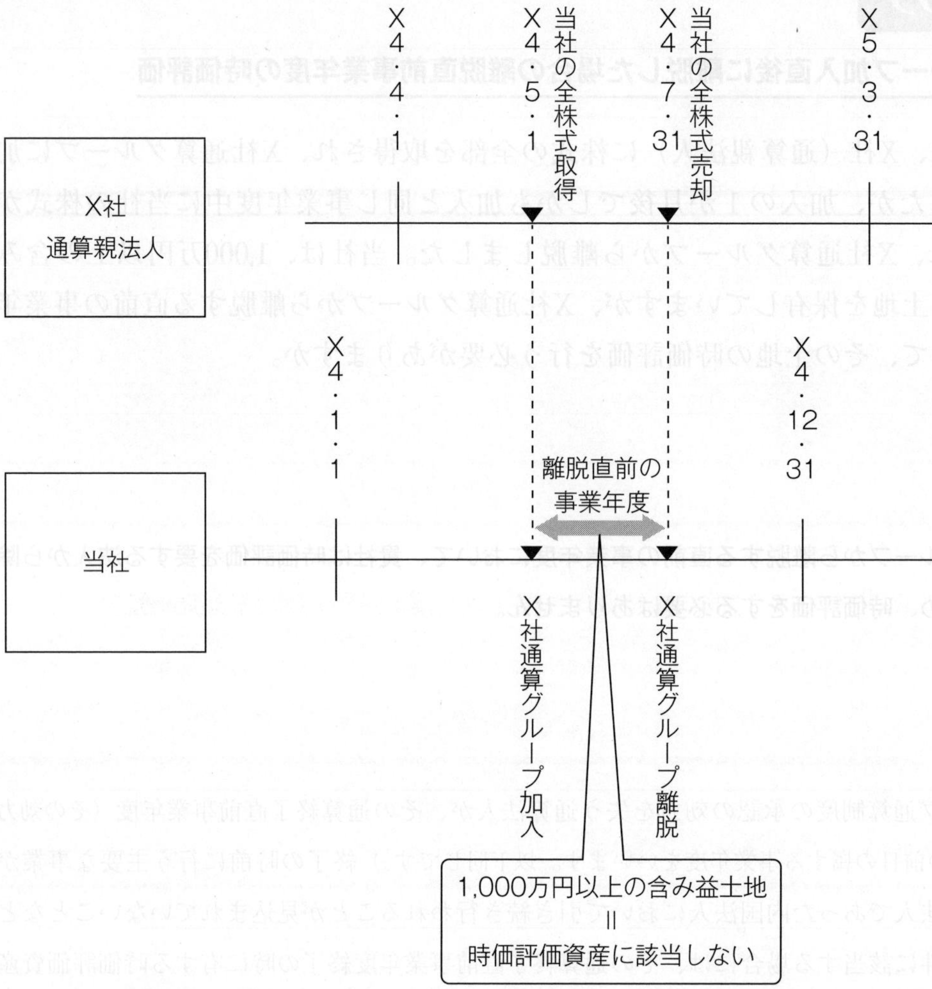
X4・4・1
X4・5・1
当社の全株式取得
X4・7・31
当社の全株式売却
X5・3・31
X社
通算親法人
X4・1・1
X4・12・31
離脱直前の
事業年度
当社
X社通算グループ加入
X社通算グループ離脱
1,000万円以上の含み益土地
＝
時価評価資産に該当しない

6　時価評価資産の有無の判定時期

Q136

グループ通算制度開始における時価評価資産の有無の判定の時期

グループ通算制度の適用開始に当たって、その開始法人の有する資産が時価評価資産等に該当するかどうかの判定は、いつ行うのですか。

A

グループ通算制度の開始に伴う時価評価資産等の有無の判定の時期は、最初通算事業年度開始の日の前日とされています。

解説

グループ通算制度の開始に当たっては、通算開始直前事業年度（最初通算事業年度開始の日の前日の属する事業年度）終了の時に時価評価資産等を有しない法人は、時価評価を行う必要がありません。

この場合の時価評価資産等を有するかどうかの判定は、原則として、通算開始直前事業年度の終了の時に行うこととなります（法64の11）。

また、通算親法人となろうとする法人の設立事業年度が申請特例年度である場合の子法人における時価評価資産等の有無の判定についても、申請特例年度開始の日の前日の属する事業年度終了の時とされています。

したがって、申請特例年度開始の日の前日の属する事業年度終了の時に時価評価資産等を有する法人（時価評価法人等）は、申請特例年度終了の日の翌日、つまり通算２期目からその通算グループに参加することとなり（法64の９⑩一）、当該時価評価法人等は、申請特例年度の期間は単体納税を行うことになります。

そして、当該時価評価法人等の実際の時価評価は、申請特例年度の日の属する（単体申告の）事業年度終了の時に当該時価法人等が有する時価評価資産等に対して行うこととなります（法64の11括弧書き）。

なお、新設親法人の承認申請の特例の適用を受ける場合の実際の時価評価は、申請特例年度終了の日の属する（単体申告の）事業年度終了の時に有する時価評価資産について行うこととなりますので、例えば、時価評価対象資産が株式等で、申請特例年度終了の日において、その評価損益額が1,000万円未満となった場合（又は資本金等の金額の１/２未満となった場合）には、結局、時価評価は不要ということになります。

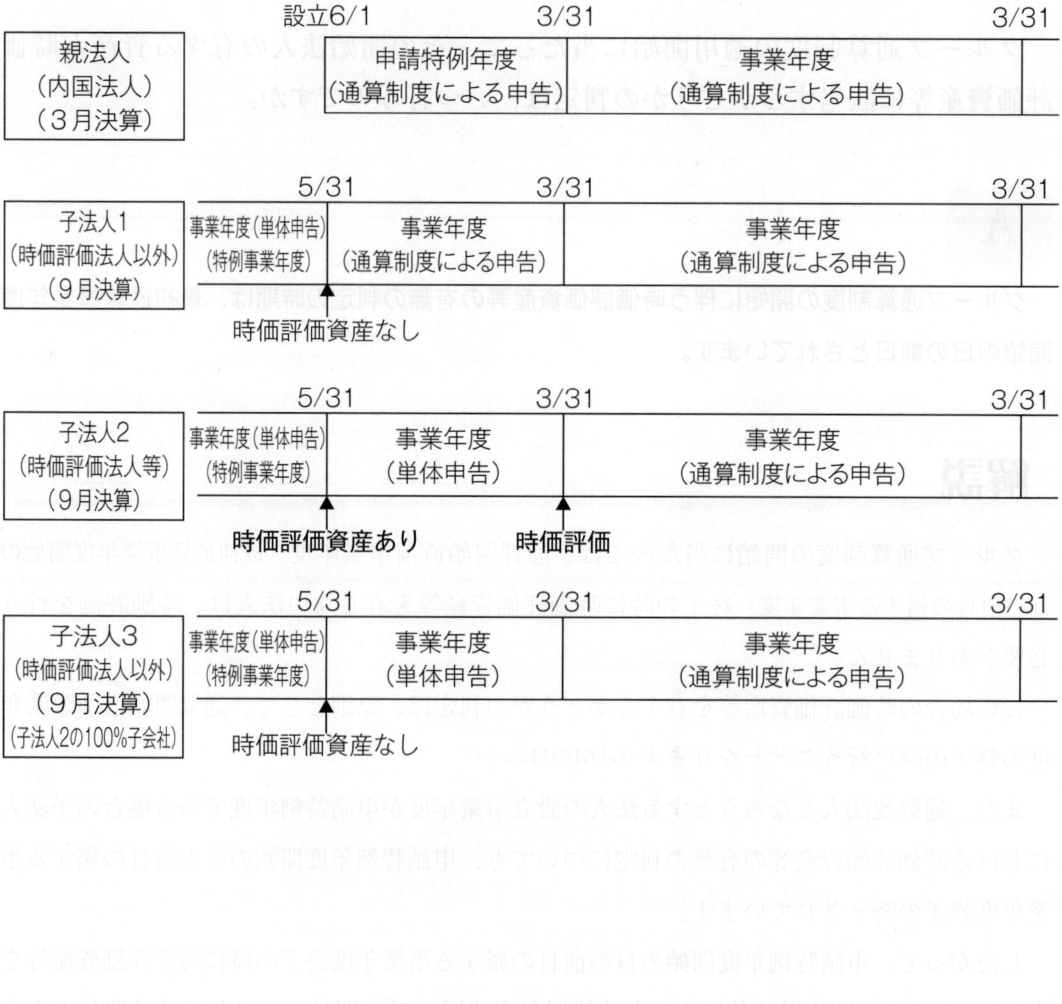

Q137

通算グループへの加入における時価評価資産等の有無の判定の時期

通算グループへの加入にあたって、時価評価資産等の有無の判定は、いつ行うのでしょうか。

A

解説のとおりです。

解説

通算グループに加入する法人が時価評価資産を有するかどうかの判定は、通算親法人と完全支配関係を有することとなった日（通算の効力が生ずる日）の属する事業年度の前日に行うこととされています（法64の12①）。

新設親法人の申請特例年度に親会社との間にその親会社による完全支配関係を有することとなった子会社においては、その完全支配関係を有することとなった日の前日の属する事業年度終了の時に、時価評価資産等を有するか否かの判定を行うこととなります（法14⑤）。

Q138

新設親法人の申請特例事業年度に加入する法人が加入時期の特例を受けている場合の時価評価資産等の有無の判定の時期

新設親法人の申請特例事業年度の下で加入時期の特例を受ける旨の届出を行っている場合の子法人の時価評価資産等の有無の判定は、いつ行うことになるのでしょうか。

A

新設親法人の申請特例事業年度の下で加入時期の特例を受ける旨の届出を行っている場合であっても、その時価評価資産等の有無の判定は、加入日の前日である特例事業年度の末日に行うこととなります。

解説

時価評価資産を有する法人が、新設親法人の申請特例事業年度の下で加入時期の特例を受ける旨の届出を行っている場合の通算承認の効力が生じる日（加入日）は、申請特例年度終了の日の翌日と月次決算期間の末日又は会計期間の末日の翌日とのいずれか遅い日とされており（法64の９⑫一、二）、結果として、通算制度への加入は申請特例年度の翌事業年度、つまり２期目からとなります。

したがって、加入時期の特例を受ける旨の届出を行っている場合の子法人の時価評価資産等の有無の判定は、加入日の前日であるその特例事業年度の末日に行うこととなります。

なお、時価評価損益等の計上は、申請特例年度の終了の日となります（法64の12）。

（月次決算の場合）

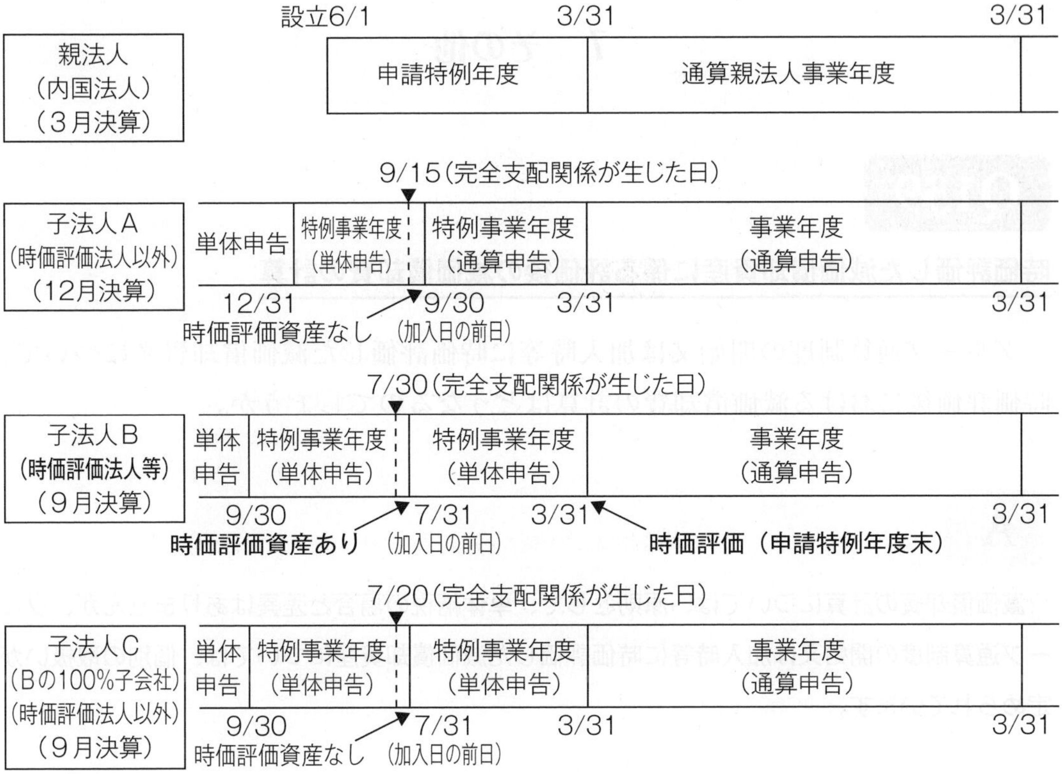

（会計期間の場合）

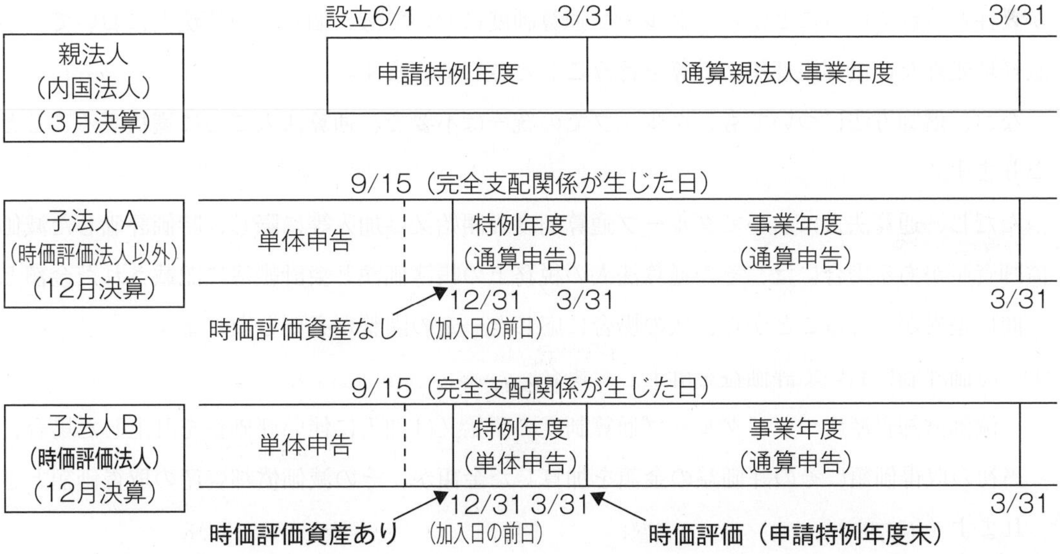

7　その他

Q139

時価評価した減価償却資産に係る評価後の減価償却費の計算

グループ通算制度の開始又は加入時等に時価評価した減価償却資産について、時価評価後における減価償却費の計算はどうなるのでしょうか。

A

減価償却費の計算については、原則として、単体納税の場合と差異はありませんが、グループ通算制度の開始又は加入時等に時価評価した減価償却資産については、個別の取扱いが定められています。

解説

減価償却費の損金算入については、確定した決算において償却費として損金経理することが要件とされていることから、グループ通算制度においても、個々の通算法人において、損金経理処理及び償却限度額の計算を行うこととされています。

なお、償却方法についても、グループでの統一は不要で、通算法人ごとに選択することとなります。

ただし、通算法人においてグループ通算制度の開始又は加入等に際し、時価評価した減価償却資産がある場合には、その通算法人の税務上の帳簿価額と会計帳簿に記載された金額との間に差異が生じることから、次の場合に応じた一定の調整が必要となります。

⑴　時価評価において評価益を計上した場合

減価償却資産についてグループ通算制度の開始又は加入に伴い評価益を計上した場合、当初の取得価額にその評価益の金額を加算した金額が、その減価償却資産の取得価額とされます（令54⑥）。

なお、この評価益相当額は、会計帳簿に記載された金額には含まれていないことから、時価評価が行われた事業年度（時価評価年度）以前の各事業年度において損金経理した金額とみなして、その時価評価年度後の各事業年度の減価償却の計算を行うこととされています（令61の３表五）。

(2)　時価評価において評価損を計上した場合

減価償却資産についてグループ通算制度の開始又は加入等に伴い評価損を計上した場合には、この評価損相当額は、時価評価年度までの事業年度においてした償却費の額の累積額として取り扱われます（令61①）。

したがって、定率法により減価償却を行っている減価償却資産については、この評価損相当額を法人税法施行令第48条第１項１号イ(2)旧定率法又は同令第48条の２第１項１号イ(2)定率法の「既にした償却の額」に含めて償却限度額の計算を行うこととなります（令48②、48の２②）。

その結果、税務上、評価損を計上した減価償却資産について、会計上はその評価損を計上していないため償却費を計上することが可能な場合であっても、その償却費の計上額が、税務上の償却限度額を超えるときは、その超える部分の金額は損金の額に算入されないこととなります。

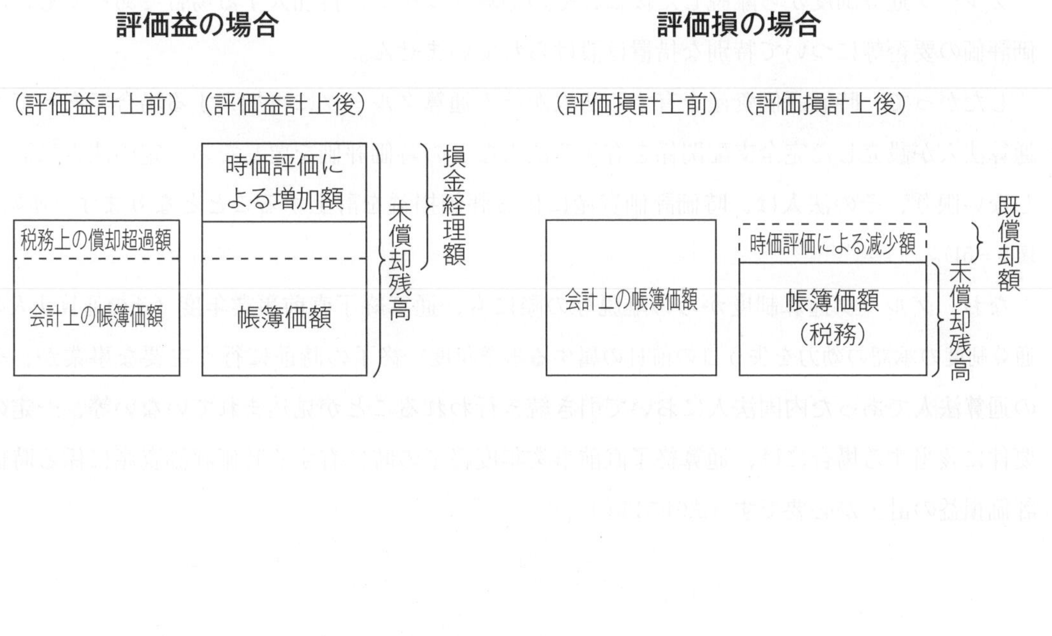

Q140

グループ通算制度離脱後に再加入した場合の時価評価

グループ通算制度の開始又は加入に当たり時価評価資産の時価評価を行った法人が、その通算グループから離脱し、その後、制限期間の経過後にその通算グループに再加入する場合にも、時価評価を行う必要がありますか。

A

グループ通算制度に再加入する場合であっても、その加入の直前の事業年度終了の時に時価評価資産を保有しており、かつ、時価評価を要しない一定の法人に該当しないときは、時価評価損益を計上する必要があります。

解説

グループ通算制度から離脱した後に、その通算グループに再加入する場合であっても、時価評価の要否等について特別な措置は設けられていません。

したがって、時価評価資産を有する法人がその通算グループに再加入する場合であっても、通算法人が設立した完全支配関係を有する法人などの時価評価を要しない一定の法人に該当しない限り、その法人は、時価評価資産に係る評価損益を計上することとなります（通算通達2－51）。

なお、グループ通算制度からの離脱等の際にも、通算終了直前事業年度（その通算法人の通算制度の承認の効力を失う日の前日の属する事業年度）終了の時前に行う主要な事業が、その通算法人であった内国法人において引き続き行われることが見込まれていない等、一定の要件に該当する場合には、通算終了直前事業年度終了の時に有する時価評価資産に係る時価評価損益の計上が必要です（法64の13①）。

Q141

連結納税からグループ通算制度に移行しない場合の時価評価の要否

当社は、現在連結納税を行っていますが、グループ通算制度に移行しない場合、保有資産に係る時価評価損益の計上は必要ですか。

A

連結親法人が「グループ通算制度へ移行しない旨の届出書」を提出した場合の連結法人（連結親法人及び連結子法人）については、保有資産に係る時価評価損益の計上は、不要です。

解説

連結親法人が令和４年４月１日以後最初に開始する事業年度開始の日の前日までに税務署長に「グループ通算制度へ移行しない旨の届出書」を提出した場合には、その連結親法人及び連結子法人は連結納税制度及びグループ通算制度のいずれも適用しない法人として申告を行うこととなります（令和２年改正法附則29②）。

なお、グループ通算制度を適用しない法人となることを選択した場合については、保有資産に係る時価評価に係る規定は設けられていませんので、時価評価損益の計上は不要です。

Q142

グループ通算制度の取りやめの場合の時価評価

国税庁長官の承認を得てグループ通算制度の適用を取りやめる場合、その保有資産について時価評価が必要でしょうか。

A

グループ通算制度の適用を取りやめる場合において一定の要件に該当する時は、その離脱法人が保有する一定の資産について、時価評価を行う必要があります。

解説

グループ通算制度の承認の効力を失う通算法人が、①離脱等の前に行う主要な事業が離脱等後において引き続き行われることが見込まれていない場合又は②通算法人の株式を有する他の通算法人においてその通算法人の離脱等の後にその株式の譲渡等による損失の計上が見込まれている場合には、その通算法人の通算の効力を失う日の前日の属する事業年度（「通算終了直前事業年度」）終了の時に有する一定の時価評価資産（Q131を参照）の評価益の額又は評価損の額は、その通算終了直前事業年度において益金の額又は損金の額に算入することとされています（法64の13①、令131の17①）。

なお、グループ通算制度の適用取りやめの場合には、グループ通算制度からの離脱の場合と異なり、通算親法人においても、この時価評価損益の計上を要する場合がありますので、注意が必要です。

また、通算親法人が青色申告の承認を取り消されたことに伴い、通算承認の効力が失われた場合も同様な取扱いとなります。

第 8

通算法人の間の取引の損益調整

Q143

通算グループ内における譲渡損益調整資産の譲渡に係る譲渡損益の繰延べ

通算法人である当社は、保有している譲渡損益調整資産を通算グループ内の他の通算法人に譲渡することとなりましたが、その譲渡損益調整資産の譲渡に係る譲渡損益を繰り延べることとなりますか。

A

貴社は、譲渡損益を繰り延べることになります。

解説

内国法人（普通法人又は協同組合等に限ります。）がその有する譲渡損益調整資産をその内国法人との間に完全支配関係がある他の内国法人（普通法人又は協同組合等に限ります。）に譲渡したことにより生じた譲渡利益額又は譲渡損失額に相当する金額は、その譲渡した事業年度において損金の額又は益金の額に算入することとされています（法61の11）。

なお、この「譲渡損益調整資産」とは、固定資産、棚卸資産たる土地（土地の上に存する権利を含みます。）、有価証券、金銭債権及び繰延資産で一定の資産㈱以外の資産をいいます。

㈱　一定の資産とは、次に掲げる資産をいいます（令122の12）。

⑴　売買目的有価証券

⑵　その譲渡を受けた他の内国法人（その内国法人との間に完全支配関係がある他の内国法人に限ります。）において売買目的有価証券とされる有価証券

⑶　その譲渡の直前の帳簿価額が1,000万円に満たない資産（通算法人が法人税法第61条の11第８項に規定する他の通算法人の株式又は出資を当該他の通算法人以外の通算法人に譲渡した場合を除きます。）

Q144

譲渡損益調整資産の譲渡により繰り延べられた譲渡損益の戻入事由

譲渡損益調整資産の譲渡により繰り延べられた譲渡損益はどのような事由が生じた場合に益金の額又は損金の額に算入（戻入れ）することとなりますか。

A

繰り延べられた譲渡損益は、譲渡先の通算法人がその譲渡損益調整資産を譲渡等した場合に、所定の計算により算出した金額を戻し入れることとなります。

解説

繰り延べられた譲渡損益について、次のような事由が生じたとき等には、所定の計算により算出した金額は、益金の額又は損金の額に算入（戻入れ）することとなります（法61の11、令122の12）。

(1) その譲渡損益調整資産を取得した法人（譲受法人）が完全支配関係グループ内の他の法人へその譲渡損益調整資産を譲渡したとき

(2) 譲受法人が完全支配関係グループ外の第三者へその譲渡損益調整資産を譲渡したとき

(3) 譲受法人においてその資産の償却、評価換え、貸倒れ、除却等を行ったとき

(4) その譲渡損益調整資産を譲渡した法人（譲渡法人）が一定の事由により譲受法人との間に完全支配関係を有しないこととなったとき

(5) 譲渡法人がグループ通算制度の開始・加入・離脱等に伴う時価評価を行うこととなったとき

○通算グループ内の譲渡に係る譲渡損益の繰延べ、戻入れの例

《イメージ図》

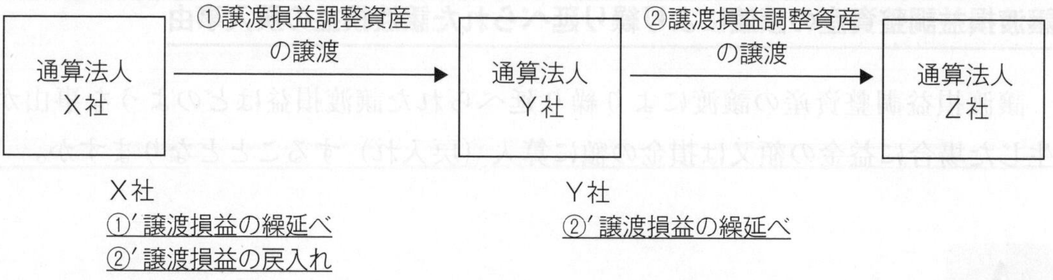

ただし、グループ通算制度においては、譲渡損益調整資産の譲渡が他の通算法人（損益通算の規定等の適用を受けない一定の法人及び通算親法人を除きます。）の株式又は出資の当該他の通算法人以外の通算法人に対する譲渡であるときは、譲渡損益の戻入れの規定は適用されず、その株式又は出資の譲渡に係る譲渡損益は計上されません。この場合、その譲渡益又は譲渡損に相当する金額は、利益積立金額に加算又は減算することとなります。

したがって、上記の例において、通算法人X社の通算法人Y社に対する譲渡損益調整資産の譲渡がY社以外の通算法人（損益通算の規定等の適用を受けない一定の法人及び通算親法人を除きます。）の株式又は出資の譲渡であるときは、戻入れは行わないこととなります。

Q145

適格合併における被合併法人が繰り延べていた譲渡損益の取扱い

適格合併の合併法人において、被合併法人となった通算法人が繰り延べていた譲渡損益はどのように取り扱われますか。

A

被合併法人が繰り延べていた譲渡損益は、合併法人に引き継がれ、合併法人がその譲渡損益を繰り延べているものとして取り扱うこととなります。

解説

内国法人が譲渡損益調整資産を譲渡し、その譲渡損益を繰り延べる規定の適用を受けた場合において、その内国法人（譲渡法人）を被合併法人とする適格合併（合併法人が譲渡法人との間に完全支配関係のある内国法人である場合に限ります。以下同じです。）によりその内国法人が解散したときは、その適格合併に係る合併法人のその適格合併の日の属する事業年度以後の各事業年度においては、その合併法人がこの規定の適用を受けた法人とみなされ、法人税法第61条の11の規定を適用することとされています。これは、内国法人が通算法人である場合（合併法人との間に通算完全支配関係がある場合）も同様です（法61の11⑤）。

したがって、例えば、通算子法人Ｙ１社が譲渡損益調整資産を通算子法人Ｙ２社に譲渡してその譲渡損益を繰り延べている場合（下図①′）において、Ｙ１社を被合併法人、他の通算子法人Ｙ３社を合併法人とする適格合併が行われたとき（下図②）には、Ｙ３社がその譲渡損益調整資産を通算子法人Ｙ２社に譲渡したものとみなされ（下図②〔　〕）、Ｙ３社がその譲渡損益調整資産の譲渡損益を繰り延べているものとして取り扱うこととなります（下図②′）。

また、その譲渡損益調整資産を取得したＹ２社がその譲渡損益調整資産を完全支配関係を有しない通算グループ外の第三者に譲渡するなどしたとき（下図③）には、その適格合併に係る合併法人となるＹ３社において譲渡したものとみなされた譲渡損益調整資産に係る譲渡損益について、所定の計算により算出した金額を、益金の額又は損金の額に算入（戻入れ）する（下図③′）こととなります。

《イメージ図》

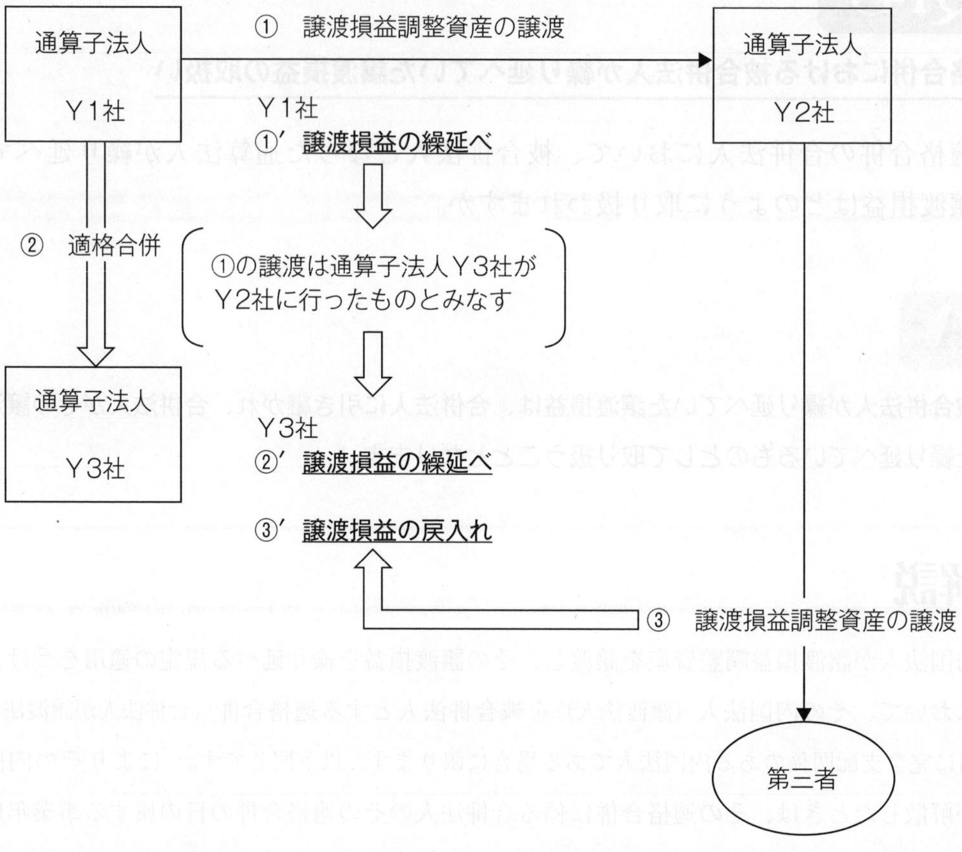
通算子法人
Ｙ１社
①　譲渡損益調整資産の譲渡
通算子法人
Ｙ２社
Ｙ１社
①′ 譲渡損益の繰延べ
②　適格合併
①の譲渡は通算子法人Ｙ３社が
Ｙ２社に行ったものとみなす
通算子法人
Ｙ３社
Ｙ３社
②′ 譲渡損益の繰延べ
③′ 譲渡損益の戻入れ
③　譲渡損益調整資産の譲渡
第三者

Q146

譲渡損益調整資産の譲渡に係る譲渡損益の繰延べの戻入れ

X社通算グループ（通算親法人X社：３月決算）の通算子法人Y１社（３月決算）は、X１年５月20日に譲渡損益調整資産に該当する固定資産を通算子法人Y２社に譲渡し、その固定資産に係る譲渡損益を繰り延べていましたが、X社がX２年11月８日にY１社の発行済株式の一部を通算グループ外の第三者へ譲渡したためX社の通算グループから離脱することとなりました。

この場合に、Y１社は繰り延べていた譲渡損益を戻し入れる必要がありますか。

A

Y１社は、X社の通算グループから離脱した日（X２年11月８日）の前日の属する事業年度（X２年４月１日からX２年11月７日までの期間）において、譲渡損益を戻し入れる必要があります。

解説

完全支配関係がある内国法人（いずれも普通法人又は協同組合等に限ります。）間で、譲渡損益調整資産を譲渡した場合、その譲渡法人はその譲渡損益を繰り延べることとされており（法61の11①）、通算完全支配関係も完全支配関係に該当しますので、この場合でも同様の取扱いとなります。そして、その譲渡法人が譲受法人との間に完全支配関係を有しないこととなったときは、その内国法人のその有しないこととなった日の前日の属する事業年度において、その譲渡損益調整資産に係る譲渡利益額又は譲渡損失額に相当する金額を益金の額又は損金の額に算入（戻入れ）することとされています（法61の11③）。

したがって、本件は、Y１社の譲渡損益調整資産について繰り延べた譲渡損益は、その後にX社がY１社の発行済株式の一部を通算グループ外に譲渡したことによって譲渡法人Y１社は譲受法人Y２社との間に通算完全支配関係を有しないこととなりますので、Y１社がX社の通算グループから離脱した日（すなわち、Y２社との間に通算完全支配関係を有しないこととなった日であるX２年11月８日）の前日の属する事業年度（X２年４月１日からX２年11月７日までの期間）において、その譲渡損益調整資産に係る譲渡利益額又は譲渡損失額に相当する金額を益金の額又は損金の額に算入（戻入れ）することとなります。

《イメージ図》

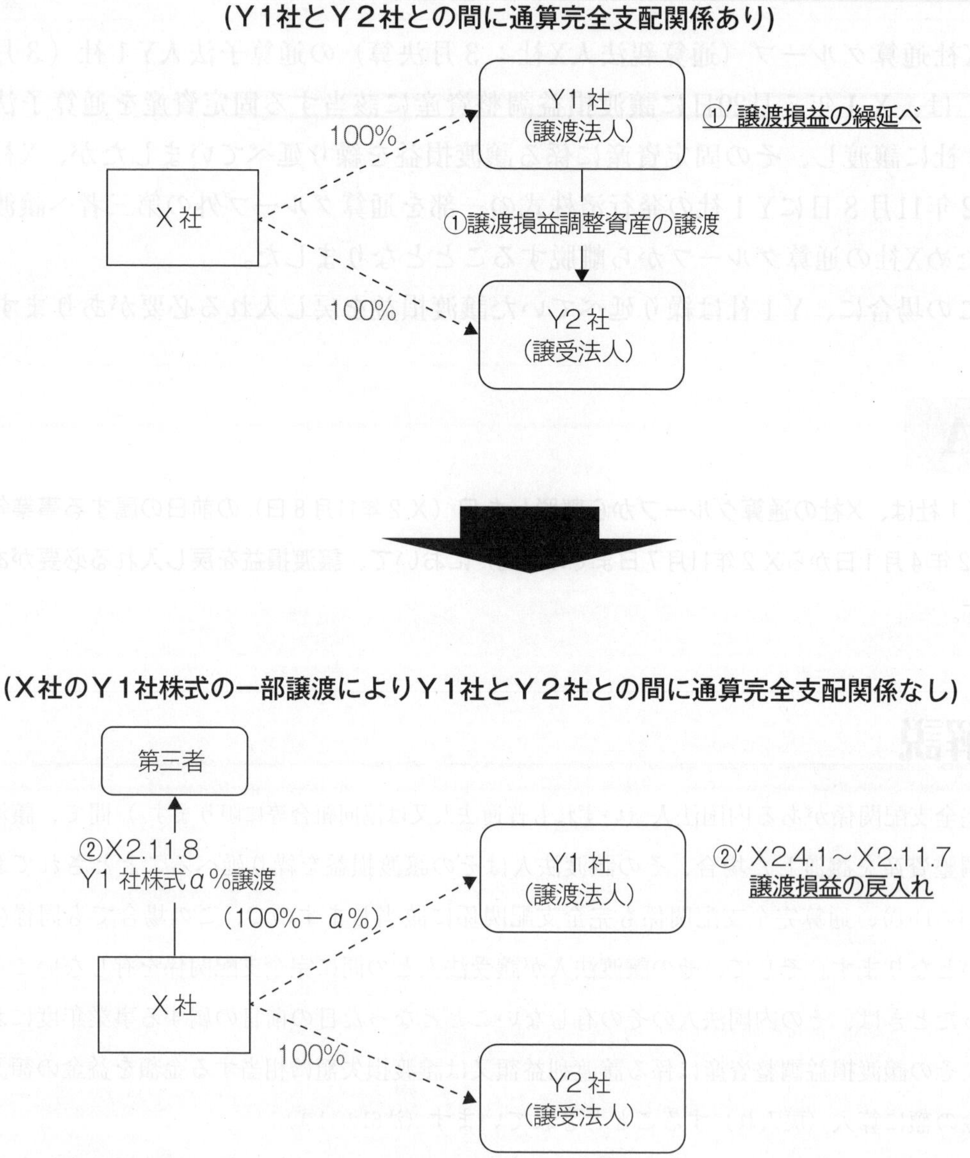

第 9

損益通算

1　損益通算の概要

Q147

通算グループ全体で有所得となる場合の損益通算の計算方法

グループ通算制度の当初申告において、通算グループ全体で有所得となる場合の損益通算の計算はどのように行うのですか。

A

グループ通算制度においては、欠損法人の欠損金額を所得法人において損金算入することとなります。

解説

グループ通算制度においては、通算法人の所得の金額の生ずる事業年度において、他の通算法人（通算親法人の事業年度終了の日（基準日）において通算完全支配関係のある法人）に欠損金額が生ずる場合には、その欠損金額はその通算法人のその所得の金額の生ずる事業年度において損金の額に算入することとされています（法64の5①）。

したがって、通算グループ内の欠損法人の欠損金額の合計額が、所得法人の所得の金額の合計額を限度として、その所得法人の所得の金額の比で各所得法人に配分され、その配分された通算対象欠損金額が所得法人の損金の額に算入されることになります。

この通算対象欠損金額とは、次の算式により計算した金額をいいます（法64の5②）。

$$\text{通算対象欠損金額（損金算入する金額）} = \text{通算グループの通算前欠損金額合計額※} \times \frac{\text{その所得法人の通算前所得金額}}{\text{通算グループの通算前所得金額合計額}}$$

※　通算グループの通算前所得金額合計額を限度とします。

一方、欠損法人においては、欠損法人の欠損金額の合計額を限度として、通算対象所得金額を益金算入します（法64の5③④）。

この通算対象所得金額とは、次の算式により計算した金額をいいます。

$$\text{通算対象所得金額（益金算入する金額）} = \text{通算グループの通算前所得金額合計額※} \times \frac{\text{その欠損法人の通算前所得金額}}{\text{通算グループの通算前欠損金額合計額}}$$

※　通算グループの通算前欠損金額合計額を限度とします。

《計算例》

通算グループ全体で有所得となる（通算前所得金額の合計額が通算前欠損金額の合計額より多い）場合の具体的な損益通算の計算の例は次のとおりです。

	X社（通算親法人）	Y１社（通算子法人）	Y２社（通算子法人）	Y３社（通算子法人）
通算前所得・欠損	600（所得事業年度）	200（所得事業年度）	▲100（欠損事業年度）	▲300（欠損事業年度）
損益通算	600＋200＝800（通算前所得金額の合計額）		▲100＋▲300＝▲400（通算前欠損金額の合計額）	
	▲400×600/800 ⇒300……**損金算入**	▲400×200/800 ⇒100……**損金算入**	400（※）×100/400 ⇒100……**益金算入**	400（※）×300/400 ⇒300……**益金算入**
損益通算後	所得300	所得100	欠損０	欠損０

※　通算前所得金額の合計額（800）が通算前欠損金額の合計額（▲400）を超えることから、通算前欠損金額の合計額（▲400）が上限となります（法64の５④一）。

Q148

通算グループ全体で欠損となる場合の損益通算の計算方法

グループ通算制度の当初申告において、通算グループ全体で欠損となる場合の損益通算の計算はどのように行うのですか。

A

グループ通算制度においては、所得法人の所得金額を欠損法人において益金算入することとなります。

解説

グループ通算制度においては、通算法人の欠損金額の生ずる事業年度において、他の通算法人（通算親法人の事業年度終了の日（基準日）において通算完全支配関係のある法人）に所得金額が生ずる場合には、その所得金額はその通算法人のその欠損金額の生ずる事業年度において益金の額に算入することとされています（法64の5③）。

したがって、通算グループ内の所得法人の所得金額の合計額が、欠損法人の欠損の金額の合計額を限度として、その欠損法人の欠損の金額の比で各欠損法人に配分され、その配分された通算対象所得金額が欠損法人の益金の額に算入されることになります。

この通算対象所得金額とは、次の算式により計算した金額をいいます（法64の5④）。

$$\text{通算対象所得金額（益金算入する金額）} = \text{通算グループの通算前所得金額合計額※} \times \frac{\text{その欠損法人の通算前欠損金額}}{\text{通算グループの通算前欠損金額合計額}}$$

※　通算グループの通算前欠損金額合計額を限度とします。

一方、所得法人においては、所得法人の所得金額の合計額を限度として、通算対象欠損金額を損金算入します（法64の5①）。

この通算対象欠損金額とは、次の算式により計算した金額をいいます（法64の5②）。

$$\text{通算対象欠損金額（損金算入する金額）} = \text{通算グループの通算前欠損金額合計額※} \times \frac{\text{その所得法人の通算前所得金額}}{\text{通算グループの通算前所得金額合計額}}$$

※　通算グループの通算前所得金額合計額を限度とします。

《計算例》

通算グループ全体で欠損となる（通算前欠損金額の合計額が通算前所得金額の合計額より多い）場合の具体的な損益通算の計算の例は次のとおりです。

	X社 （通算親法人）	Y１社 （通算子法人）	Y２社 （通算子法人）	Y３社 （通算子法人）
通算前 所得・欠損	200 （所得事業年度）	400 （所得事業年度）	▲600 （欠損事業年度）	▲400 （欠損事業年度）
損益通算	200＋400＝600 （通算前所得金額の合計額）		▲600＋▲400＝▲1,000 （通算前欠損金額の合計額）	
	▲600（※）×200/600 ⇒200……**損金算入**	▲600（※）×400/600 ⇒400……**損金算入**	600×600/1,000 ⇒360……**益金算入**	600×400/1,000 ⇒240……**益金算入**
損益通算後	所得０	所得０	欠損▲360 （翌事業年度へ繰り越す欠損金）	欠損▲240 （翌事業年度へ繰り越す欠損金）

※　通算前欠損金額の合計額（▲1,000）が通算前所得金額の合計額（600）を超えることから、通算前所得金額の合計額（600）が上限となります（法64の5②一）。

Q149

特定資産譲渡等損失とは

特定資産譲渡等損失とは、どのようなものでしょうか。

A

通算法人が支配関係発生日の属する事業年度開始日前から保有していた資産（一定のものを除きます。）の譲渡等に係る損失の額から、特定資産に係る利益の額を控除した金額をいいます。

解説

特定資産譲渡等損失額とは、次の(1)から(2)を控除した金額をいいます（法64の14②）。

(1)　通算法人が有する特定資産で支配関係発生日の属する事業年度開始の日前から有していたものの譲渡、評価換え、貸倒れ、除却その他の事由による損失の額として一定の金額の合計額（令131の19④、123の８④⑥）

(2)　特定資産の譲渡、評価換えその他の事由による利益の額として一定の金額の合計額（令131の19④、123の８④⑥）

ここで、特定資産とは、通算法人が有する資産で①土地等以外の棚卸資産、②短期売買商品等（法61②）、③売買目的有価証券（法61の３①）、④最初適用年度（通算開始の日の属する事業年度開始の日。ただし、当該事業年度終了の日後に新たな事業を開始した場合にはその開始した日の属する事業年度）開始の日における帳簿価額又は取得価額が1,000万円に満たない資産、⑤支配関係発生日の属する事業年度開始の日において、時価が帳簿価額を下回っていない資産及び⑥非適格合併により移転を受けた資産で譲渡損益調整資産以外のものを除いた資産をいいます（令131の19③、123の８②）。

なお、確定申告書等に明細書の添付があり、かつ時価純資産額算定の基礎となる事項を記載した書類等の保存があることを前提として、支配関係事業年度の前事業年度の終了の時における時価純資産額が簿価純資産額以上である場合には、特定資産譲渡等損失はないものとされます（令131の19⑤、123の９①一）。

また、上記の前提の下で、支配関係事業年度の前事業年度の終了の時における時価純資産額が簿価純資産額に満たない場合には、簿価純資産額が時価純資産を超える部分の金額から既に特定資産譲渡等損失として制限を受けた金額を控除した金額を特定資産譲渡等損失額の上限とすることが認められています（令131の19⑤、123の9①二）。

Q150

損益通算の対象とされない通算前欠損金

グループ通算制度の開始後に損益通算の対象とされない特定資産譲渡等損失などがあると聞きましたが、どのような場合でしょうか。

A

一定の条件に該当する場合、特定資産譲渡等損失額は、損金の額に算入されません。また、「多額の償却費の額が生ずる事業年度」に該当する場合、通算前欠損金額が損金の額に算入されないことがあります。

解説

次の1～3に該当する場合の通算前欠損金は、グループ通算制度の開始後における損益通算の対象とされません。

1　通算開始の5年前の日後に支配関係が生じており、共同事業性要件（Q164参照）を具備していない場合において、グループ通算制度の開始後に生じたその事業年度に係る通算前欠損金のうち適用期間（通算承認の効力が生じた日から通算の効力が生じた日以後3年を経過する日と支配関係発生日以後5年を経過する日とのうちいずれか早い日までの期間。なお、下図1参照）において生ずる特定資産譲渡等損失額に達するまでの金額は、損金の額に算入しないこととされています（法64の6①）。

〈図１〉

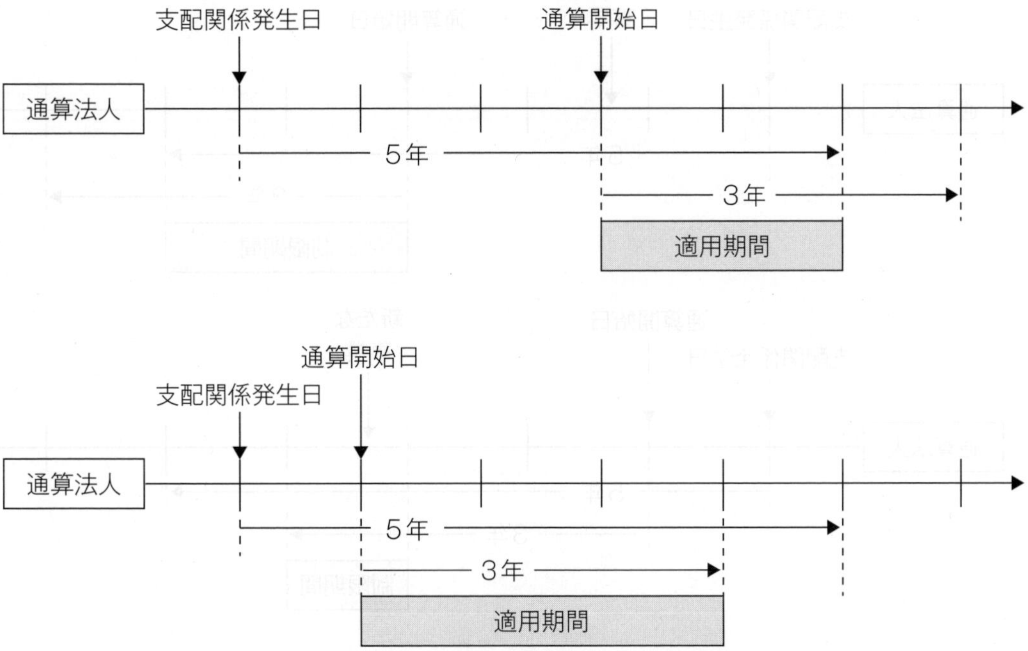

2　通算開始の５年前の日後に支配関係が生じており、共同事業性要件を具備していない場合において、当該支配関係発生日以後に新たな事業を開始したときは、適用期間（通算承認の効力が生じた日と新たな事業を開始した日の属する事業年度開始の日とのいずれか遅い日から通算の効力が生じた日以後３年を経過する日と支配関係発生日以後５年を経過する日とのうちいずれか早い日までの期間。なお、下図２において「制限期間」）において生ずる特定資産譲渡等損失額は、損金の額に算入しないこととされています（法64の14①）。

〈図２〉

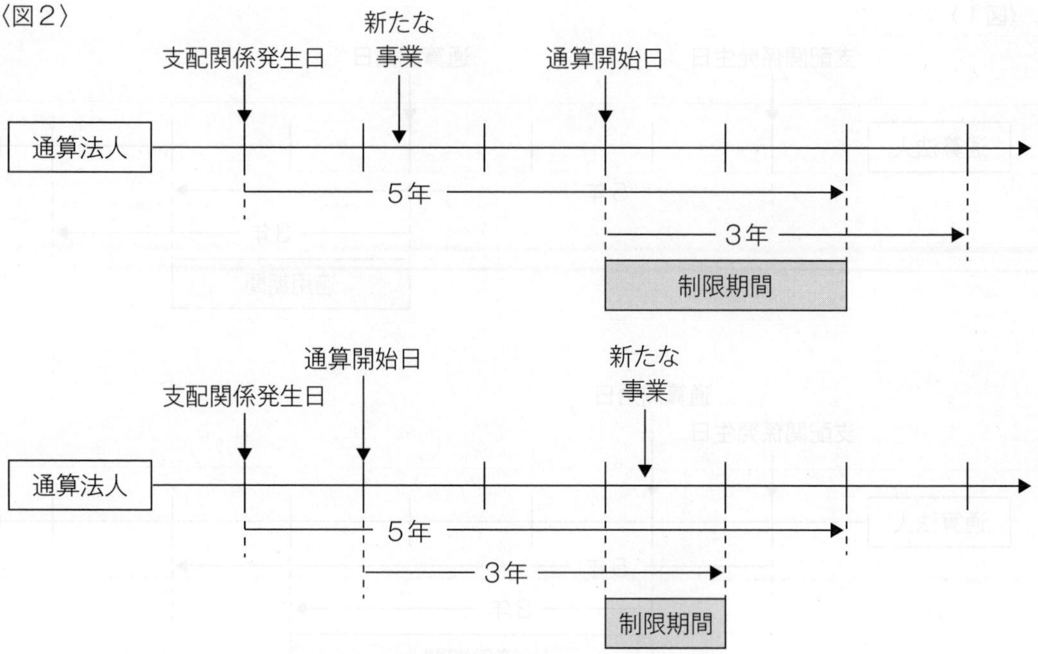

３　通算開始の５年前の日後に支配関係が生じており、共同事業性要件を具備していない場合において、多額の償却費の額が生じる事業年度に該当する場合には、通算前欠損金は、ないものとされます（法64の６③）。

〈図３〉

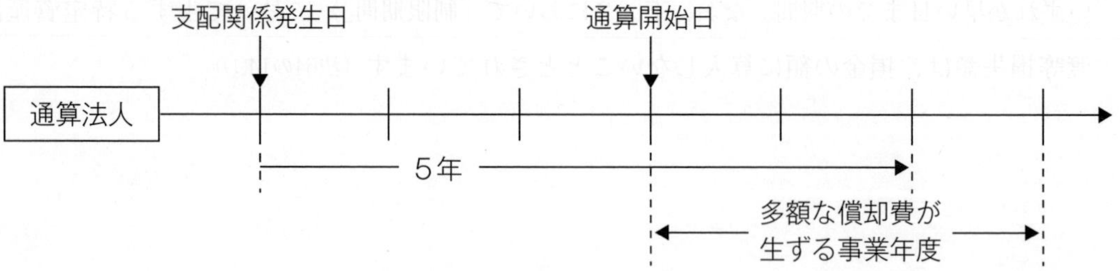

（参考）

上記１～３により損益通算上、損金の額に算入されなかった（ないものとされた）欠損金は、翌期に繰り越され、当該通算法人の特定欠損金となります（法64の７②三、Q170参照）。

Q151

通算法人が適格組織再編成を行っている場合の特定資産譲渡等損失額の取扱い

通算法人が適格組織再編成を行っている場合には、特定資産譲渡等損失額等について、特別な取扱いがあると聞きましたがどういうことでしょうか。

A

被合併法人等が支配関係事業年度の前事業年度開始日前から保有していた資産について特定資産譲渡等損失額の対象となる特定資産とされる場合があるほか、通算グループ内合併が行われた場合等に被合併法人等の欠損金のうちの一定の金額について、ないものとされる場合があります。

解説

(1)　グループ通算制度開始日の２年前の日から通算法人の最初適用年度開始の日の前日までの間に特定組織再編成等により資産の移転を受けている場合には、当該特定組織再編成等に係る被合併法人等が支配関係事業年度の前事業年度開始日前から保有していた資産についても特定資産譲渡等損失額の対象となる特定資産に該当するとされています（令131の19③）。

なお、ここでの特定組織再編成等とは、当該通算法人を合併法人、分割承継法人、被現物出資法人又は被現物分配法人とし、他の通算法人及び他の通算法人との間に支配関係がある法人を被合併法人、分割法人、現物出資法人又は現物分配法人とする適格組織再編成をいいます（法62の７①）。

(2)　通算法人の各事業年度において法人税法第64条の８（通算法人の合併等があった場合の欠損金の損金算入）の規定により損金の額に算入される金額がある場合において、被合併法人又は残余財産が確定した他の内国法人に制限対象額があるときは、その通算法人の当該各事業年度において生ずる通算前欠損金額のうち制限対象額に達するまでの金額は、損益通算の対象とはならないこととされています（法64の６④）。

なお、ここでの「制限対象額」とは、通算グループ内の法人間の合併に係る被合併法人又は通算グループ内の残余財産が確定した他の内国法人の最後事業年度の欠損金額で合併法人又は株主である通算法人において、上記法人税法第64条の8の規定により損金算入されるものの生じた事業年度について特定資産譲渡等損失額や多額の償却費が生ずる場合の規定を適用したならば損益通算の対象とはならないこととされる金額をいいます。

また、残余財産が確定した他の内国法人に株主等が2以上あるときは、その金額に相当する金額を当該他の内国法人の発行済株式又は出資（他の内国法人が有する自己の株式又は出資を除きます。）の総数又は総額で除し、これにその通算法人の有する当該他の内国法人の株式又は出資の数又は金額を乗じて計算した金額がこの制限対象額となります。

Q152

中途離脱した通算法人に係る損益通算の適用

グループ通算制度を適用している通算法人が通算親法人の事業年度の中途で離脱した場合、損益通算を行うことはできますか。

A

通算親法人の事業年度の中途において通算承認の効力を失った通算法人のその有しなくなった日の前日に終了する事業年度については、損益通算の適用はできません。

解説

グループ通算制度における損益通算とは、通算法人の所得事業年度終了の日においてその通算法人との間に通算完全支配関係がある他の通算法人の当該終了の日に終了する事業年度において通算前欠損金額が生ずる場合に、その通算法人のその所得事業年度の通算対象欠損金額は、その所得事業年度において損金の額に算入し、通算法人の欠損事業年度終了の日においてその通算法人との間に通算完全支配関係がある他の通算法人の当該終了の日に終了する事業年度において通算前所得金額が生ずる場合には、その通算法人のその欠損事業年度の通算対象所得金額は、その欠損事業年度において益金の額に算入することとされています。

つまり、損益通算の適用を受けるためには、通算法人は通算親法人の事業年度の終了の日までその通算グループ内にいる必要があるということであり、したがって、通算親法人の事業年度の中途において通算承認の効力を失い通算グループから離脱した法人のその離脱日の前日に終了する事業年度については、損益通算の規定を適用できないということとなります（通算通達２－20）。

Q153

期限内申告書を提出しなかった通算法人がいた場合の損益通算の適用

当初申告において期限内申告書を提出しなかった通算法人がいた場合の損益通算の適用はどのようになりますか。

A

その期限内申告を行っていない法人を除く他の通算法人との損益通算の適用はできます。

解説

法人税法第64条の５第５項《損益通算》に規定する「第74条第１項（確定申告）の規定による申告書」とは、期限内申告書をいい、期限後申告書は含まれません。

したがって、損益通算においては、期限内申告の要件はその通算法人又は他の通算法人に修更正があった場合の遮断措置の中で定められていますが、他の通算法人のうちに期限内申告を行っていない法人があったとしても、その期限内申告を行っていない法人を除く他の通算法人との損益通算の適用を妨げるものとはなっていません。

なお、欠損金の通算においても、その適用に当たりその通算法人の期限内申告要件の規定は定められていますが、欠損金の通算の適用要件として他の通算法人を含む全ての通算法人の期限内申告要件が定められているわけではありません（通算通達２－21）。

Q154

期限内申告書を提出しなかった通算法人の損益通算

期限内申告書を提出しなかった通算法人について、損益通算の適用はどのようになりますか。

A

その損益通算の適用に当たっては、期限内申告書に記載した通算前所得金額又は通算前欠損金額は零ということになります。

解説

期限内申告書を提出しなかった通算法人は、その損益通算の適用に当たっては期限内申告書に記載した通算前所得金額又は通算前欠損金額はないことになります（すなわち当該通算法人のこれらの金額は零です。）。当該通算法人が期限後申告において損益通算の適用を受けようとした場合、当該通算法人の期限後申告におけるこれらの金額（＝通算前所得金額又は通算前欠損金額）が当該通算法人の期限内申告書に記載されたこれらの金額（＝当初申告通算前所得金額又は当初申告通算前欠損金額）と異なる結果、遮断措置の発動により、期限内申告書を提出しなかった当該通算法人の通算前所得金額又は通算前欠損金額は零となり、当該通算法人に通算前所得金額又は通算前欠損金額が生じないため、損益通算の規定により損金の額又は益金の額に算入される金額は、法人税の負担を不当に減少させる結果となると認められる場合の全体再計算の規定の適用がある場合を除き、ないこととなります（通算通達２－21）。

Q155

修更正の場合の損益通算の計算方法

修正申告又は更正処分により損益通算前の所得の金額が当初（期限内）申告と異なることとなった場合、通算法人の損益通算の計算はどのように行うこととなりますか。

A

原則として、損益通算に係る損金算入額又は益金算入額は期限内申告の金額に固定して、その通算法人の所得の金額を計算することとなります。

解説

損益通算の計算を行うに当たり、通算法人の所得事業年度の通算前所得金額又は欠損事業年度の通算前欠損金額が、その通算事業年度の期限内申告書に記載された金額と異なるときは、当初申告における通算前所得金額又は通算前欠損金額をそれぞれ通算前所得金額又は通算前欠損金額とみなすこととされています（法64の５⑤）。

したがって、通算法人が修正申告書の提出を行う場合又は税務署長が更正する場合には、原則として、損益通算に係る損金算入額又は益金算入額は期限内申告の金額に固定して、その通算法人の所得の金額を計算することとなります（遮断措置といいます。）。

《計算例》

X社通算グループの期限内申告において、通算前欠損金額▲300と記載したＹ３社が、所得400を加算して修正申告をする場合のＹ３社の所得金額の計算例です。

なお、この場合、X社、Ｙ１社及びＹ２社については、損益通算の遮断措置の適用があるため、所得金額の変動はありません。

		X社 （通算親法人）	Y１社 （通算子法人）	Y２社 （通算子法人）	Y３社 （通算子法人）
通算前所得・欠損	当　初	600 （所得事業年度）	200 （所得事業年度）	▲100 （欠損事業年度）	▲300 （欠損事業年度）
	修正後				100 （▲300＋400）
損益通算	当初 修正後 （※２）	600＋200＝800 （通算前所得金額の合計額）		▲100＋▲300＝▲400 （通算前欠損金額の合計額）	
		▲400×600/800 ⇒300……損金算入	▲400×200/800 ⇒100……損金算入	400（※１）×100/400 ⇒100……益金算入	400（※１）×300/400 ⇒300……益金算入
損益通算後	当　初	所得300	所得100	欠損０	欠損０
	修正後				所得400 （※３）

※１　通算前所得金額の合計額（800）が通算前欠損金額の合計額（▲400）を超えることから、通算前欠損金額の合計額（▲400）が上限となります（法64の５④一）。

※２　損益通算による益金算入額又は損金算入額を計算する基礎となる通算前所得金額又は通算前欠損金額は、期限内申告書に添付された書類に記載された金額に固定されますから、当初と修正後は同じ金額となります（法64の５⑤）。

※３　損益通算前の所得100に、期限内申告における損益通算による益金算入額300を加えた金額となります（法64の５④⑤）

Q156

全社が所得金額零円又は欠損申告の場合の損益通算の計算方法

修正申告又は更正処分により損益通算前の所得の金額が当初（期限内）申告と異なることとなった場合、通算法人の損益通算の計算はどのように行うこととなりますか。

なお、当初申告において通算法人の全社が所得金額零円又は欠損申告となっています。

A

一定の要件に該当する場合、通算グループ内の法人全てについて、損益通算の計算を期限内申告の所得金額に固定せずに再計算することとなります。

解説

通算事業年度（期限内申告書を提出した事業年度に限ります。）のいずれかについて修正申告書の提出又は更正がされる場合において、次の１～３に掲げる要件の全てに該当するときは、損益通算の規定の計算に用いる所得の金額及び欠損金額を当初申告額に固定せずに、通算グループ全体で再計算することになります（法人税法第64条の７第８項に規定する遮断措置は適用されません。）（法64の５⑥、令131の７①）。

1　通算事業年度の全てについて、期限内申告書にその通算事業年度の所得の金額として記載された金額が零であること又は期限内申告書にその通算事業年度の欠損金額として記載された金額があること

2　通算事業年度のいずれかについて、期限内申告書に添付された書類にその通算事業年度の通算前所得金額として記載された金額が過少であり、又は期限内申告書に添付された書類にその通算事業年度の通算前欠損金額として記載された金額が過大であること

3　通算事業年度のいずれかについて、損益通算の遮断措置の不適用（法64の５⑥）、欠損金の通算の遮断措置の不適用（法64の７⑧）及び関連法人株式等に係る配当等の額から控除する利子の額の全体計算の遮断措置の不適用（令19⑦）の規定を適用しないものとして計算した場合におけるその通算事業年度の所得の金額が零を超えること

Q157

全社が所得金額零円又は欠損申告の場合の損益通算の計算例

次のとおり、当初申告において、通算法人の全社が所得金額零円又は欠損申告となっている場合、修正申告において損益通算前の所得の金額が当初（期限内）申告と異なることとなった際の通算法人の損益通算の計算は、具体的にどのように行われますか。

《当初申告》

	X社 （通算親法人）	Y１社 （通算子法人）	Y２社 （通算子法人）	Y３社 （通算子法人）
通算前所得・欠損	100 （所得事業年度）	200 （所得事業年度）	▲100 （欠損事業年度）	▲500 （欠損事業年度）
損益通算	X社100＋Y１社200＝300 （通算前所得金額の合計額）		▲100＋▲500＝▲600 （通算前欠損金額の合計額）	
	▲300（※１）×100/300 ⇒100……損金算入	▲300（※１）×200/300 ⇒200……損金算入	300×100/600 ⇒50……益金算入	300×500/600 ⇒250……益金算入
通算後所得・欠損	所得０ （100－100）	所得０ （200－200）	欠損▲50 （▲100＋50）	欠損▲250 （▲500＋250）

《修正内容》

Y２社は、通算前欠損金額▲100として期限内申告していたところ、計算誤りにより所得200を加算して修正申告をすることとなりました。

A

通算グループ内の法人全てについて、損益通算の計算を期限内申告の所得金額に固定せずに再計算することとなります。具体的には、解説のとおりです。

解説

次のとおり、遮断措置不適用となるための要件をすべて満たすために、X社通算グループの全社において、所得金額を再計算することになります（法64の5⑥、令131の7①）。

要件1　通算法人の全てについて、期限内申告書において所得金額が零又は欠損金額として記載されていること。

⇒　X社及びY1社の所得金額は零、Y2社及びY3社は欠損金額である。

要件2　いずれかの通算法人の期限内申告書の通算前所得金額が過少又は通算前欠損金額が過大であること。

⇒　Y2社の期限内申告書の通算前所得金額が過少である（▲100＜100）。

要件3　いずれかの通算法人について、損益通算の遮断措置の不適用として計算した場合の損益通算後の所得金額が零を超えること。

⇒　Y2社の益金算入額50を固定して計算した場合、損益通算後の所得金額は150となり零を超える。

<table>
<tr><th colspan="2"></th><th>X社
（通算親法人）</th><th>Y１社
（通算子法人）</th><th>Y２社
（通算子法人）</th><th>Y３社
（通算子法人）</th></tr>
<tr><td rowspan="2">通算前所得・欠損</td><td>当初</td><td>100
（所得事業年度）</td><td>200
（所得事業年度）</td><td>▲100
（欠損事業年度）</td><td>▲500
（欠損事業年度）</td></tr>
<tr><td>修正後</td><td></td><td></td><td>100
（▲100＋200）
（所得事業年度）</td><td></td></tr>
<tr><td rowspan="4">損益通算</td><td rowspan="2">当初</td><td colspan="2">X社100＋Y１社200＝300
（通算前所得金額の合計額）</td><td colspan="2">▲100＋▲500＝▲600
（通算前欠損金額の合計額）</td></tr>
<tr><td>▲300（※１）×
100/300
⇒100……損金算入</td><td>▲300（※１）×
200/300
⇒200……損金算入</td><td>300×100/600
⇒50……益金算入</td><td>300×500/600
⇒250……益金算入</td></tr>
<tr><td rowspan="2">修正後</td><td colspan="3">X社100＋Y１社200＋Y２社100＝400
（通算前所得金額の合計額）</td><td>Y３社▲500
（通算前欠損金額）</td></tr>
<tr><td>▲400（※２）×
100/400
⇒100……損金算入</td><td>▲400（※２）×
200/400
⇒200……損金算入</td><td>▲400（※２）×
100/400
⇒100……損金算入</td><td>400×500/500
⇒400……益金算入</td></tr>
<tr><td rowspan="2">通算後所得・欠損</td><td>当初</td><td>所得０
（100－100）</td><td>所得０
（200－200）</td><td>欠損▲50
（▲100＋50）</td><td>欠損▲250
（▲500＋250）</td></tr>
<tr><td>修正後</td><td>所得０
（100－100）</td><td>所得０
（200－200）</td><td>所得０
（▲100＋100）</td><td>欠損▲100
（▲500＋400）</td></tr>
</table>

※１　通算前欠損金額の合計額（▲600）が通算前所得金額の合計額（300）を超えることから、通算前所得金額の合計額（300）が上限となります（法64の５②一）。

※２　通算前欠損金額の合計額（▲500）が通算前所得金額の合計額（400）を超えることから、通算前所得金額の合計額（400）が上限となります（法64の５②一）。

Q158

過年度の欠損金額をグループ通算制度適用後に損金算入することの可否

グループ通算制度を開始する前の事業年度において生じた欠損金額を、グループ通算制度を適用後の事業年度において損金の額に算入できますか。

A

グループ通算制度を開始した日以後に開始する事業年度において、特定欠損金額として、損金の額に算入することとなります。

解説

通算法人が時価評価除外法人（グループ通算制度の開始・加入時に時価評価の対象とならない法人をいいます。以下同じです。）に該当しない場合（その通算法人が通算子法人である場合には、グループ通算制度の承認の効力が生じた日から同日の属する通算親法人の事業年度終了の日までの間にグループ通算制度の承認の効力を失ったときを除きます。）には、その通算法人（その通算法人であった内国法人を含みます。）のグループ通算制度の承認の効力が生じた日以後に開始する各事業年度については、同日前に開始した各事業年度において生じた欠損金額はないものとされています（法57）。

また、通算法人で時価評価除外法人に該当する法人が、①グループ通算制度の承認の効力が生じた日の５年前の日などの一定の日からその承認の効力が生じた日まで継続して通算親法人（その通算法人が通算親法人である場合には、他の通算法人のいずれか）との間に支配関係がある場合に該当しない場合で、かつ、②その承認の効力が生じた後に共同で事業を行う一定の場合に該当しない場合において、③支配関係発生日以後に新たな事業を開始した場合には、過年度の欠損金額のうち所定の金額が切り捨てられることとされています（法64の７）。

したがって、通算親法人で時価評価除外法人に該当する法人が、グループ通算制度の承認の効力が生じた日の５年前の日から通算子法人との間に支配関係がある場合には、グループ通算制度の開始に伴いグループ通算制度を開始する前の事業年度において生じた欠損金額が切り捨てられることはありません。

この場合、グループ通算制度を開始する前の事業年度において生じた欠損金額は、グループ通算制度の承認の効力が生じた日以後の事業年度においては、特定欠損金額として、一定の方法により算出した損金算入額を通算親法人の損金の額に算入することとなります。

この特定欠損金額とは、次の金額をいいます。

(1)　通算法人（時価評価除外法人に限ります。）の最初通算事業年度（グループ通算制度の承認の効力が生じた日以後最初に終了する事業年度をいいます。）開始の日前10年以内に開始した各事業年度において生じた欠損金額

(2)　通算法人を合併法人とする適格合併（被合併法人がその通算法人との間に通算完全支配関係がない法人であるものに限ります。）が行われたこと又は通算法人との間に完全支配関係がある他の内国法人でその通算法人が発行済株式若しくは出資の全部若しくは一部を有するもの（その通算法人との間に通算完全支配関係がないものに限ります。）の残余財産が確定したことに基因して法人税法第57条第２項の規定によりこれらの通算法人の欠損金額とみなされた金額

(3)　通算法人に該当する事業年度において生じた欠損金額のうち法人税法第64条の６の規定により損益通算の対象外とされたもの

2　損金算入の要件

Q159

繰越欠損金を損金算入する場合の要件

グループ通算制度において、繰越欠損金を損金算入する場合に何か特別な要件はありますか。

A

グループ通算制度において、繰越欠損金の損金算入（控除）については、通常の単体申告における要件の他に、期限内申告であることが必要です。

解説

単体申告における繰越欠損金の損金算入に係る要件は、①欠損金額の生じた事業年度について確定申告書を提出していること、②その後において連続して確定申告書を提出していること及び③欠損金の生じた事業年度に係る帳簿書類を財務省令で定めるところにより保存していることとされています（法57⑩）。

ただし、グループ通算制度において、繰越欠損金を損金算入するためには、期限内申告書（法74①）を提出することが要件とされています（法64の7⑩）。

Q160

通算開始時に有している繰越欠損金額の切捨て

グループ通算制度の開始時に有している繰越欠損金額が切り捨てられる場合があるそうですが、どのような場合ですか。

A

通算法人となろうとする法人が一定の要件に該当する場合には、それぞれの場合に応じてその有する繰越欠損金額のうち、所定の金額が切り捨てられます。

解説

通算法人になろうとする法人がグループ通算制度の開始時において、次の1及び2に該当する場合は、その有する繰越欠損金額のうち、一定の金額が切り捨てられます。

1　時価評価除外法人に該当しない場合（時価評価を要する法人の場合）には、適用初年度に通算グループから離脱する法人を除き、その通算法人のグループ通算制度の承認の効力が生じた日以後に開始する各事業年度については、同日前に開始した各事業年度において生じた欠損金額はないものとされます（法57⑥）。

2　通算法人で時価評価除外法人に該当する法人が①グループ通算制度の承認の効力が生じた日の5年前の日又はその通算法人の設立の日のうちいずれか遅い日からその承認の効力が生じた日まで継続して通算親法人（その通算法人が通算親法人である場合には、他の通算法人のいずれか）との間に支配関係がある場合に該当しない場合で、かつ、②グループ通算制度の承認の効力が生じた後にその通算法人と他の通算法人とが共同で事業を行う一定の場合に該当しない場合において、③その通算法人が通算親法人との間に最後に支配関係を有することとなった日（「支配関係発生日」）以後に新たな事業を開始したときは、その承認の効力が生じた日以後に開始する各事業年度については、次の(1)及び(2)の欠損金額はないものとされます（法57⑧、令112の2③④）。

(1)　その通算法人の支配関係事業年度（支配関係発生日の属する事業年度）前の各事業年度において生じた欠損金額

(2)　その通算法人の支配関係事業年度以後の各事業年度において生じた欠損金額のうち特

定資産譲渡等損失額（法64の14②）に相当する金額から成る部分の金額等一定の金額

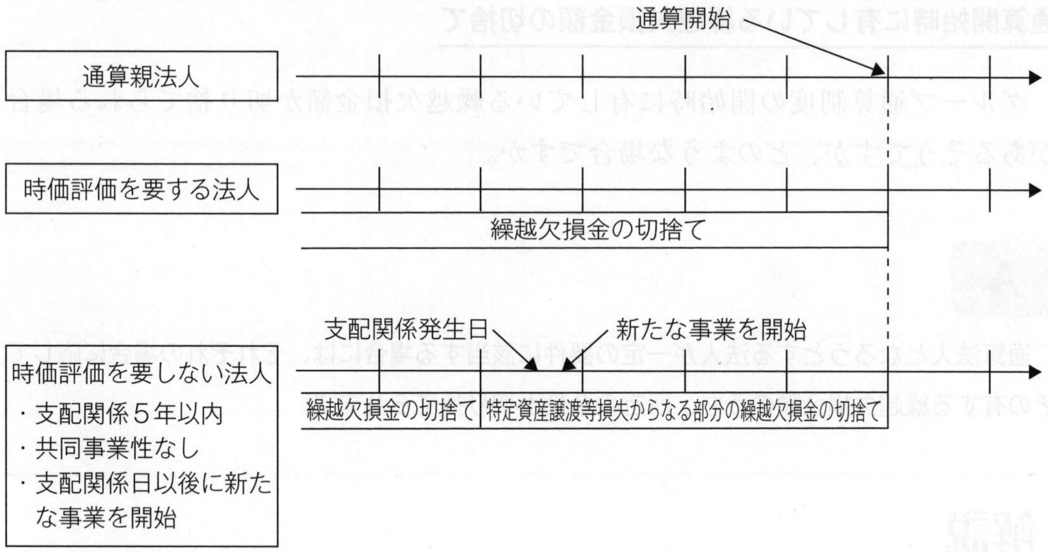

なお、上記以外の法人が有している繰越欠損金は、通算開始後においても特定欠損金（法67の７②一、Q170参照）として使用することができます。

Q161

法57条８項（欠損金の繰越し）に規定する「新たな事業を開始した」とは

法人税法第57条第８項《欠損金の繰越し》に規定する「新たな事業を開始した」とはどういう意味ですか。

A

その通算法人において既に行っている事業とは異なる事業を開始したことをいいます。

解説

グループ通算制度の開始又はグループ通算制度への加入に伴う欠損金の持込み制限の要件については、通算法人で時価評価除外法人に該当するものが通算承認の効力が生じた日の５年前の日又はその通算法人の設立の日のうちいずれか遅い日からその通算承認の効力が生じた日まで継続してその通算法人に係る通算親法人（その通算法人が通算親法人である場合には、他の通算法人のいずれか）との間に支配関係がある場合に該当しない場合で、かつ、その通算法人について通算承認の効力が生じた後にその通算法人と他の通算法人とが共同で事業を行う場合に該当しない場合において、その通算法人が支配関係発生日以後に新たな事業を開始したときは、その通算法人のその通算承認の効力が生じた日以後に開始する各事業年度においては、その通算法人のグループ通算制度の開始又はグループ通算制度への加入後に持込み可能な欠損金額は、その通算法人の支配関係事業年度以後の事業年度に係る欠損金額のうち特定資産譲渡等損失額から成る部分の金額以外の金額に限定することとされています。

そこで、この「新たな事業を開始した」とは、その法人自身が既に行っている事業とは異なる事業を開始したということです。つまり、例えば、①新たな製品を開発したこと、②その事業地域を拡大したこと、休業中の法人が事業を再開したような事実等はこの「新たな事業を開始した」ことに該当しないことになります（通算通達２－15）。

Q162

特定資産譲渡等損失額の算定

時価評価除外法人において、共同事業要件性がない場合で、新たな事業を開始している場合に、ないものとされる繰越欠損金のうち、「特定資産譲渡等損失額に相当する金額」とは、どのように計算するのですか。

A

解説のとおりです。

解説

「特定資産譲渡等損失額に相当する金額」とは、①支配関係事業年度以後の各事業年度の繰越欠損金のうち特定資産譲渡等損失額に達するまでの金額から②既に損金の額に算入された金額及び支配関係事業年度前の各事業年度において生じた欠損金額でないものとされる繰越欠損金を控除した金額、すなわち「①－②」の金額をいいます。

つまり、上記②の金額は、特定資産譲渡等損失額のうち通算開始までに使用済み、ないしは「ないものとされる」繰越欠損金ということです。

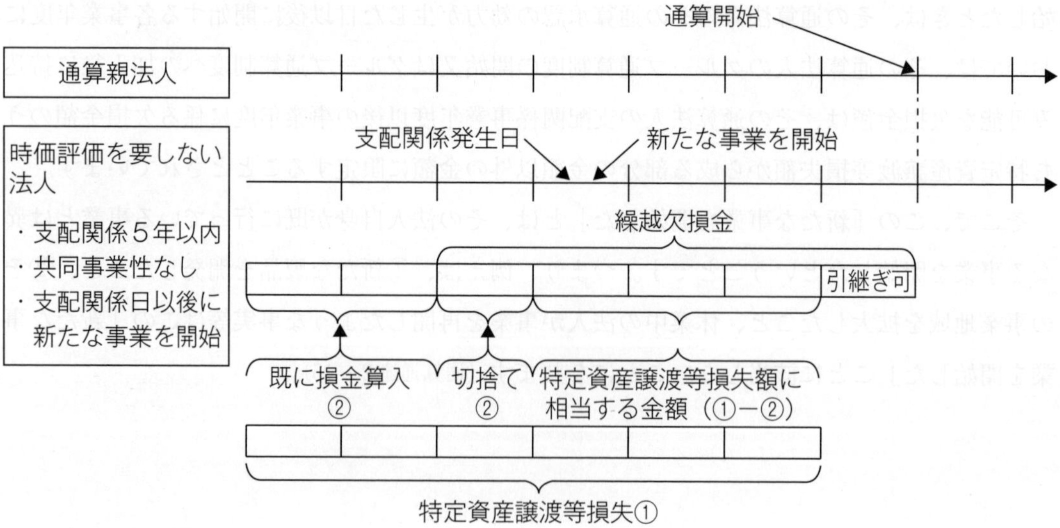

Q163

通算親法人において通算親法人又は他の通算子法人の全てが通算開始の５年前の日後に設立されている場合の繰越欠損金の取扱い

通算親法人において、通算親法人又は他の通算法人の全てが通算開始の５年前の日後に設立された法人である場合、繰越欠損金の使用制限に係る取扱いの例外があるとのことですが、具体的にはどういうことでしょうか。

A

設立の日から支配関係が継続している場合には、一定の場合を除き、５年前の日から通算親法人との間に支配関係があるものと同等に取り扱われます。

解説

通算親法人又は他の通算法人の全てが通算開始の５年前の日後に設立された法人である場合に、通算親法人と他の通算法人のうちその設立の日の最も早いものとの間に、当該通算親法人の設立の日又は他の通算法人のうちその設立の日の最も早い日のいずれか遅い日から継続して支配関係があるときは、原則として、通算開始の５年前の日から通算親法人との間に支配関係があるものと同等に取り扱われます（令112の２③二）。

ただし、次の場合については、通算親法人との間に最後に支配関係を有することとなった日（支配関係発生日）が５年前の日以前であるものを除き、この取扱いの対象外となります。

したがって、これに該当する場合には、いわゆる共同事業性要件を充足しない限り、その繰越欠損金の使用の制限を受けることになります。

なお、グループ通算制度に加入する場合においても、同様の取扱いとなります。

1　他の通算法人のいずれかとの間に支配関係がある他の内国法人を被合併法人とする適格合併で、当該通算親法人を設立するもの又は他の通算法人のいずれかと当該他の内国法人との間に最後に支配関係があることとなった日（支配関係発生日）以後に設立された当該通算親法人を合併法人とするものが行われていた場合

〈イメージ図〉

(1)

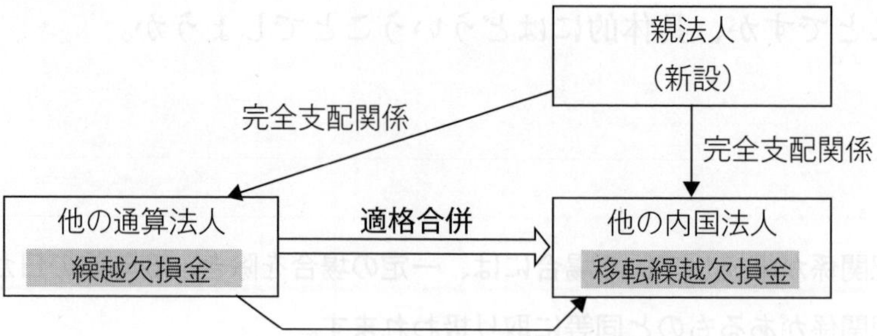

(2)

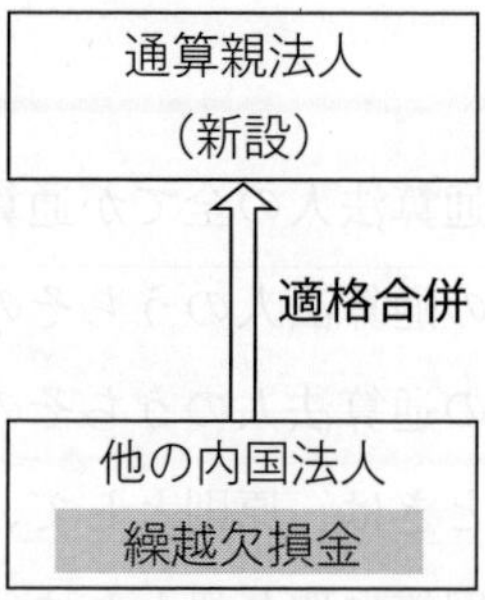

2　他の通算法人のいずれかと他の内国法人との間の支配関係発生日以後に設立された当該通算親法人との間に完全支配関係がある当該他の内国法人で当該通算親法人が発行済み株式等の全部又は一部を有するものの残余財産が確定していた場合

〈イメージ図〉

(1)

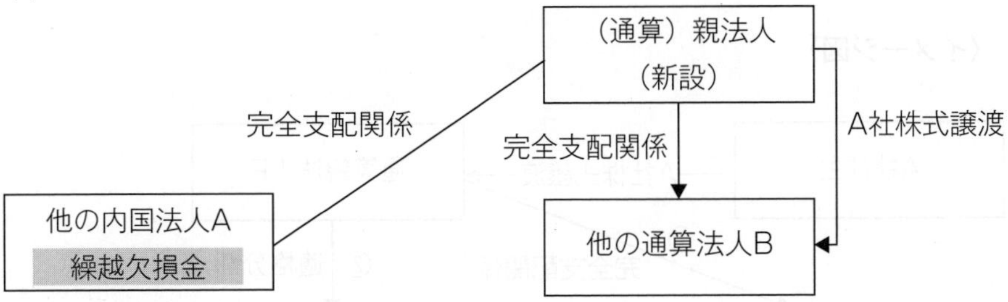

(2)

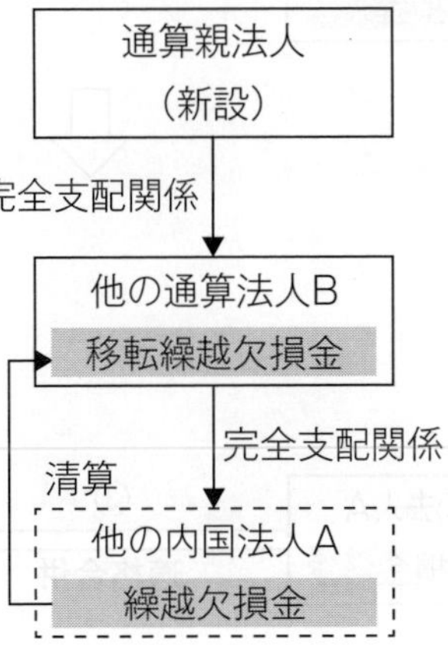

３　当該通算親法人との間に支配関係がある他の法人を被合併法人、分割法人、現物出資法人又は現物分配法人とする適格組織再編成等で他の通算法人のいずれかを設立するもの又は当該通算親法人と当該他の通算法人との間の支配関係発生日以後に設立された他の通算法人のいずれかを合併法人、分割承継法人、被現物出資法人若しくは被現物分配法人とするものが行われていた場合

〈イメージ図〉

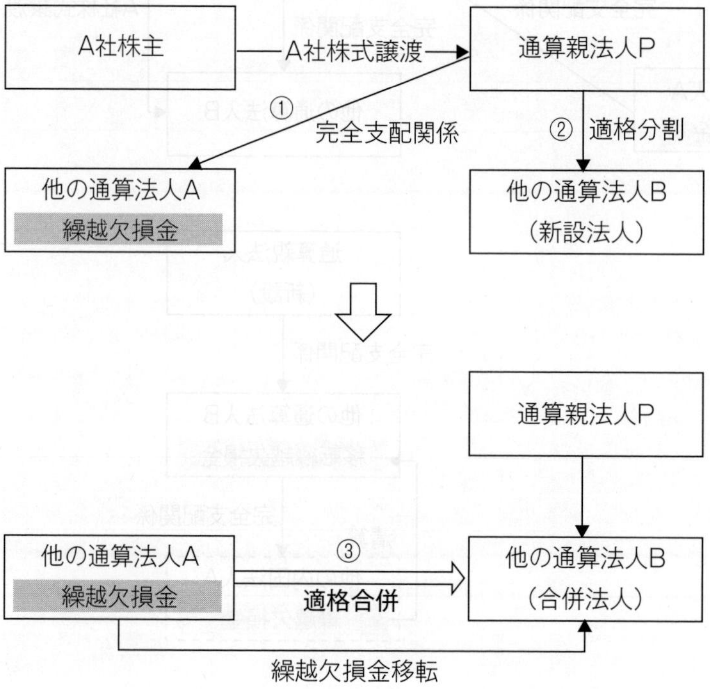

令和４年度税制改正大綱

○　令和４年度税制改正大綱に基づき、次のとおりの税制改正が予定されています。

共同事業性がない場合等の通算法人の欠損金額の切捨て、共同事業性がない場合等の損益通算の対象となる欠損金額の特例及び通算法人の特定資産に係る譲渡等損失額の損金不算入の適用除外となる要件のうち支配関係５年継続要件について、次の見直しを行う。

イ　通算承認日の５年前の日後に設立された通算親法人についての要件の判定は、他の通算法人のうち最後に支配関係を有することとなった日（改正前：設立日）の最も早いものとの間で行うものとする。

ロ　要件の判定を行う通算法人等が通算承認日の５年前の日後に設立された法人である場合の支配関係５年継続要件の特例について、次の見直しを行う。

(イ)　通算子法人の判定において、自己を合併法人とする適格合併で他の通算子法人の支配関係法人（通算法人を除く。）を被合併法人とするもの及び自己が発行済株式等を有する内国法人（通算法人を除く。）で他の通算子法人の支配関係法人であるものの残余財産の確定を特例の適用から除外される組織再編成に加える。

(ロ)　通算グループ内の法人間の組織再編成を特例の適用から除外される組織再編成から除外する。

Q164

繰越欠損金の引継ぎに係る「共同事業に係る要件」とは

繰越欠損金の引継ぎに係る「共同事業に係る要件」とは、具体的にはどのようなものですか。

A

解説のとおりです。

解説

グループ通算制度の開始に伴う欠損金の持込み制限の要件のうち「共同事業に係る要件」（共同で事業を行う場合）とは、次の(1)から(3)までの要件又は次の(1)及び(4)の要件に該当する場合をいいます（令122の２④）。

(1)　事業関連性要件（通算前事業と親法人事業が相互に関連するものであること）

(2)　通算前事業と親法人事業の事業規模比５倍以内要件

(3)　通算前事業の事業規模拡大２倍以内要件

(4)　通算前事業の特定役員継続要件

なお、これらの要件は、適格合併におけるみなし共同事業要件等と類似しています。

そこで、上記の要件に係る具体的な取扱いについては、適格合併の要件に関する取扱いである法人税基本通達１－４－４《従業者の範囲》から１－４－７《特定役員の範囲》を準用することとされています（通算通達２－12）。

Q165

いずれかの主要な事業の関連性の判定

繰越欠損金の引継ぎに係る「共同事業に係る要件」のうちの事業関連性要件における「いずれかの主要な事業」の関連性は、具体的にはどのように判定するのですか。

A

グループ通算制度開始において通算法人となろうとする法人の主要な事業と他の通算法人となろうとする法人のいずれかの主要な事業との間に事業関連性があるかどうかにより判定します。

解説

事業関連性要件では「通算前事業と親法人事業が相互に関連するものであること」とされていますが、この通算前事業とは、通算法人又は「通算承認日」の直前においてその通算法人との間に完全支配関係がある法人の通算承認日前に行う事業のうちのいずれかの主要な事業をいい、親法人事業とは、当該通算法人に係る通算親法人（当該通算法人が通算親法人である場合にあっては他の通算法人のいずれか）又は当該通算承認日の直前において当該通算親法人との間に完全支配関係がある法人の当該通算承認日前に行う事業のうちのいずれかの事業をいうこととされています（令112の２④一）。

グループ通算制度を開始しようとする法人は、完全支配関係を有していることが前提ですから、したがって、事業関連性の有無の判定は、グループ通算制度開始において通算法人となろうとする法人の主要な事業と他の通算法人となろうとする法人のいずれかの主要な事業との間に事業関連性があるかどうかによることとなります（通算通達２－14）。

Q166

グループ通算制度の開始前に時価評価除外法人である通算法人が適格合併により引き継いだ繰越欠損金

グループ通算制度の開始前に、時価評価除外法人である通算法人が適格合併をしている場合に、当該通算法人が被合併法人から引き継いだ繰越欠損金は、どのように取り扱われるでしょうか。

A

被合併法人の有していた繰越欠損金は、適格合併に伴い、当該通算法人の繰越欠損金とみなされていますので、原則として、グループ通算制度開始においては、当該通算法人の特定欠損金とされます。

解説

通算法人で時価評価除外法人に該当する法人が通算親法人と当該通算法人の支配関係が５年超である場合又はグループ通算制度の承認の効力が生じた日の５年前の日又はその通算法人の設立の日のうちいずれか遅い日からその承認の効力が生じた日まで継続して通算親法人の間に支配関係がある場合には、グループ通算制度開始において、当該通算法人の有していた繰越欠損金は、特定欠損金とされます。

また、上記に該当しない場合においても、通算承認の効力が生じた後にその通算法人と他の通算法人とが共同で事業を行うと認められる要件（共同事業性）を具備している場合若しくは共同事業性の要件は満たさないが、支配関係発生日以後に新たな事業を開始するものではない場合には、当該通算法人の有していた繰越欠損金は、特定欠損金とされます。

したがって、これらに該当する場合には、被合併法人の有していた繰越欠損金は、適格合併に伴い、当該通算法人の繰越欠損金とみなされますので、当該通算法人が被合併法人から引き継いだ繰越欠損金は、グループ通算制度開始において、当該通算法人の特定欠損金とされます。

ただし、支配関係発生日以後に新たな事業を開始するものである場合には、次の取扱いとなります。

(1)　当該適格合併により被合併法人から引き継いだ繰越欠損金の発生年度が支配関係事業年度（支配関係発生日の属する事業年度）前であれば、当該適格合併により被合併法人から引き継いだ繰越欠損金は、ないものとされます（法57⑧）。

(2)　被合併法人から引き継いだ繰越欠損金の発生年度が支配関係事業年度後の事業年度のものについても、被合併法人が支配関係事業年度開始前から保有している特定資産譲渡等損失額からなる部分についても切捨てとなる余地が生じます（令112の２⑤、112⑦）。

(3)　当該通算法人が被合併法人から引き継いだ資産につき、当該通算法人のその後の譲渡等により損失が生じている場合には、それから成る繰越欠損金は、切捨てとなる余地が生じます（令112の２⑤、112⑥）。

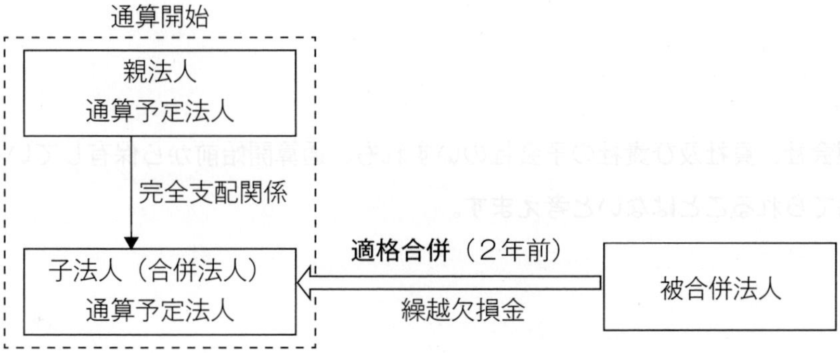

Q167

通算開始の５年前の日後に株式移転により親会社を設立している場合の繰越欠損金の引継ぎの可否

設立から15年を経過した法人（当社（S１））が、通算開始の５年前の日後に株式移転により親会社（P）を設立し、その後、子会社（S２）を設立した完全支配関係のあるグループが、通算制度を開始する場合、各社が保有する繰越欠損金は、どのように取り扱われるでしょうか。なお、各社は、いずれも完全支配関係の継続が見込まれており、時価評価対象外法人に該当します。

A

貴社の親会社、貴社及び貴社の子会社のいずれも、通算開始前から保有している繰越欠損金が切り捨てられることはないと考えます。

解説

貴社の親会社、貴社及び貴社の子会社のいずれも時価評価対象外法人に該当しますが、支配関係が生じたのは、いずれも５年以内となっています。

貴社は、５年前の日前に設立されているため、貴社の親会社、貴社及び貴社の子会社の全てが通算開始５年前の日後に設立された場合には該当しません。

したがって、親法人においては、共同事業性要件を具備しているかどうかの判定を行うこととなりますが、共同事業性があると判定できれば、貴社の親会社の有する繰越欠損金は、通算開始後において、特定欠損金とされます。

仮に、共同事業性がないと判定された場合においても、貴社と親会社の支配関係が生じた日は、貴社による株式移転の日ですから、親会社が株式移転後、新たな事業を開始していたとしても、支配関係発生日前に生じた欠損金等はありませんので、切り捨てられる欠損金は、存在しないことになります。

次に、貴社においては、親法人の設立の日から継続して支配関係があることから、通算開始の５年前から支配関係が継続しているのと同等に取り扱われます。したがって、貴社の有する繰越欠損金は、通算開始後において、特定欠損金とされます。

また、貴社の子会社の有する繰越欠損金についても、通算開始後において、特定欠損金とされます。

（例）

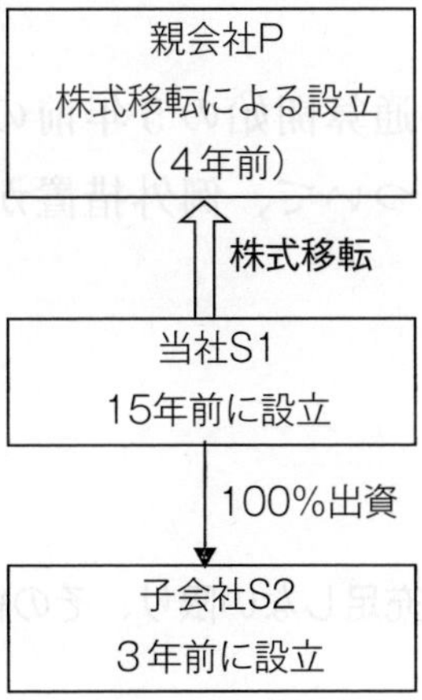

Q168

通算子法人において通算子法人又は通算親法人が通算開始前5年前の日後に設立されている場合の繰越欠損金の取扱い

通算子法人において、通算子法人又は通算親法人が通算開始の5年前の日後に設立された法人である場合の繰越欠損金の取扱いについて、例外措置があるとのことですが、具体的にはどういうことでしょうか。

A

一定の事由に該当する場合には、いわゆる共同事業性要件を充足しない限り、その繰越欠損金の使用の制限を受けることとなります。

解説

当該通算子法人又は通算親法人が通算開始の5年前の日後に設立された法人である場合に、当該通算子法人と通算親法人との間に当該通算子法人の設立の日又は通算親法人の設立の日のいずれか遅い日から継続して支配関係があるときは、原則として、通算開始の5年前の日から通算親法人との間に支配関係があるものと同等に取り扱われます（令112の2③二）。

ただし、次の場合については、通算親法人との間に最後に支配関係を有することとなった日（支配関係発生日）が5年前の日以前であるものを除き、この取扱いの対象外となります。

したがって、これに該当する場合には、いわゆる共同事業性要件を充足しない限り、当該通算子法人の有する繰越欠損金の使用の制限を受けることになります（法57⑧）。

1　通算親法人との間に支配関係のある他の内国法人を被合併法人とする適格合併で、当該通算法人を設立するもの又は通算親法人と他の内国法人との間の支配関係発生日以後に設立された当該通算法人を合併法人とするものが行われていた場合

2　通算親法人と他の内国法人との間の支配関係発生日以後に設立された当該通算法人との間に完全支配関係がある当該他の内国法人で当該通算法人が発行済み株式等の全部又は一部を有するものの残余財産が確定していた場合

3　当該通算法人との間に支配関係がある他の法人を被合併法人、分割法人、現物出資法人又は現物分配法人とする適格組織再編成等で通算親法人を設立するもの又は当該通算法人

と当該他の法人との間の支配関係発生日以後に設立された通算親法人を合併法人、分割承継法人、被現物出資法人若しくは被現物分配法人とするものが行われていた場合

令和４年度税制改正大綱

○　令和４年度税制改正大綱に基づき、次のとおりの税制改正が予定されています。

共同事業性がない場合等の通算法人の欠損金額の切捨て、共同事業性がない場合等の損益通算の対象となる欠損金額の特例及び通算法人の特定資産に係る譲渡等損失額の損金不算入の適用除外となる要件のうち支配関係５年継続要件について、次の見直しを行う。

イ　通算承認日の５年前の日後に設立された通算親法人についての要件の判定は、他の通算法人のうち最後に支配関係を有することとなった日（改正前：設立日）の最も早いものとの間で行うものとする。

ロ　要件の判定を行う通算法人等が通算承認日の５年前の日後に設立された法人である場合の支配関係５年継続要件の特例について、次の見直しを行う。

(イ)　通算子法人の判定において、自己を合併法人とする適格合併で他の通算子法人の支配関係法人（通算法人を除く。）を被合併法人とするもの及び自己が発行済株式等を有する内国法人（通算法人を除く。）で他の通算子法人の支配関係法人であるものの残余財産の確定を特例の適用から除外される組織再編成に加える。

(ロ)　通算グループ内の法人間の組織再編成を特例の適用から除外される組織再編成から除外する。

Q169

グループ通算制度への加入時に有している繰越欠損金が切り捨てられる場合

グループ通算制度の加入時に有している繰越欠損金額が切り捨てられる場合があるそうですが、どのような場合ですか。

A

グループ通算制度に加入する法人が、一定の要件に該当する場合には、それぞれの場合に応じてその有する繰越欠損金額のうち、所定の金額が切り捨てられます。

解説

グループ通算制度に加入する法人が、次の1及び2に該当する場合は、その有する繰越欠損金額のうち、一定の金額が切り捨てられます。

1　時価評価除外法人に該当しない場合（時価評価を要する法人の場合）には、適用初年度中に通算グループから離脱する法人を除き、その通算法人の通算承認の効力が生じた日以後に開始する各事業年度については、同日前に開始した各事業年度において生じた欠損金額はないものとされます（法57⑥）。

2　通算法人で時価評価除外法人に該当する法人が①通算承認の効力が生じた日（加入日）の5年前の日から継続して通算親法人との間に支配関係がある場合、若しくはその通算法人又は通算親法人が加入日の5年前の日後に設立された法人である場合に、その通算法人と通算親法人との間にその通算法人の設立の日または通算親法人の設立の日のうちいずれか遅い日からその承認の効力が生じた日まで継続して通算親法人との間に支配関係がある場合に該当しない場合で、かつ、②通算承認の効力が生じた後にその通算法人と他の通算法人とが共同で事業を行う一定の場合に該当しない場合において、③その通算法人が通算親法人との間に最後に支配関係を有することとなった日（「支配関係発生日」）以後に新たな事業を開始したときは、その承認の効力が生じた日以後に開始する各事業年度については、次の(1)及び(2)の欠損金額はないものとされます（法57⑧、令112の2③　④）。

(1)　その通算法人の支配関係事業年度（支配関係発生日の属する事業年度）前の各事業年度において生じた欠損金額

(2)　その通算法人の支配関係事業年度以後の各事業年度において生じた欠損金額のうち特定資産譲渡等損失額（法64の14②）に相当する金額から成る部分の金額等一定の金額

上記１、２以外の法人が有している繰越欠損金は、通算開始後においても特定欠損金（法67の７②一、なお次のQ170参照）として使用することができます。

Q170

特定欠損金と非特定欠損金

グループ通算制度における繰越欠損金には、通算グループ内で共通して使用できるものと使用できないものがあるそうですが、どういうことですか。

A

解説のとおりです。

解説

グループ通算制度における繰越欠損金は、その通算法人の所得を上限として損金算入が認められる特定欠損金と通算開始又は加入後に生じた欠損金で各通算法人に配賦され、損金算入が認められる特定欠損金以外の欠損金に区分されます（法57①②、64の7①）。

1　特定欠損金とは、その通算法人の所得を上限として損金算入が認められる繰越欠損金で次のものをいいます（法64の7②）。

⑴　通算法人の最初通算事業年度開始の日前10年以内（平成30年3月31日までに開始する事業年度にあっては9年）に生じた欠損金

⑵　通算法人が通算完全支配関係のない法人又は最初通算事業年度終了前の他の通算法人を被合併法人とする適格合併により、合併法人である当該通算法人の欠損金とみなされたもの

⑶　通算法人が完全支配関係のある法人（通算完全支配関係のない法人に限ります。）又は最初通算事業年度終了前の他の通算法人の残余財産が確定したことに起因して、当該通算法人の欠損金とみなされたもの

⑷　通算開始の5年前の日後に支配関係が生じており、共同事業性要件を具備していない場合において、グループ通算制度の開始後に生じたその事業年度に係る通算前欠損金のうち適用期間において生ずる特定資産譲渡等損失額に達するまでの金額としてないものとされた欠損金の額又は多額の償却費の額が生じる事業年度に該当する場合においてないものとされた欠損金の額（Q150参照）。

2　非特定欠損金とは、通算開始又は加入後に生じた欠損金で各通算法人に配賦され、損金

算入が認められる特定欠損金以外の欠損金のことです。基本的にはグループ通算制度適用開始後に発生した上記１(2)～(4)以外の欠損金で損益通算されずに翌期に繰り越された欠損金です。

３　連結納税制度からの移行等と繰越欠損金

Q171

連結納税制度からグループ通算制度に移行した場合に有していた連結欠損金個別帰属額

連結納税制度から通算制度に移行する場合において、有していた連結欠損金個別帰属額は、通算制度においてどのように取り扱われますか。

A

解説のとおりです。

解説

連結納税からグループ通算制度に自動移行する場合において、最終の連結事業年度終了の日の翌日の属する事業年度開始の日前10年以内に開始した各連結事業年度において生じた当該内国法人の連結欠損金個別帰属額があるときの当該連結欠損金個別帰属額は、当該連結欠損金個別帰属額が生じた連結事業年度終了の日の属する当該内国法人の事業年度において生じた非特定欠損金とみなされます（令和２年改正法附則20）。

ただし、連結納税における特定連結欠損金個別帰属額は、グループ通算制度において特定欠損金とされます（令和２年改正法附則28）。

Q172

連結納税制度からグループ通算制度に移行しなかった場合に有していた連結欠損金個別帰属額

連結納税制度からグループ通算制度に移行しなかった場合において、有していた連結欠損金個別帰属額は、どのように取り扱われますか。

A

連結欠損金個別帰属額を有する各法人の単体納税における繰越欠損金となります。

解説

連結法人が「グループ通算制度に移行しない旨の届出書」を提出した場合において、当該連結法人が有している最終の連結事業年度終了の日の翌日の属する事業年度開始の日前10年以内に開始した各連結事業年度において生じた連結欠損金個別帰属額は、当該連結欠損金個別帰属額が生じた連結事業年度終了の日の属する当該内国法人の事業年度において生じた繰越欠損金とみなされます（令和２年改正法附則20⑦）。

Q173

グループ通算制度の取りやめの際に各通算法人が有していた繰越欠損金

通算制度の取りやめの場合、各通算法人が有していた繰越欠損金は、どのようになるのでしょうか。

A

原則として、各通算法人が有していた繰越欠損金が切り捨てられることはありません。

解説

グループ通算制度の取りやめ（グループ通算制度の取りやめの承認を受けた場合、通算親法人の解散や通算親法人が他の内国法人による完全支配関係が生じた場合等）の場合には、各通算法人が有していた繰越欠損金を切捨てる規定は置かれていませんので、取りやめ後の各通算法人のその後の事業年度において、使用することができます。

ただし、グループ通算制度の取りやめ事由が、通算親法人の青色申告の承認の取消しである場合には、当該通算親法人の繰越欠損金は、切捨てとなります（法57⑨）。

なお、この場合においても、通算子法人の繰越欠損金は、当該通算子法人において青色申告の承認が取り消されていない限り、切捨てられることはありません。

4　中小法人等の特例

Q174

中小法人等の欠損金額の特例措置

通算法人が中小法人に該当する場合、繰越欠損金の損金算入限度額の上限は100%となると解してよいですか。

A

通算グループの全法人が中小法人に該当する場合のみ、損金算入限度額は、欠損控除前所得金額の100%となります。

解説

通算法人の繰越欠損金の控除額は、原則として、各通算法人の欠損控除前所得金額の50%相当額の合計額が上限とされています。

なお、単体申告では、中小法人の損金算入限度額は、欠損控除前所得金額の100%相当額とされていますが、通算制度においては、通算グループ内の全法人が中小法人に該当する場合のみ欠損控除前所得金額の100%となります（法57⑪、66⑥）。

Q175

中小法人等の欠損金額の特例措置の適用判定

中小法人等の欠損金額の特例措置の適用判定はどのように行うのですか。

A

各事業年度終了の時において各通算法人が中小法人等に該当するか否かで判定します。

解説

事業年度終了の時において、通算グループ内の法人がいずれも普通法人に該当し、かつ、その通算グループ内のいずれかの法人の資本金の額又は出資金の額が１億円を超える場合、その通算グループ内の各通算法人はいずれも中小法人等には該当しないこととなります（法57）。

例えば、X社通算グループの自令和４年４月１日至令和５年３月31日事業年度終了の時の各通算法人の資本金の額が次の場合における中小法人等の欠損金額の特例措置の適用は、次のとおりとなります。

〔X社通算グループ〕

通算親法人：X社（資本金5,000万円）

通算子法人：Ｙ１社（資本金8,000万円）　　Ｙ２社（資本金12,000万円）

⑴　X社及びＹ１社

X社及びＹ１社は、自らは資本金の額が１億円以下であるものの、自らの事業年度終了の日において通算完全支配関係がある他の通算法人であるＹ２社が資本金の額が１億円を超える法人に該当し（資本金の額：１億２千万円）ますので中小法人等には該当しないことから、その特例の適用はありません。

⑵　Ｙ２社

自らが資本金の額が１億円以下の法人に該当せず、中小法人等には該当しないことから、その特例の適用はありません。

このように、X社通算グループは、通算グループ最初の事業年度である自令和４年４月１日至令和５年３月31日事業年度においては、X社、Ｙ１社及びＹ２社いずれもその特例の適用は受けられません。

5　計算例

Q176

当初申告における繰越欠損金額の損金算入額の計算

通算法人の過年度の欠損金額の当初申告における損金算入額は、どのように計算されるのでしょうか。

A

解説のとおりです。

解説

1　過年度の欠損金額の損金算入額の計算は、まず次の算式により、各通算法人の特定欠損金額の損金算入額の計算を行います。

特定欠損金額の損金算入限度額の計算

特定欠損金の損金算入限度	＝	①当該通算法人の特定欠損金損金算入額（欠損控除前所得金額を限度）	×	②各通算法人の適用事業年度に係る損金算入限度額の合計額 ／ ③各通算法人のその10年以内事業年度に係る特定欠損金額（欠損控除前所得金額を限度）の合計額

(注)1　算式中の②の損金算定限度額とは、法人税法第57条第1項ただし書に規定する損金算入限度額、すなわち、その通算法人の所得金額の50％に相当する金額（中小法人等、更生法人等及び新設法人については、所得金額）をいいます。

2　②／③の金額が1を超える場合は、その割合を1とし、③の金額が零の場合は零として計算します。

2　非特定欠損金額の通算グループ全体の合計額の各通算法人への配賦額を次の算式により

計算します。

非特定欠損金額の配賦額の計算

非特定欠損金配賦額	＝	①各通算法人のその10年以内事業年度に係る非特定欠損金額の合計額	×	②当該通算法人の適用事業年度に係る損金算入限度額 ／ ③各通算法人の適用事業年度に係る損金算入限度額の合計額

3　各通算法人の非特定欠損金額の計算

非特定欠損金額とは特定欠損金額以外の欠損金額に、①上記２の算式により計算した非特定欠損金配賦額がその特定欠損金額以外の欠損金額を超える場合にはその超える部分の金額（「被配賦欠損金額」）を加算し、②非特定欠損金配賦額がその特定欠損金額以外の欠損金額に満たない場合にはその満たない部分の金額（「配賦欠損金額」）を控除した金額をいいます（法64の７①二）。

4　各通算法人の非特定欠損金額の損金算入限度額を次の算式により計算します。

非特定欠損金額の損金算入限度額の計算

非特定欠損金の損金算入限度額	＝	①配賦計算後の当該通算法人の非特定欠損金額	×	②各通算法人の適用事業年度に係る損金算入限度額の合計額 ／ ③各通算法人のその10年以内事業年度に係る非特定欠損金額の合計額

(注)１　算式中の②の損金算入限度額とは、法人税法第57条第１項ただし書に規定する損金算入限度額、すなわち、その通算法人の所得金額の50％に相当する金額（中小法人等、更生法人等及び新設法人については、所得金額）をいいます。

２　②／③の金額が１を超える場合は、その割合を１とし、③の金額が零の場合は零として計算します。

各通算法人の欠損金額の損金算入額は、特定欠損金額の損金算入額と非特定欠損金額の損金算入額の合計額となります。

5　通算法人の損金算入欠損金額及び翌期以後の繰越欠損金額の計算

各通算法人の当期における欠損金額の損金算入額は上記4のとおりとなりますが、翌期以後に繰り越す欠損金額は、損金算入欠損金額（次の(1)及び(2)の金額の合計をいいます。）が各通算法人の損金の額に算入されたものとして計算を行います（法64の7①四）。

(1)　その通算法人の特定欠損金額のうち特定損金算入限度額に達するまでの金額

(2)　その通算法人のその10年内事業年度において生じた特定欠損金額以外の欠損金額に非特定損金算入割合を乗じて計算した金額

Q177

繰越欠損金額の損金算入額の計算例

次の事例において、当期におけるP社、S1社及びS2社の欠損金額の損金算入額の計算はそれぞれどのようになりますか。

P社、S1社及びS2社は、ともに前期において生じた次の欠損金額を有しており、また、当期の期限内申告における欠損金額を控除する前の所得の金額（「所得金額」）は、それぞれ次のとおりです。

	前期			当期
	特定欠損金額	非特定欠損金額	欠損金の合計額	所得金額
P社	0	2,550	2,550	3,740
S1社	850	1,190	2,040	1,360
S2社	0	5,100	5,100	3,060
合計	850	8,840	9,690	8,160

・　P社、S1社及びS2社は、中小法人等などの法人には該当しません。

・　P社、S1社及びS2社は、同一の通算グループ内の通算法人で、いずれも3月決算です。

A

解説のとおりです。

解説

1　特定欠損金額の損金算入額の計算

(1)　P社 ＝ 0

(2)　S1社 ＝ 850 × 1* ＝ 850

　　*（8,160 × 50%）／ 850 ＞ 1

(3)　S2社＝0

2　非特定欠損金額の通算グループ全体の合計額の各通算法人への配賦額の計算

	P社	S1社	S2社	合計
繰越欠損金額	2,550	2,040	5,100	9,690
内特定欠損金額	0	850	0	850
損金算入限度額（所得×50%）	1,870	680	1,530	4,080
損金算入される特定欠損金		850		850
特定欠損金額控除後の損金算入限度額	1,870	0	1,530	3,400
特定欠損金額以外の欠損金額	2,550	1,190	5,100	8,840

(1)　P社 ＝ 8,840 × 1,870 ／ 3,400 ＝ 4,862

(2)　S１社 ＝ 8,840 × 0 ／ 3,400 ＝ 0

(3)　S２社 ＝ 8,840 × 1,530 ／ 3,400 ＝ 3,978

3　各通算法人の非特定欠損金額の計算

(1)　P社 ＝ 2,550 ＋ 2,312 ＝ 4,862

4,862（非特定欠損金配賦額）＞ 2,550（特定欠損金額以外の欠損金額）

被配賦欠損金額 ＝ 4,862 － 2,550 ＝ 2,312

(2)　S１社 ＝ 1,190 － 1,190 ＝ 0

0（非特定欠損金配賦額）＜ 1,190（特定欠損金額以外の欠損金額）

配賦欠損金額 ＝ 1,190 － 0

(3)　S２社 ＝ 5,100 － 1,122 ＝ 3,978

3,978（非特定欠損金配賦額）＜ 5,100（特定欠損金額以外の欠損金額）

配賦欠損金額 ＝ 5,100 － 3,978 ＝ 1,122

4　非特定欠損金算入限度額の計算

(1)　P社 ＝ 4,862 ×（4,080 － 850）／ 8,840 ＝ 1,776

(2)　S１社 ＝ 0 ×（4,080 － 850）／ 8,840 ＝ 0

(3)　S２社 ＝ 3,978 ×（4,080 － 850）／ 8,840 ＝ 1,454

（注１）(1) ＋ (2) ＋ (3) ＝ 3,230 ＝ 4,080 － 850

（注２）（4,080 － 850）／ 8,840 ＝ 非特定損金算入割合

5　当期における各社の欠損金の損金算入額

(1)　P社 ＝ 1,776

⑵　Ｓ１社 ＝ 850

⑶　Ｓ２社 ＝ 1,454

6　各通算法人の損金算入欠損金額及び翌期以後の繰越欠損金額の計算

⑴　Ｐ社 ＝ 2,550 ×（4,080 － 850）／ 8,840 ＝ 931（損金算入欠損金額）

翌期繰越欠損金額 ＝ 2,550 － 931 ＝ 1,619……特定欠損金額以外の金額

⑵　Ｓ１社 ＝（2,040 － 850） × （4,080 － 850）／ 8,840 ＝ 435

損金算入欠損金額 ＝ 850 ＋ 435 ＝ 1,285

翌期繰越欠損金額 ＝ 2,040 － 1,285 ＝ 755……特定欠損金額以外の金額

⑶　Ｓ２社 ＝ 5,100 ×（4,080 － 850）／ 8,840 ＝ 1,864

翌期繰越欠損金額 ＝ 5,100 － 1,864 ＝ 3,236……特定欠損金額以外の金額

Q178

修正申告等を行った場合の繰越欠損金の再計算

税務調査により通算法人であるP社及びS1社は、修正申告を行うこととなりました。 なお、通算グループ内の通算法人は、P社、S1社及びS2社で、いずれも、前期において生じた欠損金額を有しております。

この場合の欠損金額の損金算入額の計算はどのように行いますか。

また、S2社は、P社及びS1社の修正申告に伴い、損金算入額を再計算する必要はありますか。

なお、P社、S1社及びS2社は、中小法人等には該当しません。

A

期限内申告において通算グループ内の他の通算法人との間で欠損金額を固定する調整（いわゆる遮断措置）をした上で、P社及びS1社はそれぞれの法人のみで損金算入額を計算することとなります。

なお、S2社において損金算入額の再計算を行う必要はありません。

解説

通算法人の修正申告等により損金算入限度額等の金額が期限内申告書に添付された書類に記載された金額と異なることとなった場合には、その通算法人の損金の額に算入される過年度の欠損金額は、次の(1)及び(2)の金額の合計額とされます（法64の7⑤）。

(1)　当初申告において他の通算法人から配賦された欠損金額で通算法人の所得金額から控除した金額（「被配賦欠損金控除額」）（法64の7⑤一）

被配賦欠損金控除額＝被配賦欠損金額×非特定損金算入割合

(注)1　被配賦欠損金額とは、非特定欠損金配賦額が特定欠損金額以外の欠損金額を超える場合のその超える部分の金額をいいます。

2

$$\text{非特定損金算入割合} = \frac{\text{各通算法人の適用事業年度に係る損金算入限度額の合計額}}{\text{各通算法人のその10年以内事業年度に係る非特定欠損金額の合計額}}$$

⑵　通算法人の過年度の欠損金額のうち、当初申告において他の通算法人に配賦した欠損金額で他の通算法人の所得金額から控除した金額（「配賦欠損金控除額」）を、その通算法人の過年度の欠損金額から控除したうえで、その控除後の欠損金額のうち次の損金算入限度額とされる金額に達するまでの金額（法64の7⑤二）

イ　配賦欠損金控除額とは、非特定欠損金配賦額が特定欠損金額以外の欠損金額に満たない場合のその満たない部分の金額（法64の7①二ニ、以下「配賦欠損金額」といいます。）に非特定損金算入割合を乗じて計算した金額をいいます。

配賦欠損金控除額 ＝ 配賦欠損金額 × 非特定損金算入割合

ロ　損金算入限度額とされる金額とは、修正申告等後の損金算入限度額に、期限内申告書で他の通算法人から配賦を受けた損金算入限度額（「当初損金算入超過額」（法64の7⑤二ロ⑴））がある場合にはその金額を加算し、他の通算法人に配賦をした損金算入限度額（「当初損金算入不足額」に損金算入不足割合を乗じた額（法64の7⑤二ロ⑵）がある場合にはその金額を控除し、更に上記⑴で損金の額に算入される金額を控除した金額をいいます。

㈱1　当初損金算入超過額とは、当初申告における繰越欠損金の損金算入額から当初申告における損金算入限度額を控除した金額（正数）をいいます。

内容的には、他の通算法人の損金算入限度額を使用した金額を意味します。

2　他の通算法人に配賦をした損金算入限度額

他の通算法人に配賦をした損金算入限度額 ＝ 当初損金算入不足額 × 損金算入不足割合

3　当初損金算入不足額とは、当初申告における損金算入限度額から当初申告における繰越欠損金の損金算入額を控除した金額（正数）をいいます。

4　損金算入不足割合とは、次の算式により計算した割合をいいます。

$$損金算入不足割合 = \frac{各通算法人の当初損金算入超過額の合計額}{各通算法人の当初損金算入不足額の合計額}$$

Q179

修正申告等を行った場合の繰越欠損金の計算の具体例

税務調査により通算法人であるP社及びS１社は、修正申告を行うこととなりました。なお、通算グループ内の通算法人は、P社、S１社及びS２社で、いずれも、前期において生じた欠損金額を有しており、当初期限内申告の内容等及び修正申告後の欠損控除前所得金額は、次のとおりです。

	前期			当期		
	特定欠損金額	非特定欠損金額	欠損金の合計額	欠損控除前所得金額 期限内申告	欠損控除前所得金額 修正後	期限内申告の欠損金額の損金算入額
P社	0	2,550	2,550	3,740	10,200	1,776
S1社	850	1,190	2,040	1,360	3,060	850
S2社	0	5,100	5,100	3,060	—	1,454
合計	850	8,840	9,690	8,160	13,260	4,080

また、期限内申告における過年度の欠損金額の損金算入額の内訳は、次のとおりです。

	P社	S1社	S2社	合計
繰越欠損金額	2,550	2,040	5,100	9,690
内特定欠損金額	0	850	0	850
損金算入限度額（所得×50%）	1,870	680	1,530	4,080
損金算入される特定欠損金	0	850	0	850
特定欠損金額控除後の損金算入限度額	1,870	0	1,530	3,400
特定欠損金額以外の欠損金額	2,550	1,190	5,100	8,840
非特定欠損金配賦額	4,862	0	3,978	8,840
被配賦欠損金額	2,312	—	—	2,312
配賦欠損金額	0	1,190	1,122	2,312
非特定損金算入割合	36.5% ＝ （4,080－850）／（9,690－850）			
非特定損金算入限度額	1,776	0	1,454	3,230
欠損金の損金算入額	1,776	850	1,454	4,080

この場合の欠損金額の損金算入額の計算はそれぞれどのように行いますか。なお、P社、S１社及びS２社は、中小法人等には該当しません。

A

解説のとおりです。

解説

〈修正申告における各社の損金算入額〉

(1)　P社の修正申告における損金算入額の計算

イ　被配賦欠損金控除額 ＝ 被配賦欠損金額×非特定損金算入割合

＝ 2,312 × 36.5% ＝ 843

ロ　当初損金算入不足 ＝ 1,870 － 1,776 ＝ 94

ハ　配賦欠損金控除額控除後の繰越欠損金額　2,250 － 0 ＝ 2,250

配賦欠損金額 ＝ 0

ニ　損金算入限度額とされる金額 ＝ 10,200 × 50% － 843 － 94 ＝ 4,163

ホ　過年度欠損金に達するまでの金額 ＝ 2,550 ← 2,550 ＜ 4,163

ヘ　P社の修正申告における損金算入額 ＝ 843[イ] ＋ 2,550[ホ] ＝ **3,393**

(2)　S１社の修正申告における損金算入額の計算

イ　被配賦欠損金控除額 ＝ 0　　被配賦欠損金額 ＝ 0

ロ　配賦欠損金控除額 ＝ 1,190 × 36.5% ＝ 434

ハ　当初損金算入超過額 ＝ 850 － 680 ＝ 170

ニ　配賦欠損金控除額控除後の繰越欠損金額　2,040 － 434 ＝ 1,606

ホ　損金算入限度額とされる金額 ＝ 3,060 × 50% ＋ 170 ＝ 1,700

ヘ　過年度欠損金に達するまでの金額 ＝ 1.606 ← 1.606 ＜ 1,700

ト　S１社の修正申告における損金算入額 ＝ **1.606**[ヘ]

Q180

損益通算の遮断措置の適用と繰越欠損金額の再計算の具体例（所得金額が増加した場合）

通算法人の修正申告等により損益通算前の所得の金額が増加すること（通算前欠損金額の減少）となった場合の損益通算の計算は具体的にはどのように行われますか。

A

解説のとおりです。

解説

原則として、損益通算に係る損金算入額又は益金算入額は期限内申告の金額に固定して（遮断措置）、その通算法人の所得の金額を計算することとなります。

（事例）

1　当初申告所得金額の状況

	P	S1	S2	S3	計
通算前所得金額	59,500	17,000	8,500	△ 8,500	76,500
損益通算	△ 5,950	△ 1,700	△ 850	8,500	0
期首特定欠損金	17,000	6,800	10,200	0	34,000
特定欠損金控除額Ａ	△ 17,000	△ 6,800	△ 7,650	0	△ 31,450
期首非特定欠損金	0	1,700	0	8,500	10,200
非特定欠損金控除額Ｂ	△ 6,256	△ 544	0	0	△ 6,800
当初申告所得金額	30,294	7,956	0	0	38,250

以下については、Q155、176、177を参照してください。

(1)　損益通算

P　8,500 × 59,500／（59,500 ＋ 17,000 ＋ 8,500）＝ 5,950

S1　8,500 × 17,000／（59,500 ＋ 17,000 ＋ 8,500）＝ 1,700

S2　8,500 × 8,500／（59,500 ＋ 17,000 ＋ 8,500）＝ 850

(2)　特定欠損金控除額Aの算定

P　（59,500 － 5,950）＞ 17,000　∴17,000

S1　（17,000 － 1,700）＞ 6,800　∴ 6,800

S2　（8,500 － 850）＜ 10,200　∴ 7,650

＋）　31,450

$$\frac{76,500 \times 50\%}{31,450} > 1$$

	P	S1	S2	S3	計
期首特定欠損金	17,000	6,800	10,200	0	34,000
当期損金算入額	△ 17,000	△ 6,800	△ 7,650	0	△ 31,450
翌期繰越額	0	0	2,550	0	2,550

(3)　非特定欠損金配賦額の算定

P　（59,500 － 5,950）× 50% － 17,000 ＝ 9,775　∴9,775

S1　（17,000 － 1,700）× 50% － 6,800 ＝ 850　∴850

S2　（8,500 － 850）× 50% － 7,650 ＝ △3,825　∴0

S3　0

＋）　10,625

P　10,200 × 9,775／10,625 ＝ 9,384

S1　10,200 × 850／10,625 ＝ 816

S2　0

S3　0

＋）　10,200

（注1）　期首非特定欠損金の他社への配賦額

S1：1,700 － 816 ＝ 884

S3：＝ 8,500

（注2）　非特定欠損金の受領額

P：884 ＋ 8,500 ＝ 9,384

S1：1,700 － 884 ＝ 816

非特定欠損金控除額Bの算定

P　9,384 ×（76,500 × 50％ － 31,450）／10,200 ＝ 6,256

S1　　816 ×（76,500 × 50％ － 31,450）／10,200 ＝ 544

S2　　0

S3　　0

＋）　6,800

(4)　期首非特定欠損金の損金算入額の算定

S1　1,700 ×（76,500 × 50％ － 31,450）／10,200 ＝ 1,134

S3　8,500 ×（76,500 × 50％ － 31,450）／10,200 ＝ 5,666

＋）　6,800

	P	S1	S2	S3	計
期首非特定欠損金	0	1,700	0	8,500	10,200
当期損金算入額	0	1,134	0	5,666	6,800
翌期繰越非特定欠損金	0	566	0	2,834	3,400

2　税務調査の結果、S１の通算前所得金額が8,500増額され、25,500とされた。

①　損益通算（遮断措置）

P　8,500 × 59,500／（59,500 ＋ 17,000 ＋ 8,500）＝ 5,950

S1　8,500 × 17,000／（59,500 ＋ 17,000 ＋ 8,500）＝ 1,700

S2　8,500 × 8,500／（59,500 ＋ 17,000 ＋ 8,500）＝ 850

②　損益通算後所得金額

P　53,550

S1　17,000 ＋ 8,500 － 1,700 ＝ 23,800

S2　7,650

③　繰越欠損金額の調整

期首非特定欠損金　1,700 － 非特定欠損金配賦額　816 ＝ 884

884 ×（76,500 × 50％ － 31,450）／10,200 ＝ 589

非特定欠損金 ＝ 1,700 － 589 ＝ 1,111

調整後の繰越欠損金額 ＝ 6,800 ＋ 1,111 ＝ 7,911

④　損金算入限度額の調整

Ｓ１の当初申告における損金算入額（7,344 ＝ 6,800 ＋ 544）＜当初損金算入限度額（7,650）

Ｓ１の当初損金算入不足額 ＝ 7,650 － 7,344 ＝ 306

Ｓ１の所得増加後の損金算入限度額

＝（25,500 － 1,700）× 50％ － 306 ＝ 11,594

⑤　S1のみの繰越欠損金の損金算入額　7,911 ＝ 6,800 ＋ 1,111（7,911 ＜ 11,594）

特定欠損金の損金算入額　6,800（6,800 ＜ 7,911）

非特定欠損金の損金算入額　1,111

3　増額後の状況

	P	S1	S2	S3	計
通算前所得金額	59,500	25,500	8,500	△ 8,500	85,000
損益通算（遮断措置）	△ 5,950	△ 1,700	△ 850	8,500	0
繰越欠損金控除前所得金額	53,550	23,800	7,650	0	85,000
期首特定欠損金	17,000	6,800	10,200	0	34,000
特定欠損金控除額（遮断措置）	△ 17,000	△ 6,800	△ 7,650	0	△ 31,450
期首非特定欠損金	0	1,700	0	8,500	10,200
非特定欠損金控除額	△ 6,256	△ 1,111	0	0	△ 7,367
増額後所得金額	30,294	15,889	0	0	46,183

	P	S1	S2	S3	計
期首特定欠損金	17,000	6,800	10,200	0	34,000
当期損金算入額	△ 17,000	△ 6,800	△ 7,650	0	△ 31,450
翌期繰越額	0	0	2,550	0	2,550

	P	S1	S2	S3	計
期首非特定欠損金	0	1,700	0	8,500	10,200
当期損金算入額	0	1,700	0	5,666	7,366
翌期繰越非特定欠損金	0	0	0	2,834	2,834

Q181

損益通算の遮断措置の適用と繰越欠損金額の再計算の具体例（所得金額が減額した場合）

減額更正により損益通算前の所得の金額が減額することとなった場合の損益通算の計算は具体的にはどのように行われますか。

A

解説のとおりです。

解説

原則として、損益通算に係る損金算入額又は益金算入額及び非特定欠損金を他の通算法人に配賦した結果、使用された額等は、期限内申告の金額に固定して計算します。

具体的には、次のとおりです。

（事例）

1　当初申告所得金額の状況

	P	S1	S2	S3	計
通算前所得金額	59,500	17,000	8,500	△ 8,500	76,500
損益通算	△ 5,950	△ 1,700	△ 850	8,500	0
損益通算後所得金額	53,550	15,300	7,650	0	76,500
期首特定欠損金	17,000	6,800	10,200	0	34,000
特定欠損金控除額A	△ 17,000	△ 6,800	△ 7,650	0	△ 31,450
期首非特定欠損金	0	1,700	0	8,500	10,200
非特定欠損金控除額B	△ 6,256	△ 544	0	0	△ 6,800
当初申告所得金額	30,294	7,956	0	0	38,250

	P	S1	S2	S3	計
期首特定欠損金	17,000	6,800	10,200	0	34,000
当期損金算入額	△17,000	△6,800	△7,650	0	△31,450
翌期繰越額	0	0	2,550	0	2,550

	P	S1	S2	S3	計
期首非特定欠損金	0	1,700	0	8,500	10,200
配賦を受けた非特定欠損金	9,384	816	0	0	10,200
配賦した非特定欠損金	0	884	0	8,500	9,384
配賦を受けた非特定欠損金の損金算入額	6,256	544	0	0	6,800

期首非特定欠損金の損金算入額の算定

S1　1,700 × （76,500 × 50% － 31,450）／10,200 ＝ 1,134

S3　8,500 × （76,500 × 50% － 31,450）／10,200 ＝ 5,666

＋）　6,800

	P	S1	S2	S3	計
期首非特定欠損金	0	1,700	0	8,500	10,200
当期損金算入額	0	1,134	0	5,666	6,800
翌期繰越非特定欠損金	0	566	0	2,834	3,400

2　S１の通算前所得金額が8,500減額され、8,500とされた。

(1)　損益通算

①　損益通算（遮断措置）

P　8,500 × 59,500／（59,500 ＋ 17,000 ＋ 8,500）＝ 5,950

S1　8,500 × 17,000／（59,500 ＋ 17,000 ＋ 8,500）＝ 1,700

S2　8,500 × 8,500／（59,500 ＋ 17,000 ＋ 8,500）＝ 850

②　損益通算後所得金額

P ＝ 53,550

S1 ＝ 17,000 － 8,500 － 1,700 ＝ 6,800

S2 ＝ 7,650

③　繰越欠損金額の調整

期首非特定欠損金　1,700 － 非特定欠損金配賦額　816 ＝ 884

884 × （76,500 × 50% － 31,450）／10,200 ＝ 589

非特定欠損金 ＝ 1,700 － 589 ＝ 1,111

調整後の繰越欠損金額 ＝ 6,800 ＋ 1,111 ＝ 7,911

④ 損金算入限度額の調整

S１の当初申告における損金算入額（7,344 ＝ 6,800 ＋ 544）＜ 当初損金算入限度額（7,650）

S１の当初損金算入不足額 ＝ 7,650 － 7,344 ＝ 306

S１の所得減額後の損金算入限度額 ＝（8,500 － 1,700）× 50％ － 306 ＝ 3,094

⑤ S1のみの繰越欠損金の損金算入額 ＝ 3,094（3,094 ＜ 7,911）

特定欠損金の損金算入額　3,094（3,094 ＜ 6,800）

非特定欠損金の損金算入額 ＝ 0

(2) 減額後の所得金額

	P	S1	S2	S3	計
通算前所得金額	59,500	8,500	8,500	△ 8,500	68,000
損益通算（遮断措置）	△ 5,950	△ 1,700	△ 850	8,500	0
繰越欠損金控除前所得金額	53,550	6,800	7,650	0	68,000
期首特定欠損金	17,000	6,800	10,200	0	34,000
特定欠損金控除額	△ 17,000	△ 3,094	△ 7,650	0	△ 27,744
期首非特定欠損金	0	1,700	0	8,500	10,200
非特定欠損金控除額	△ 6,256	0	0	0	△ 6,256
減額後所得金額	30,294	3,706	0	0	34,000

(3) 減額後の欠損金の状況

非特定欠損金の状況

	P	S1	S2	S3	計
期首非特定欠損金	0	1,700	0	8,500	10,200
配賦を受けた非特定欠損金	9,384	816	0	0	10,200
配賦した非特定欠損金	0	884	0	8,500	9,384
配賦を受けた非特定欠損金の損金算入額	6,256	0	0	0	6,256

非特定欠損金の翌期繰越額

	P	S1	S2	S3	計
期首非特定欠損金	0	1,700	0	8,500	10,200
当期損金算入額	0	589	0	5,666	6,255
翌期繰越非特定欠損金	0	1,111	0	2,834	3,945

Q182

損益通算の遮断措置の適用と繰越欠損金額の再計算の具体例（所得金額が減額した結果、繰越欠損金が発生する場合）

減額更正により損益通算前の所得の金額が減額することとなり、欠損金が生ずることとなった場合の損益通算の計算は具体的にはどのように行われますか。

A

解説のとおりです。

解説

原則として、損益通算に係る損金算入額又は益金算入額及び非特定欠損金を他の通算法人に配賦した結果、使用された額等は、期限内申告の金額に固定して計算することに変わりはありません。

具体的には、次のとおりです。

（事例）

1　当初申告所得金額の状況

	P	S1	S2	S3	計
通算前所得金額	59,500	17,000	8,500	△ 8,500	76,500
損益通算	△ 5,950	△ 1,700	△ 850	8,500	0
損益通算後所得金額	53,550	15,300	7,650	0	76,500
期首特定欠損金	17,000	6,800	10,200	0	34,000
特定欠損金控除額A	△ 17,000	△ 6,800	△ 7,650	0	△ 31,450
期首非特定欠損金	0	1,700	0	8,500	10,200
非特定欠損金控除額B	△ 6,256	△ 544	0	0	△ 6,800
当初申告所得金額	30,294	7,956	0	0	38,250

特定欠損金の状況

	P	S1	S2	S3	計
期首特定欠損金	17,000	6,800	10,200	0	34,000
当期損金算入額	△ 17,000	△ 6,800	△ 7,650	0	△ 31,450
翌期繰越額	0	0	2,550	0	2,550

非特定欠損金の状況

	P	S1	S2	S3	計
期首非特定欠損金	0	1,700	0	8,500	10,200
配賦を受けた非特定欠損金	9,384	816	0	0	10,200
配賦した非特定欠損金	0	884	0	8,500	9,384
配賦を受けた非特定欠損金の損金算入額	6,256	544	0	0	6,800

	P	S1	S2	S3	計
期首非特定欠損金	0	1,700	0	8,500	10,200
当期損金算入額	0	1,133	0	5,667	6,800
翌期繰越非特定欠損金	0	567	0	2,833	3,400

2　Pの通算前所得金額が52,700減額され、6,800とされた。

(1)　損益通算

①　損益通算（遮断措置）

P　8,500 × 59,500／（59,500 ＋ 17,000 ＋ 8,500） ＝ 5,950

S1　8,500 × 17,000／（59,500 ＋ 17,000 ＋ 8,500） ＝ 1,700

S2　8,500 × 8,500／（59,500 ＋ 17,000 ＋ 8,500） ＝ 850

②　損益通算後所得金額

P ＝ 59,500 － 52,700 － 5,950 ＝ 850

S1 ＝ 15,300

S2 ＝ 7,650

(2)　Pの当初申告における期首非特定欠損金は零であり、また、当初申告において配賦を受けた非特定欠損金は9,384です。

なお、当初申告において控除した当該非特定欠損金に係る金額9,384は、当初申告額に固定されます。

⑶　減額後の損金算入限度額

①　当初損金算入不足額

Pの当初申告における損金算入額（23,256 ＝ 17,000 ＋ 6,256）＜ 当初損金算入限度額（26,775 ＝ 53,550 × 50%）

Pの当初損金算入不足額 ＝ 26,775 － 23,256 ＝ 3,519

②　所得減額後の損金算入限度額

Pが当初申告において他の通算法人から配賦を受けた非特定欠損金9,384のうち損金算入した6,256は、Pの繰越欠損金の損金算入限度額から控除されます。

したがって、Pの所得減額後の損金算入限度額は、零となります。（850 × 50% － 6,256 － 3,519 ＝ △9,350）

⑷　減額後の所得金額

Pのみの繰越欠損金の損金算入額 ＝ 0（損金算入限度額は、零）

したがって、特定欠損金の損金算入額 ＝ 0

非特定欠損金の損金算入額 ＝ 6,256（当初控除額）

⑸　減額後の欠損金の状況

	P	S1	S2	S3	計
通算前所得金額	17,000	17,000	8,500	△ 8,500	34,000
損益通算（遮断措置）	△ 5,950	△ 1,700	△ 850	8,500	0
繰越欠損金控除前所得金額	850	15,300	7,650	0	23,800
期首特定欠損金	17,000	6,800	10,200	0	34,000
特定欠損金控除額	0	△ 6,800	△ 7,650	0	△ 14,450
期首非特定欠損金	0	1,700	0	8,500	10,200
非特定欠損金控除額	△ 6,256	△ 544	0	0	△ 6,800
減額後所得金額	△ 5,406	7,956	0	0	2,550

特定欠損金の状況及び翌期繰越額

	P	S1	S2	S3	計
期首特定欠損金	17,000	6,800	10,200	0	34,000
当期損金算入額	0	△ 6,800	△ 7,650	0	△ 14,450
翌期繰越額	17,000	0	2,550	0	19,550

非特定欠損金の状況

	P	S1	S2	S3	計
期首非特定欠損金	0	1,700	0	8,500	10,200
配賦を受けた非特定欠損金	9,384	816	0	0	10,200
配賦した非特定欠損金	0	884	0	8,500	9,384
配賦を受けた非特定欠損金の損金算入額	6,256	544	0	0	6,800

非特定欠損金の翌期繰越額

	P	S1	S2	S3	計
期首非特定欠損金	0	1,700	0	8,500	10,200
当期損金算入額	0	1,133	0	5,667	6,800
当期発生非特定欠損金	5,406	0	0	0	5,406
翌期繰越非特定欠損金	5,406	567	0	2,833	8,806

（参考）

期首非特定欠損金の損金算入額

P　＝　0

S 1　＝　1,700 ×（76,500 × 50% − 31,450）／10,200 ＝ 1,133

S 2　＝　0

S 3　＝　8,500 ×（76,500 × 50% − 31,450）／10,200 ＝ 5,667

＋）　6,800

結果として、新規に非特定欠損金額が発生することになります。

6　その他

Q183

損益通算の対象となる欠損金額の特例における「多額の償却費が生ずる事業年度」

損益通算の対象となる欠損金額の特例における「多額の償却費の額が生ずる事業年度」とは、具体的にはどのような事業年度ですか。

A

解説のとおりです。

解説

法人税法第64条の６《損益通算の対象となる欠損金額の特例》では、損益通算の対象となる欠損金額の制限措置が定められており、具体的には、通算法人で時価評価除外法人に該当するものが通算承認の効力が生じた日の５年前の日又はその通算法人の設立の日のうちいずれか遅い日からその通算承認の効力が生じた日まで継続してその通算法人に係る通算親法人（その通算法人が通算親法人である場合には、他の通算法人のいずれか）との間に支配関係がある場合に該当しない場合で、かつ、その通算法人について通算承認の効力が生じた後にその通算法人と他の通算法人とが共同で事業を行う場合に該当しないときには、通算前欠損金額のうち適用期間において生ずる特定資産譲渡等損失額に達するまでの金額又はその通算法人の適用期間内の日の属する多額の償却費の額が生ずる事業年度において生ずる通算前欠損金額は、損益通算の対象とならないこととされています。

そこで、この「多額の償却費の額が生ずる事業年度」とは、次の「⑵の金額／⑴の金額」の割合が100分の30を超える事業年度とされています。

⑴　その事業年度の収益に係る原価及びその事業年度の販売費、一般管理費その他の費用として確定した決算において経理した金額の合計額

⑵ その通算法人がその有する減価償却資産につきその事業年度においてその償却費として損金経理をした金額の合計額（令131の８⑥）。

Q184

多額の償却費の額が生ずる事業年度の判定における「償却費として損金経理した金額」

多額の償却費の額が生ずる事業年度の判定における「償却費として損金経理をした金額」にはいわゆる償却超過額を含みますか。

A

過年度の償却限度超過額は含みません。

解説

損益通算の対象となる欠損金額の特例における多額の償却費の額が生ずる事業年度の判定における償却費として損金経理をした金額とは、当該事業年度の確定した決算において費用又は損失として経理した償却費の額をいい、これには損金経理の方法又はその事業年度の決算の確定の日までに剰余金の処分により積立金として積み立てる方法により特別償却準備金として積み立てた金額を含み、法人税法第31条第４項《減価償却資産の償却費の計算及びその償却の方法》の規定により償却費として損金経理をした金額に含むものとされる過年度のいわゆる償却限度超過額は除くこととされています（法令131の８⑥）。

Q185

損金算入できる特定欠損金額の上限の計算

損金算入できる特定欠損金の上限はどのように計算しますか。

A

法第64条の７第１項第３号イに規定する欠損控除前所得金額に達するまでの金額を基礎として計算した金額となります。

解説

グループ通算制度における特定欠損金額に係る繰越控除については、一の事業年度において生じた欠損金額が特定欠損金額と特定欠損金額以外の欠損金額（非特定欠損金額）から成るときには、特定欠損金額を先に繰越控除した上で、その後に特定欠損金額以外の欠損金額（非特定欠損金額）を繰越控除することになります。

ところで、特定欠損金額について損金の額に算入できる金額（特定損金算入限度額）については、次の算式により計算した金額とされています。

《算式》

特定損金算入限度額 ＝ ⑴　その通算法人のその10年内事業年度の特定欠損金額（欠損控除前所得額（注２）を限度） × ⑵　各通算法人の適用事業年度に係る損金算入限度額（注３）の合計額（注４） ／ ⑶　各通算法人のその10年内事業年度に係る特定欠損金額（欠損控除前所得金額（注２）を限度）の合計額

㊟１　⑵の金額が⑶の金額に占める割合が１を超える場合には、その割合を１として計算し、⑶の金額が零の場合には、その割合は零として計算します。

２　法人税法第57条第１項《欠損金の繰越し》の規定等を適用しないものとして計算した場合における適用事業年度の所得金額から、その10年内事業年度より古い10年内事業年度で生じた欠損金額とされた金額で法人税法第57条第１項の規定により適用事業年度の損金の額に算入される金額を控除した金額をいいます。

３　法人税法第57条第１項ただし書に規定する損金算入限度額、すなわち、その通算法人の所得金額の50%に相当する金額（中小法人等、更生法人等及びいわゆる新設法人（設立後７年以内の法人をいう。）については、所得金額）をいいます。

4　この合計額からは、その10年内事業年度より古い10年内事業年度で生じた欠損金額とされた金額で法人税法第57条第１項の規定により適用事業年度の損金の額に算入される金額の合計額を控除します。

このように、損金算入額の上限に係る計算方法については、グループ通算制度を適用しない法人における欠損金の繰越控除では、中小法人等以外の法人にあっては損金算入限度額を限度としますが、グループ通算制度適用法人については、中小法人等以外の法人にあっても上記算式のとおりとなります（通算通達２－26）。

Q186

適格合併が行われた場合の被合併法人の欠損金額の取扱い

通算グループ内の通算子法人同士の適格合併が行われた場合の被合併法人の欠損金額の取扱いはどうなりますか。

A

解説のとおりです。

解説

通算子法人が通算親法人の事業年度の中途において合併により解散した場合には、その通算子法人はその合併の日においてグループ通算制度の承認の効力が失われ、通算親法人との間に通算完全支配関係を有しなくなることから、その通算子法人の事業年度は、その有しなくなった日の前日に終了することとされています（法14④二、64の10⑥五）。

このため、通算子法人の事業年度は通算親法人の事業年度終了の日に終了しないことから、損益通算の規定（法64の５）等の適用はありませんが、その被合併法人である通算子法人のその合併の日の前日の属する事業年度において欠損金額が生じた場合には、その欠損金額に相当する金額は、その合併法人である通算法人のその合併の日の属する事業年度において損金の額に算入することとされています（法64の８）。

また、適格合併が行われた場合は、被合併法人の過年度の欠損金額（一定のものを除きます。）は合併法人の欠損金額とみなされることになります（法57②）が、そのみなされた金額のうち、被合併法人の特定欠損金額に達するまでの金額は、その合併法人の特定欠損金額とみなされ（法64の７③）、この特定欠損金額以外の金額は、合併法人の特定欠損金額以外の欠損金額となります。

Q187

最初の事業年度終了前に離脱した通算子法人の過年度の欠損金額の取扱い

通算制度の適用を受けようとする最初の事業年度終了前に離脱した通算子法人の過年度の欠損金額の取扱いはどのようになりますか。

A

過年度の欠損金額は、離脱後もそのまま離脱した通算子法人の欠損金額になります。

解説

グループ通算制度の適用を受けようとする法人が通算制度の承認を受けた場合には、その承認の効力は、そのグループ通算制度の適用を受ける最初の事業年度開始の日から生ずることとなります（法64の９⑥）が、通算親法人が事業年度の中途において通算子法人の株式を通算グループ外の第三者に売却したこと等により、その通算子法人がその通算親法人による通算完全支配関係を有しなくなった場合には、その通算子法人はその有しなくなった日からグループ通算制度の効力を失うこととなります（法64の10⑥六）。

この場合には、その通算子法人の事業年度はその有しなくなった日の前日に終了することとなります（法14④二）。そして、その事業年度は通算親法人の事業年度終了の日に終了しないことから、通算子法人は、その事業年度について損益通算の規定（法64の５）等の適用はありません。

したがって、グループ通算制度の適用を受けようとする最初の事業年度終了前に離脱した通算子法人については、グループ通算制度の適用を受けることなく、その過年度の欠損金額についても、離脱後もそのまま離脱した通算子法人の欠損金額になります。

Q188

事業年度終了前に時価評価除外法人に該当しない通算法人が離脱した場合の過年度の欠損金額の取扱い

グループ通算制度の適用を受けようとする最初の事業年度終了前に、時価評価除外法人に該当しない通算法人が離脱した場合、その通算子法人の過年度の欠損金額の取扱いはどのようになりますか。

A

過年度の欠損金額は、離脱後もそのまま離脱した通算子法人の欠損金額になります。

解説

通算法人で時価評価除外法人（グループ通算制度の開始・加入時に時価評価の対象とならない法人をいいます。）に該当しない場合には、その通算法人のグループ通算制度の承認の効力が生じた日以後に開始する各事業年度については、原則として、同日前に開始した各事業年度において生じた欠損金額はないものとされます（法57⑥）。

しかしながら、その通算法人が通算子法人である場合において、その通算法人の通算制度の承認の効力が生じた日から同日の属するその通算法人に係る通算親法人の事業年度終了の日までの間に、通算子法人が通算親法人との間に通算完全支配関係を有しなくなったなど一定の事実の発生によりグループ通算制度の承認の効力を失ったときは、この欠損金額がないものとされる規定は適用されないことになります（法57⑥括弧書）。

このため、離脱した通算子法人が時価評価除外法人に該当しない場合であっても、その過年度の欠損金額についても、時価評価除外法人と同様に離脱した通算子法人の欠損金額になります。

Q189

認定事業適応法人の欠損金の損金算入の特例における欠損金の通算の特例

認定事業適応法人の欠損金の損金算入の特例における通算法人に係る欠損金の通算の特例とは、どのようなものでしょうか。

A

解説のとおりです。

解説

1　認定事業適応法人の欠損金の損金算入の特例の概要

青色申告書を提出する法人で、改正産業競争力強化法の施行の日（令和3年8月2日）から同日以後1年を経過する日までの間に産業競争力強化法の事業適応計画の認定を受けたもののうち、その認定に係る認定事業適応事業者であるもの（以下「認定事業適応法人」といいます。）の適用事業年度において欠損金の繰越控除制度を適用する場合において、特例欠損事業年度において生じた欠損金額があるときは、超過控除対象額に相当する金額を欠損金の繰越控除制度において損金算入することができる金額に加算するというものです。（措法66の11の4①）。

《イメージ図》

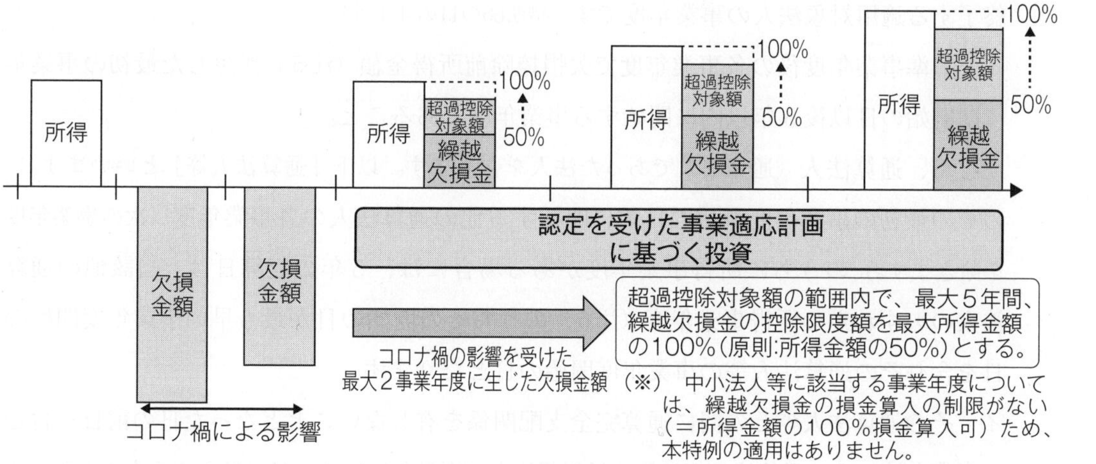

出典：令和２年度「法人税関係法令の改正の概要（国税庁）」

2　グループ通算制度における欠損金の通算の特例

(1)　適用対象法人

欠損金の通算の特例の対象となる法人（適用対象法人）は、通算法人でその通算法人又は他の通算法人（注１）が認定事業適応法人（注２）に該当する場合におけるその通算法人です（措法66の11の４③）。

（注１）　他の通算法人は、その基準事業年度（注３）終了の日後のいずれかの時においてその通算法人等との間に通算完全支配関係があるものに限ります。

（注２）　認定事業適応法人とは、認定事業適応計画（産業競争力強化法第21条の16第２項に規定する認定事業適応計画をいいます。以下同じです。）に従って実施される成長発展事業適応（経済社会情勢の著しい変化に対応して行うものとして主務大臣の確認を受けたものに限ります。）を行う同法第21条の28第１項に規定する認定事業適応事業者をいいます。

（注３）　基準事業年度とは、特例事業年度（注４）のうちその開始の日が最も早い事業年度をいいます。

（注４）　特例事業年度とは、経済社会情勢の著しい変化によりその事業の遂行に重大な影響を受けた事業年度として財務省令で定めるところにより証明がされた事業年度をいいます。

(2)　適用対象事業年度

欠損金の通算の特例の適用対象となる事業年度は、認定事業適応計画に記載された産業競争力強化法第21条の15第３項第２号に規定する実施期間内の日を含む各事業年度又は認定事業適応法人に該当する他の通算法人のその認定に係る認定事業適応計画に記載された実施時期内の日を含む各事業年度で次の要件の全てを満たす事業年度終了の日に終了する適用対象法人の事業年度です（措法66の11の４①③）。

イ　基準事業年度後の各事業年度で欠損控除前所得金額（注５）が生じた最初の事業年度開始の日以後５年以内に開始する事業年度であること。

なお、通算法人（通算法人であった法人を含みます。以下「通算法人等」といいます。）のその最初の事業年度開始の日前に開始する他の通算法人の各事業年度（次の事業年度を除きます。）のうちに所得事業年度がある場合には、５年の起算日は、当該他の通算法人のいずれかの所得事業年度（注６）のうちその開始の日が最も早い事業年度開始の日を含むその通算法人等の事業年度開始の日となります。

(イ)　その通算法人等との間に通算完全支配関係を有しないこととなった日の前日を含む事業年度（その通算法人等に係る通算親法人の事業年度終了の日に終了するものを除きます。）及びその有しないこととなった日以後に開始する事業年度

(ロ)　その通算法人等に係る通算親法人との間に通算完全支配関係を有することとなった日前に開始する事業年度（その通算法人等が通算法人である場合には、認定事業適応法人に該当しない他の通算法人の事業年度に限ります。）

（注５）　欠損控除前所得金額とは、法人税法第57条第１項本文の規定を適用せず、かつ、同法第59条第３項及び第４項並びに第62条の５第５項並びに一定の租税特別措置法及び震災税特法の規定を適用しないものとして計算した場合における各事業年度の所得の金額をいいます。

（注６）　所得事業年度とは、欠損控除前所得金額が生ずる事業年度のうちその基準事業年度終了の日後に終了するものをいいます。

ロ　令和８年４月１日以前に開始する事業年度であること。

(3)　欠損金の通算による控除上限の特例

上記(1)の適用対象法人が上記(2)の適用対象事業年度において法人税法第64条の７の規定を適用して同法第57条の規定を適用する場合において、同法第64条の７第１項第２号の規定により欠損金額とされる金額のうちに特例通算欠損事業年度（注７）において生じたものがあるときは、欠損金の通算の計算において、特例通算欠損事業年度の特定損金算入限度額（注８）にその適用対象法人の特定超過控除対象額（注９）に相当する金額を加算し、特例通算欠損事業年度の非特定欠損金配賦額（注８）の計算におけるその適用対象法人の損金算入限度額（注８）の残額にその適用対象法人の非特定超過控除対象額に相当する金額を、他の通算法人の損金算入限度額の残額に当該他の通算法人の非

特定超過控除対象額に相当する金額を、それぞれ加算し、特例通算欠損事業年度の非特定損金算入限度額（注８）の計算における非特定損金算入割合（注８）の分子の金額にその適用対象法人及び当該他の通算法人の非特定超過控除対象額（注10）の合計額を加算することになります（措法66の11の４③による読替後の法64の７①）。

（注７） 特例通算欠損事業年度とは、上記(1)の適用対象法人である通算法人の10年内事業年度（注10）のうち、その10年内事業年度に係るその通算法人の対応事業年度又は他の通算法人の他の対応事業年度のいずれかが特例事業年度に該当する場合におけるその10年内事業年度（以下「特例10年内事業年度」といいます。）で、その対応事業年度及び他の対応事業年度において生じた欠損金額のうちに特定超過控除対象額又は非特定超過控除対象額がある場合におけるその特例10年内事業年度をいいます。

（注８） 特定損金算入限度額とは、法人税法第64条の７第１項第３号イに規定する特定損金算入限度額をいい、非特定欠損金配賦額とは、同項第２号ハに規定する非特定欠損金配賦額をいい、損金算入限度額とは、同法第57条第１項ただし書に規定する損金算入限度額をいい、非特定損金算入限度額とは、同法第64条の７第１項第３号ロに規定する非特定損金算入限度額をいい、非特定損金算入割合とは、同号ロに規定する非特定損金算入割合をいいます。

（注９） 特定超過控除対象額とは、次の金額のうち最も少ない金額をいいます。

① その特例10年内事業年度に係るその通算法人の各対応事業年度において生じた欠損金額のうち、特定欠損金額からその特定欠損金額に相当する金額で、その特定欠損金額につきこの制度を適用しないものとした場合に法人税法第57条第１項の規定によりその通算法人の適用対象事業年度の所得の金額の計算上損金の額に算入されることとなる金額を控除した金額の合計額

② その通算法人のAに掲げる金額からBからDまでに掲げる金額の合計額を控除した金額（以下「投資額残額」といいます。）

A その適用事業年度終了の日までに認定事業適応計画に従って行った投資の額として財務省令で定める金額

B ａに掲げる金額とｂ及びｃに掲げる金額の合計額のうち上記Aの投資の額に対応する部分の金額の合計額とを合計した金額

ａ その通算法人の適用対象事業年度前の事業年度で本特例の適用を受けた各事業年度（以下「過去通算適用事業年度」といいます。）における各特例10年内事業年度において生じた欠損金額とされた金額に係る特定超過控除対象額の合計額

ｂ その通算法人の過去通算適用事業年度における各特例10年内事業年度において生じた欠損金額とされた金額に係る非特定超過控除対象額

ｃ その通算法人の過去通算適用事業年度終了の日においてその通算法人との間に通算完全支配関係がある他の通算法人の同日に終了する事業年度における各特例10年内事業年度において生じた欠損金額とされた金額に係る非特定超過控除対象額

投資の額に対応する部分の金額は、具体的には、ｄに掲げる金額にｅに掲げる金額がｆに掲げる金額のうちに占める割合を乗じて計算した金額とされています（措

令39の23の２③)。

d　上記ｂの非特定超過控除対象額及び上記ｃの非特定超過控除対象額（その各特例10年内事業年度終了の日に終了する他の通算法人の各特例10年内事業年度に係るものに限ります。）の合計額

e　上記ｂの非特定超過控除対象額の計算の基礎となったその通算法人の投資額残額からその非特定超過控除対象額の計算の基礎となった下記（注10）の②Ａに掲げる金額を控除した金額

f　上記ｂの非特定超過控除対象額の計算の基礎となった下記（注10）の②の金額

C　その適用事業年度前の事業年度で本特例の適用を受けた各事業年度における各特例事業年度において生じた欠損金額に係る超過控除対象額（租税特別措置法第66条の11の４第２項に規定する金額）の合計額

D　ａに掲げる金額とｂ及びｃに掲げる金額の合計額のうち、その適用事業年度終了の日までに認定事業適応計画に従って行った投資の額として財務省令で定める金額に対応する部分の金額の合計額とを合計した金額

a　その通算法人の適用対象事業年度におけるその特例10年内事業年度前の各特例10年内事業年度において生じた欠損金額とされた金額に係る特定超過控除対象額の合計額

b　その通算法人の適用対象事業年度におけるその特例10年内事業年度前の各特例10年内事業年度において生じた欠損金額とされた金額に係る非特定超過控除対象額

c　その通算法人の適用対象事業年度終了の日に終了する他の通算法人の事業年度におけるその特例10年内事業年度開始の日前に開始した当該他の通算法人の各事業年度において生じた欠損金額とされた金額に係る非特定超過控除対象額

投資の額に対応する部分の金額は、具体的には、ｄに掲げる金額にｅに掲げる金額がｆに掲げる金額のうちに占める割合を乗じて計算した金額とされています（措令39の23の２④)。

d　上記ｂの非特定超過控除対象額及び上記ｃの非特定超過控除対象額（その各特例10年内事業年度終了の日に終了する他の通算法人の特例10年内事業年度に係るものに限ります。）の合計額

e　上記ｂの非特定超過控除対象額の計算の基礎となったその通算法人の投資額残額から、その非特定超過控除対象額の計算の基礎となったその通算法人の適用対象事業年度におけるその特例10年内事業年度に係るその通算法人の対応事業年度において生じた、特定欠損金額に係る特定超過控除対象額を控除した金額

f　上記ｂの非特定超過控除対象額の計算の基礎となった下記（注10）の②の金額

③　その通算法人の適用対象事業年度の所得限度額から上記②Ｂａ及びｂの金額の合計額を控除した金額のうち、Ａに掲げる金額からＢに掲げる金額を控除した金額に達するまでの金額

A　その特例10年内事業年度に係るその通算法人の法人税法第64条の７第１項第３号イに規定する欠損控除前所得金額

B　その特例10年内事業年度に係るその通算法人の各対応事業年度において生じた特定

欠損金額に相当する金額で、その特定欠損金額につきこの制度を適用しないものとした場合に、法人税法第57条第１項の規定によりその通算法人の適用対象事業年度の所得の金額の計算上損金の額に算入されることとなる金額の合計額

(注10)　非特定超過控除対象額とは、①から③までの金額のうち最も少ない金額に④の割合を乗じて計算した金額をいいます 。

①　その特例10年内事業年度に係る非特定欠損金合計額からその非特定欠損金合計額に非特定損金算入割合を乗じて計算した金額を控除した金額

②　その通算法人及び他の通算法人の投資額残額の合計額から次に掲げる金額の合計額を控除した金額

Ａ　その通算法人の適用対象事業年度におけるその特例10年内事業年度に係るその通算法人の対応事業年度において生じた特定欠損金額に係る特定超過控除対象額

Ｂ　その通算法人の適用対象事業年度終了の日に終了する他の通算法人の事業年度におけるその特例10年内事業年度の期間内に、その開始の日がある当該他の通算法人の事業年度（その特例10年内事業年度終了の日の翌日がその通算法人に係る通算親法人の適用対象事業年度開始の日である場合には、その終了の日後に開始した事業年度を含みます。）において生じた特定欠損金額に係る特定超過控除対象額

③　次に掲げる金額の合計額

Ａ　その通算法人の適用対象事業年度の所得限度額から、上記②Ｂａ及びｂの金額及びBに掲げる金額並びに上記②Aに掲げる金額の合計額を控除した金額のうち、非特定欠損控除前所得金額に達するまでの金額

Ｂ　その通算法人の適用対象事業年度終了の日に終了する他の通算法人の事業年度の所得限度額から、その事業年度におけるその特例10年内事業年度開始の日前に開始した当該他の通算法人の各事業年度において生じた欠損金額とされた金額に係る特定超過控除対象額及び非特定超過控除対象額並びに上記②Bに掲げる金額の合計額を控除した金額のうち、他の非特定欠損控除前所得金額に達するまでの金額

④　非特定欠損控除前所得金額が非特定欠損控除前所得金額及び他の非特定欠損控除前所得金額の合計額のうちに占める割合

⑷　適用要件

本特例は、その適用を受ける事業年度の確定申告書等に特定超過控除対象額及び非特定超過控除対象額並びにこれらの金額の計算に関する明細を記載した書類の添付がある場合に限り、適用されます（措法66の11の４⑥）。

令和４年度税制改正大綱

○　令和４年度税制改正大綱に基づき、次のとおりの税制改正が予定されています。

認定事業適応法人の欠損金の損金算入の特例における欠損金の通算の特例について、各通算法人の控除上限に加算する非特定超過控除対象額の配賦は、非特定欠損控除前所得金額から本特例を適用しないものとした場合に損金算入されることとなるその特例10年内事業年度に係る非特定欠損金相当額を控除した金額（改正前：非特定欠損控除前所得金額）の比によることとする等の見直しを行う。

第10章

通算税効果

Q190

通算税効果額の取扱い

通算法人間で授受される通算税効果額はどのように取り扱われることになりますか。

A

授受される通算税効果額は、益金の額及び損金の額に算入しないことになります。

解説

グループ通算制度において、損益通算の規定（法64の5①）又は欠損金の通算の規定（法64の7）その他通算法人及び通算法人であった法人のみに適用される規定を適用することにより減少する法人税及び地方法人税の額に相当する金額として通算法人（通算法人であった法人を含みます。）と他の通算法人（通算法人であった法人を含みます。）との間で金銭が授受されることになります。法人税法上、この授受される金銭が「通算税効果額」とされています（法26④）。

この通算法人の間で授受される通算税効果額は、益金の額及び損金の額に算入しないこととされています（法26④、38③）。

なお、この通算税効果額は、例えば、次のように合理的に計算することとされています。

① 損益通算により減少する所得金額について法人税率を乗じて算出された金額（地方法人税相当額を含みます。）を通算税効果額とする方法

② 通算グループ全体の税額控除額の合計額を各通算法人の試験研究費の額の比であん分して算出された金額と各通算法人の税額控除額との差額（地方法人税相当額を含みます。）に基づいて通算税効果額を算出する方法

③ 欠損金の通算が行われる場合には、被配賦欠損金控除額（法64の7⑤一）及び配賦欠損金控除額（法64の7⑤二）に基づいて通算税効果額を算出する方法

令和４年度税制改正大綱

○　令和４年度税制改正大綱に基づき、次のとおりの税制改正が予定されています。

益金不算入及び損金不算入の対象となる通算税効果額から、利子税の額に相当する金額として各通算法人間で授受される金額を除外する。

Q191

通算税効果額等の申告書別表への記載方法

グループ通算制度を適用している各通算法人の損益計算書に記載された金額が以下のとおりである場合、通算親法人は、通算税効果額等を申告書別表にどのように記載することになりますか。

	通算親法人 A社	通算子法人 B社	通算子法人 C社	計
税引前当期純利益	800	400	▲500	700
法人税、住民税及び事業税	200	100	▲125	175
当期純利益	600	300	▲375	525

〔法人税、住民税及び事業税計上額の内訳〕

	通算親法人A社	通算子法人B社	通算子法人C社	計
各社納付額（納税充当金）	80	40	0	120
通算税効果額	100	60	▲160	0
計	180	100	▲160	120

なお、法人税率は25%、地方法人税、住民税及び事業税は考慮しないものとして法人税等の実効税率は25%とし、中間納付税額及び税効果会計については考慮しないものとします。

A

解説のとおりです。

解説

1　通算法人の間で授受される通算税効果額等に係る会計処理

(1)　A社

法人税、住民税及び事業税　80　／　未払法人税等　80

法人税、住民税及び事業税　100　／　未払金（通算税効果額）　100

(2) B社

法人税、住民税及び事業税	40	／	未払法人税等	40
法人税、住民税及び事業税	60	／	未払金（通算税効果額）	60

(3) C社

未収入金（通算税効果額）	160	／	法人税、住民税及び事業税	160

2　通算親法人A社の別表四付表の記載例（抜粋）

区　分		総額	処分	
			留保	社外流出
		①	②	③
加算	損金経理をした通算税効果額（附帯税の額に係る金額を除く。）	100	100	

3　通算親法人A社の別表四の記載例（抜粋）

区　分		総額	処分	
			留保	社外流出
		①	②	③
当期利益又は当期欠損の額		600	600	
加算	損金経理をした納税充当金	80	80	
	通算法人に係る加算額	100	100	
所得金額又は欠損金額		780	780	

4　通算親法人A社の別表五（一）の記載例（抜粋）

区分	期首	減	増	期末
未払金（通算税効果額）			100	100
繰越損益金			600	600
納税充当金			80	80
未納法人税			▲80	▲80
未払通算税効果額			▲100	▲100
差引合計額			600	600

第11章

投資簿価修正

Q192

グループ通算制度における投資簿価修正

グループ通算制度においては、どのような場合に投資簿価修正を行うことになりますか。

A

通算グループから通算子法人が離脱する場合、その通算子法人の株式を保有する通算法人において投資簿価修正を行うことになります。

解説

グループ通算制度では、投資簿価修正を行う必要があります。これは、通算法人が有する株式を発行した通算子法人について通算制度の承認がその効力を失う場合（以下、この承認の効力を失うこととなる事由を「通算終了事由」といいます。）に通算子法人の稼得した利益に対する二重課税や、通算子法人に生じた損失に対する二重控除の排除等のために、その通算子法人の株式の帳簿価額の修正を行うものです（法2十八、令9六、119の3⑤、119の4①）。

具体的には、通算子法人に通算終了事由が生じて通算グループから離脱する場合、その通算子法人（初年度離脱通算子法人（注1）を除きます。）の株式を保有する通算法人において、その通算終了事由が生じた直前のその通算子法人の株式の帳簿価額をその通算子法人の簿価純資産価額（注2）に相当する金額に修正を行う（令119の3⑤）とともに、自己の利益積立金額につきその修正により増減した帳簿価額に相当する金額を増減する調整（投資簿価修正）を行うことになります（法2十八、令9六）。

(注)1　初年度離脱通算子法人とは、通算子法人で通算親法人との間に通算完全支配関係を有することとなった日の属するその通算親法人の事業年度終了の日までに、その通算完全支配関係を有しなくなる子法人（その通算完全支配関係を有することとなった日以後2か月以内に、通算完全支配関係を有しなくなった子法人に限ります。）のことをいいます。ただし、通算グループ内の他の通算法人を合併法人とする合併又は残余財産の確定により通算完全支配関係を有しなくなるものを除きます。

2　簿価純資産価額とは、離脱する通算子法人のグループ通算制度の承認の効力を失った日の前日の属する事業年度終了の時において有する資産の帳簿価額から負債（新株予約権及び株式引受権に係る義務を含みます。）の帳簿価額を減算した金額に、その前日のその通算子法人の発行済株式又は出資の総数又は総額に対する通算法人が保有する株式又出資の数又は金額の割合を乗じて計算した金額をいいます（令119の３⑤）。

Q193

通算法人間の適格合併による通算完全支配関係の喪失に伴う投資簿価修正の要否

通算法人間で適格合併を行った場合、被合併法人である通算子法人株式についての投資簿価修正は、必要でしょうか。

A

当該被合併法人の株主である通算法人において、当該被合併法人の株式につき、当該合併の日の前日に、投資簿価修正を行う必要があります。

解説

連結納税制度における投資簿価修正を要する「譲渡等修正事由」からは、連結法人間の適格合併に基因する連結完全支配関係の喪失は除かれており、投資簿価修正を要しないこととされていました（令9②三）が、グループ通算制度においては、このような規定は置かれていません。

通算法人間で適格合併を行った場合、被合併法人である通算子法人には、投資簿価修正を要する事由である通算終了事由が生じたこととなります。

したがって、当該被合併法人の株主である通算法人において、当該被合併法人の株式につき、当該合併の日の前日に、投資簿価修正を行う必要があります（令119の3⑤）。

なお、被合併法人が通算完全支配関係のある通算子法人の株式を有している場合の当該通算子法人株式については、当該通算子法人において、通算終了事由は生じておりませんので、通算子法人の株式に対する投資簿価修正は行いません。

（参考）

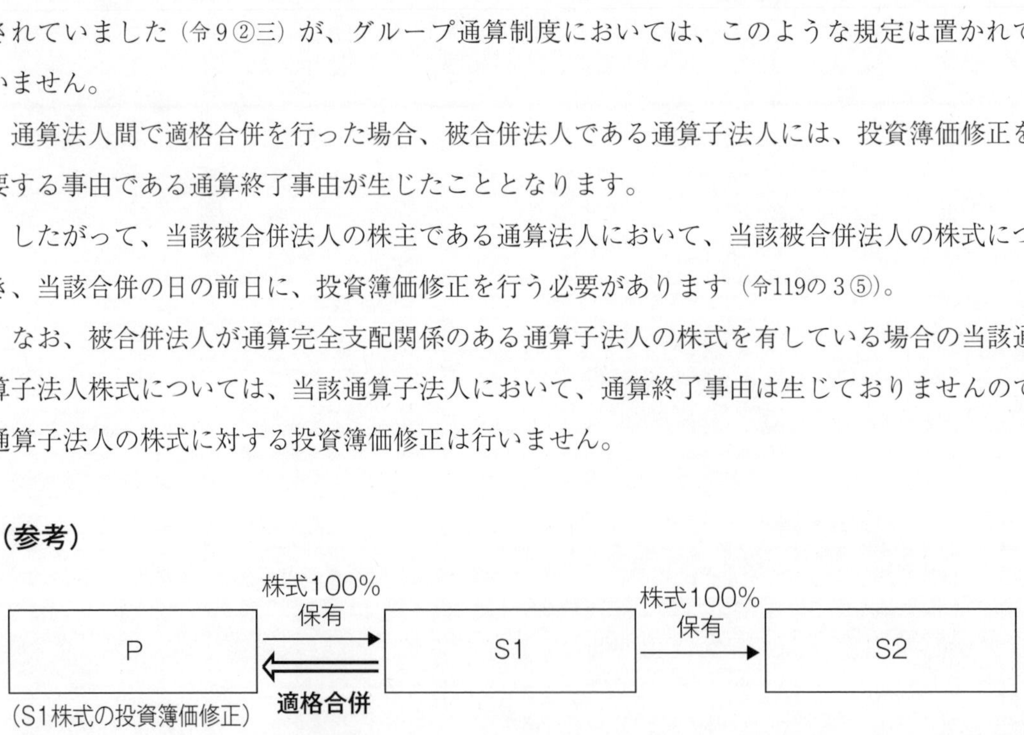

Q194

グループ通算制度の取りやめの場合の通算子法人株式についての投資簿価修正の要否

グループ通算制度の適用を取りやめる場合、通算子法人株式についての投資簿価修正は、必要でしょうか。

A

グループ通算制度の適用を取りやめる場合、通算子法人株式の投資簿価修正が必要です。

解説

グループ通算制度の適用を取りやめる場合、通算終了事由（通算承認の効力を失うこと）が生じたこととなります。

したがって、通算子法人の株主である通算法人において、当該取りやめの日の前日に、当該通算子法人株式につき、投資簿価修正を行う必要があります（令119の3⑤）。

Q195

通算法人の投資簿価修正と同時に行うこととなる他の通算子法人（孫会社及びこれに連鎖する法人）株式の投資簿価修正

通算終了事由が生じた通算法人の投資簿価修正と同時に行うこととなる直接又は間接に保有する通算子法人（孫会社及びこれに連鎖する法人）株式の投資簿価修正は、どのように行えばよいでしょうか。

A

通算法人の帳簿価額の修正と同時に行うこととなるその孫会社及びこれに連鎖する法人の株式の投資簿価修正の順序については、連鎖する下位の法人から先に行うこととされています。

解説

通算終了事由が生じた通算法人の投資簿価修正と、同時に行うこととなるその通算法人が直接又は間接に保有する通算子法人株式の投資簿価修正については、連鎖する下位の法人から順に行うこととされています（通算通達2−18）。

具体的な計算においては、まず孫会社の修正すべき金額を確定させ、次に子会社の当該金額を確定させなければ、親会社の当該金額の計算が行えないことになるためです。

よって、投資簿価修正を行うべき通算法人が２以上ある場合の修正計算の順序については、通算親法人から連鎖する資本関係が最も下位である法人から順次、上位のものについて行うこととなります。

Q196

複数の株主がいる場合の投資簿価修正

複数の株主がいる場合の通算子法人株式の投資簿価修正はどのように行うことになりますか。

A

通算子法人に通算終了事由が生じた場合には、通算子法人の株式を譲渡した通算法人に限らず、その通算子法人の株式を保有する全ての通算法人が投資簿価修正を行う必要があります。

解説

通算法人が有する株式を発行した通算子法人（初年度離脱通算子法人を除きます。以下同じです。）についてグループ通算制度の承認がその効力を失う場合（以下、この場合における投資簿価修正事由を「通算終了事由」といいます。）には、その通算子法人の株式の帳簿価額をその通算子法人の簿価純資産価額に相当する金額に修正を行うとともに、自己の利益積立金額につきその修正により増減した帳簿価額に相当する金額の増加又は減少の調整を行うこととされています（法２十八、令９六、119の３⑤、119の４①）。

したがって、通算子法人に通算終了事由が生じた場合には、通算子法人の株式を譲渡した通算法人に限らず、その通算子法人の株式を保有する全ての通算法人が投資簿価修正を行う必要があります。

Q197

複数の株主がいる場合の投資簿価修正の具体例

通算親法人P社（３月決算）の通算グループの通算子法人S１社及び通算子法人S２社は、同一の通算グループの通算子法人S３社（発行済株式の総数は100、初年度離脱通算子法人には該当しません。）の発行済株式を保有（S１社：60株、S２社：40株）していますが、X１年４月１日にS１社はその有するS３社の株式の全てを通算グループ外のA社に譲渡しました。

⑴　この場合、どの法人がいわゆる投資簿価修正を行うこととなりますか。

⑵　また、その場合に投資簿価修正はどのように計算することとなりますか。

なお、S１社及びS２社が有するS３社の株式の帳簿価額は、それぞれ500及び500、S１社がS３社の株式を譲渡した日の前日にS３社が有する資産の帳簿価額の合計額は1,300、負債の帳簿価額の合計額は300とします。

A

⑴　S１社及びS２社のいずれも投資簿価修正を行う必要があります。

⑵　S３社の株式の帳簿価額について、S１社は600、S２社は400にそれぞれ修正する必要があります。また、利益積立金額について、S１社は100増加させ、S２社は100減少させる調整を行う必要があります。

解説

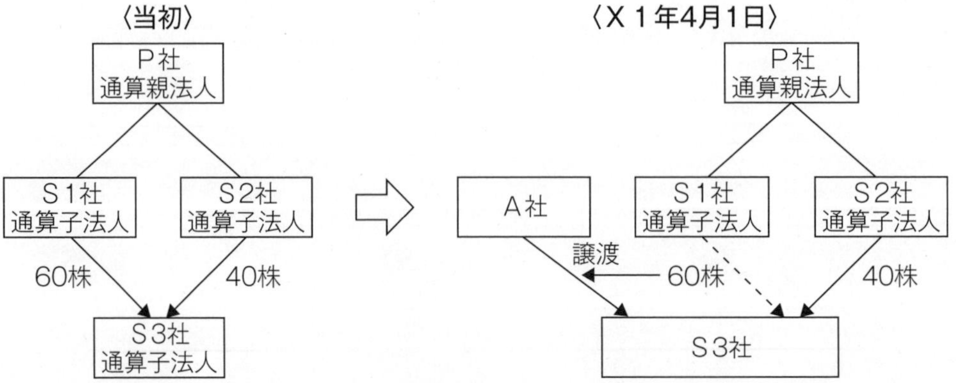

S１社によるS３社の株式の譲渡の直前にS３社の株式を保有していたS１社及びS２社は、その譲渡の前に、それぞれ次のとおり、S３社の株式の帳簿価額について簿価純資産価額に相当する金額となるように修正を行う必要があります。また、それぞれの利益積立金額についてその修正により増減した帳簿価額に相当する金額の増加又は減少の調整を行う必要があります。

１　S３社株式の帳簿価額（S１社500、S２社500）

２　S３社に係る簿価純資産価額

S１社：(1,300 － 300) × (60 ÷ 100) ＝ 600

S２社：(1,300 － 300) × (40 ÷ 100) ＝ 400

３　簿価純資産不足額又は簿価純資産超過額

S１社：600 － 500 ＝ 100（簿価純資産不足額）

S２社：500 － 400 ＝ 100（簿価純資産超過額）

４　投資簿価修正

S１社：〔S３社株式　　100／利益積立金額　100〕

S２社：〔利益積立金額　100／S３社株式　　100〕

Q198

投資簿価修正を行う時期

投資簿価修正を行う必要がある場合、それはいつ行うのですか。

A

投資簿価修正は、通算承認の効力を失う日の前日において行うこととされています。

解説

その株式を保有する通算法人に通算終了事由が生じたことによる投資簿価修正は、その通算承認の効力を失う日の前日において行うこととされています（財務省HP令和２年度税制改正の解説P951）。

これについては、連結納税制度における投資簿価修正において、「連結完全支配関係の喪失に伴う離脱と同時に他の連結グループに加入する場合等に対応する必要があるため」と説明（財務省HP平成20年度税制改正の解説P349～P350）されていることと同旨と思われます。

Q199

他の通算グループに加入した場合の時価評価と投資簿価修正

通算子法人１社（Ｓ社）を有する通算親法人（Ｐ社）は、他の通算グループである通算親法人（Ｘ社）によりその発行済株式の全部を取得されたことに伴い、他の通算グループに加入することとなりました。加入時の時価評価や投資簿価修正はどのように行うことになりますか。

A

解説のとおりです。

解説

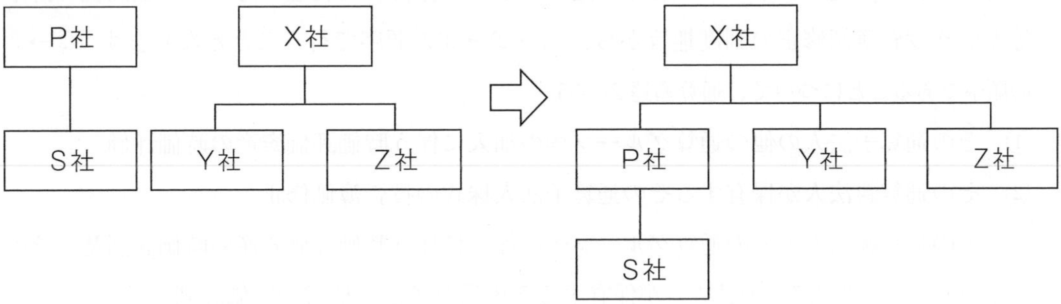

1　グループ通算制度の承認の効力を失う場合の投資簿価修正等

通算法人が有する株式を発行した通算子法人（初年度離脱通算子法人を除きます。以下同じです。）についてグループ通算制度の承認がその効力を失う場合には、その通算子法人の株式の帳簿価額をその通算子法人の簿価純資産価額に相当する金額に修正を行うとともに、自己の利益積立金額につきその修正により増減した帳簿価額に相当する金額の増加又は減少の調整を行うこととされています（法２十八、令９六、119の３⑤、119の４①）。

2　グループ通算制度加入時の時価評価

グループ通算制度に加入する内国法人が、グループ通算制度への加入直前の事業年度終了の時に有する時価評価資産の評価益の額又は評価損の額は、原則として、加入直前の事業年度において、益金の額又は損金の額に算入する必要があります（法64の12①）。

3　グループ通算制度加入時に保有する株式の時価評価

グループ通算制度に加入する内国法人についてグループ通算制度の承認の効力が生じた日においてその内国法人の株式を有する内国法人（以下「株式等保有法人」といいます。）のその株式の評価益の額又は評価損の額は、そのグループ通算制度の承認の効力が生じた日の前日の属するその株式等保有法人の事業年度において、益金の額又は損金の額に算入する必要があります（法64の12②）。

4　適用順序

通算親法人が他の通算グループの通算法人に発行済株式の全部を取得されたこと等により当該他の通算グループへ加入することとなる場合、その通算親法人が保有する通算子法人株式の投資簿価修正と、その通算親法人の他の通算グループへの加入に伴う時価評価資産の時価評価と、その通算親法人（株式等保有法人）が保有するその通算子法人株式の時価評価及びその通算子法人の他の通算グループへの加入に伴う時価評価資産の時価評価のいずれの規定も適用されることとなります。

そして、その適用順序については、通算子法人の稼得した利益に対する二重課税の排除等という投資簿価修正の制度趣旨から、①→②→③の順序で行うこととなります（②→③の順序であることについて、通算通達２－55）。

①　その通算子法人の他の通算グループへの加入に伴う時価評価資産の時価評価

②　その通算親法人が保有するその通算子法人株式の投資簿価修正

③　その通算親法人の他の通算グループへの加入に伴う時価評価資産の時価評価及びその通算親法人（株式等保有法人）が保有するその通算子法人株式の時価評価

5　本件の場合

次の順序で時価評価及び投資簿価修正を行うことになります。

①　Ｓ社の時価評価資産の時価評価

②　Ｐ社が保有するＳ社株式の投資簿価修正

③　Ｐ社の時価評価資産の時価評価及びＰ社が保有するＳ社株式の時価評価

Q200

通算グループから離脱した場合の投資簿価修正の計算

通算子法人が通算グループから離脱した場合の、投資簿価修正の計算はどのように行うのですか。

A

解説のとおりです。

解説

X社通算グループの通算親法人X社が、保有するその通算子法人Y社（X社の出資により設立）の株式の全部を（出資事業年度後に）譲渡したことにより、Y社がX社通算グループから離脱した場合の投資簿価修正の計算例は次のとおりです。

《前提》

・X社のY社への出資……200

・Y社株式の譲渡価額……300

・X社、Y社の離脱直前の貸借対照表

X社

資産合計	500	負債合計	400
Y社株式	200	資本金	100
		利益積立金	200

Y社

資産合計	600	負債合計	300
		資本金	100
		利益積立金	200

※　下線部分が投資簿価修正箇所となります。

1　通算グループから離脱したその通算子法人の株式を保有する通算法人において、その通算終了事由が生じた直前のその通算子法人の株式の帳簿価額をその通算子法人の簿価純資産価額に相当する金額に修正を行うとともに、自己の利益積立金額につきその修正により増減した帳簿価額に相当する金額を増減する調整を行うことになります（投資簿価修正といいます。）。

2　通算子法人について通算終了事由が生じた場合におけるその株式の１単位当たりの帳簿価額は、その通算終了事由が生じた時の直前の帳簿価額に簿価純資産不足額（注１）を加算し、又はその直前の帳簿価額から簿価純資産超過額（注２）を減算した金額をその株式の数で除して算出します。

㈱1　簿価純資産不足額とは、その株式の帳簿価額が簿価純資産価額に満たない場合におけるその満たない部分の金額のことです。

2　簿価純資産超過額とは、その株式の帳簿価額が簿価純資産価額を超える場合におけるその超える部分の金額のことです。

《計算》

⑴　X社が保有するY社株式の帳簿価額 ……………………200

⑵　Y社の簿価純資産価額　(600 － 300) × 100% ＝ 300

⑶　簿価純資産不足額（簿価純資産価額 － Y社株式の帳簿価額）

300 － 200 ＝ 100

⑷　X社のY社株式譲渡に係る処理

①　Y社株式　100　／　利益積立金　100　(投資簿価修正)

(※投資簿価修正後のX社が保有するY社株式の帳簿価額は、300 (200＋100) となります。)

②　現金　300　／Y社株式　300

(譲渡損益は発生しません。)

令和４年度税制改正大綱

○　令和４年度税制改正大綱に基づき、次のとおりの税制改正が予定されています。

通算子法人の離脱時にその通算子法人の株式を有する各通算法人が、その株式（子法人株式）に係る資産調整勘定等対応金額について離脱時の属する事業年度の確定申告書等にその計算に関する明細書を添付し、かつ、その計算の基礎となる事項を記載した書類を保存している場合には、離脱時に子法人株式の帳簿価額とされるその通算子法人の簿価純資産価額にその資産調整勘定等対応金額を加算することができる措置を講ずる。

（注１）　対象となる通算子法人からは、主要な事業が引き続き行われることが見込まれていないことによりグループ通算制度からの離脱等に伴う資産の時価評価制度の適用を受ける法人を除く。

（注２）　上記の「資産調整勘定等対応金額」とは、上記の通算子法人の通算開始・加入前に通算グループ内の法人が時価取得した子法人株式の取得価額のうち、その取得価額を合併対価としてその取得時にその通算子法人を被合併法人とする非適格合併を行うものとした場合に資産調整勘定又は負債調整勘定として計算される金額に相当する金額をいい、子法人株式の時価取得が段階的に行われる場合又は通算グループ内の複数の法人により行われる場合には、各通算法人の各取得時における調整勘定として計算される金額に対応する金額に取得株式数割合を乗じて計算した金額の合計額とする。

（注３）　資産調整勘定等対応金額は、上記の通算子法人を被合併法人等とする非適格合併等が行われた場合には零とする。

（注４）　連結納税制度からグループ通算制度に移行したグループの連結開始・加入子法人についても、対象とする。

Q201

投資簿価修正対象株式に含み損（通算加入前の簿価に関するもの）が生じている場合

離脱する通算子法人の株式に係る簿価が、当該子法人の株式取得時の時価から下落している場合の投資簿価修正は、どのように行うのでしょうか。

なお、当該通算子法人については、加入・離脱時の時価評価を要する場合には該当しません。

A

離脱子法人株式の簿価について、その離脱直前の簿価純資産価額と等しくなるよう修正します。

解説

投資簿価修正は、離脱する通算子法人株式の簿価を当該子法人の離脱直前の簿価純資産価額に修正するものです。

したがって、当該子法人株式の取得価額がその取得時の当該子法人の簿価純資産価額を上回っている場合には、当該取得価額と簿価純資産価額との差額は損金に計上されないこととなります。事例により説明します。

（事例）

① 6年前にS社株式の100%を800で取得（S社の簿価純資産価額600）

② 3年前にS社株式に係る評価損　300を計上（全額税務加算）

③ 当期（通算事業年度）途中にS社株式の全部を400で売却（S社の売却直前の簿価純資産価額　400 ＝ 資産　600 － 負債　200

④ 会計上、譲渡益 ＝（800 － 300）－ 400 ＝ 100

（投資簿価修正）

S社の売却直前の簿価純資産価額　400

S社株式の帳簿価額（税務）＝ 800

投資簿価修正

　　利益積立金額　400　／　S社株式　400

売却損益　0（税務）

　　現預金　　　　400　／　S社株式　400

利益積立金額及び資本金等の額の計算に関する明細書	事業年度	X1・4・1 X2・3・31	法人名	P	別表五(一)

I　利益積立金額の計算に関する明細書

区分		期首現在利益積立金額 ①	当期の増減 減 ②	当期の増減 増 ③	差引翌期首現在利益積立金額 ①－②＋③ ④
S社株式（評価損）	4	300	300		0
S社株式	5		△400	△400	0

譲渡に係る減算　投資簿価修正額

所得の金額の計算に関する明細書	事業年度	X1・4・1 X2・3・31	法人名	P	別表四

区分			総額 ①	処分 留保 ②	処分 社外流出 ③	
当期利益又は当期欠損の額		1	円 100	円 100	配当	円
					その他	
加算						
	小計	11				
減算						
	評価損否認額の認容		300	300		
	譲渡に係る帳簿価額修正額		△400	△400		
	小計	21	100	100	外※	
仮計 (1)＋(11)－(21)		22	0	0	外※	

会計上の譲渡利益

Q202

通算子法人株式の売却前に当該通算子法人が配当している場合の投資簿価修正額

通算子法人が株式譲渡前に配当を行っている場合の投資簿価修正は、どのように行うのでしょうか。

なお、当該通算子法人については、加入・離脱時の時価評価を要する場合には該当しません。

A

離脱子法人株式の簿価純資産は、配当により減少するため、一般的には、投資簿価修正額は、当該配当金額分が減少することになります。

解説

配当を行った場合、配当の効力発生日において、利益積立金額は減少します。

したがって、当該配当により、簿価純資産価額は、当該配当金額分が減少します。

これにより、通算子法人の株式譲渡前に配当を行っている場合の投資簿価修正額についても、当該配当金額分について、減少することになります。

以下、事例により説明します。

（事例）

①　6年前にS社を100%出資で設立（出資額　1,000）

②　S社の売却直前において、利益の配当　1,000を行う。

（配当前の簿価純資産価額　3,000 ＝ 資産　4,000 － 負債　1,000）

③　配当後、S社株式の全部を2,000で売却

④　会計上の譲渡益 ＝ 2,000 － 1,000 ＝ 1,000

（投資簿価修正）

S社の売却直前の簿価純資産価額　2,000（配当前　3,000 － 配当額　1,000）

S社株式の帳簿価額 ＝ 1,000

簿価純資産不足額 ＝ 2,000 － 1,000 ＝ 1,000

投資簿価修正（離脱直前の簿価純資産価額に修正）

　　S社株式　1,000／利益積立金額　1,000

売却損益　0（税務）

　　現預金　　2,000／S社株式　　　2,000

利益積立金額及び資本金等の額の計算に関する明細書　　事業年度 X1・4・1 X2・3・31　法人名 P　別表五(一)

I　利益積立金額の計算に関する明細書

区分		期首現在利益積立金額 ①	当期の増減 減 ②	当期の増減 増 ③	差引翌期首現在利益積立金額 ①−②＋③ ④
S社株式	4		1,000	1,000	0

譲渡に係る減算　投資簿価修正額

所得の金額の計算に関する明細書　　事業年度 X1・4・1 X2・3・31　法人名 P　別表四

区分			総額 ①	処分 留保 ②	処分 社外流出 ③	
当期利益又は当期欠損の額		1	円 1,000	円 1,000	配当	円
					その他	
加算						
加算						
加算						
加算	小計	11				
減算						
減算	譲渡に係る帳簿価額修正額		1,000	1,000		
減算	小計	21	1,000	1,000	外※	
仮計 (1)＋(11)−(21)		22	0	0	外※	

会計上の譲渡利益

Q203

通算法人の投資簿価修正と同時に行うこととなる他の通算子法人株式の投資簿価修正の計算例

通算終了事由が生じた通算法人の投資簿価修正と同時に行うこととなる直接又は間接に保有する通算子法人株式の投資簿価修正は、具体的にはどうなりますか。

A

解説のとおりです。

解説

具体的な計算においては、まず孫会社の修正すべき金額を確定させ、次に子会社の当該金額を確定させます。

（例）

① 株主Ｐ（100％株主）におけるS1株式の帳簿価額　1,000

② S1の売却直前における簿価純資産価額　2,500

③ S1（Ｓ2の100％株主）におけるＳ2株式の帳簿価額　500

④ Ｓ2の離脱直前の簿価純資産価額　1,000

(1) 子会社Ｓ1における孫会社Ｓ2株式の投資簿価修正

イ　簿価純資産不足額 ＝ 1,000 － 500 ＝ 500

ロ　投資簿価修正

　Ｓ2株式　500／利益積立金額　500

(2) ＰにおけるS1株式の投資簿価修正

イ　S1の簿価純資産価額 ＝ 3,000 ＝ 2,500 ＋ 500（Ｓ2株式の増加額）

ロ　簿価純資産不足額 ＝ 2,000 ＝ 3,000 － 1,000

ハ　投資簿価修正

　S1株式　2,000／利益積立金額　2,000

Q204

加入時に時価評価を行った通算子法人が離脱する場合の投資簿価修正

加入時に時価評価を行った通算子法人が離脱する場合の投資簿価修正は、具体的にはどうなりますか。

A

加入時に時価評価を行った通算法人株式についてもその離脱時において、加入法人株式に係る投資簿価修正を行います。

なお、具体的な計算については、解説のとおりです。

解説

具体的な計算においては、まず時価評価を行った加入子法人株式について時価評価を行います。次に当該子会社の離脱時において、投資簿価修正を行います。

（例）

① 株主P（100%株主）におけるS１株式の帳簿価額 1,000

② S１の加入時直前における時価評価資産の含み益 500

③ S１の離脱時における簿価純資産価額 3,000

(1) 時価評価法人である加入法人（S１）の株主である通算法人（P）のS１株式の時価評価

時価評価法人である加入法人の株主である通算法人は、当該加入子法人株式についてその加入日の前日の属する事業年度において、時価評価を行うこととされています（法64の12②）。

S１株式 500／評価益 500

S１株式の帳簿価額 ＝ 1,000 ＋ 500 ＝ 1,500

(2) S１の離脱時におけるPのS１株式の投資簿価修正

イ 簿価純資産不足額 ＝ 3,000 － 1,500 ＝ 1,500

ロ 投資簿価修正

S１株式 1,500／利益積立金額 1,500

Q205

離脱時の時価評価の対象となる通算子法人の株式の投資簿価修正

離脱時に時価評価を行うこととなる場合の投資簿価修正は、具体的にはどうなりますか。

A

解説のとおりです。

解説

売却等により離脱する通算子法人において、離脱の前に行っている主要な事業が離脱等後において引き続き行われることが見込まれていない場合には、その離脱時に時価評価を行うこととされています（法64の13①）。

この場合の当該離脱法人の株主である通算法人における投資簿価修正は、その時価評価後の簿価純資産価額を基準に行うこととなります。

（例）

① 株主P（100%株主）におけるS１株式の帳簿価額　1,000

② S１の離脱時における時価評価前の簿価純資産価額　1,000

③ S１の離脱直前における時価評価資産の含み損　500

④ Pは、外部にS１株式を600で売却

会計処理　現預金　600／S１株式　1,000

売却損　400／

(1) 子会社S１の離脱時における時価評価

評価損　500／時価評価資産　500

簿価純資産価額 ＝ 1,000 － 500 ＝ 500

(2) PのS１の離脱時におけるS１株式の投資簿価修正

イ　簿価純資産超過額 ＝ 1,000 － 500 ＝ 500

ロ　投資簿価修正

利益積立金額　500／S１株式　500

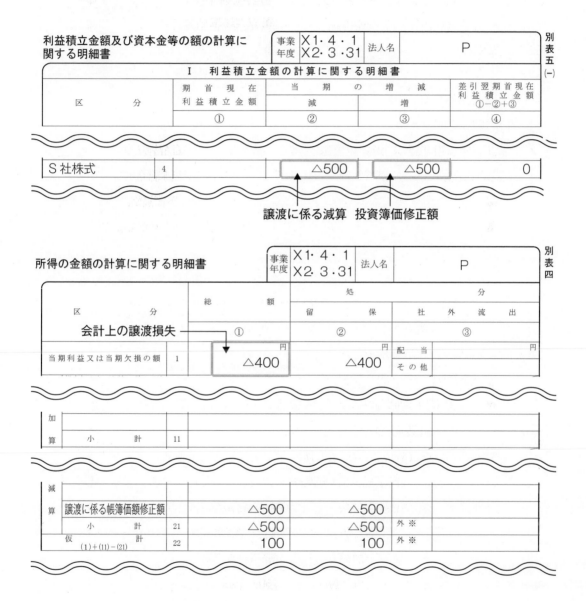

利益積立金額及び資本金等の額の計算に関する明細書　事業年度 X1・4・1 X2・3・31　法人名 P　別表五(一)

I　利益積立金額の計算に関する明細書

区分		期首現在利益積立金額 ①	当期の増減 減 ②	当期の増減 増 ③	差引翌期首現在利益積立金額 ①－②＋③ ④
S社株式	4		△500	△500	0

②の△500：譲渡に係る減算　③の△500：投資簿価修正額

所得の金額の計算に関する明細書　事業年度 X1・4・1 X2・3・31　法人名 P　別表四

区分		総額 ①	処分 留保 ②	処分 社外流出 ③	
当期利益又は当期欠損の額	1	円 △400	円 △400	配当	円
				その他	
加算					
加算 小計	11				
減算					
減算 譲渡に係る帳簿価額修正額		△500	△500		
減算 小計	21	△500	△500	外※	
仮計 (1)＋(11)－(21)	22	100	100	外※	

①の△400：会計上の譲渡損失

第12

譲渡損益の繰延べ

Q206

譲渡対象資産が通算子法人株式である場合の譲渡損益の繰延べ措置の不適用

グループ通算制度においては、保有する通算法人株式を通算グループ内の他の通算法人に譲渡した場合、グループ法人税制における譲渡損益の繰延べの適用はないと聞きましたが、どのようなことですか。

A

通算法人株式を通算グループ内の他の通算法人に譲渡した場合には、初年度離脱通算子法人株式である場合を除き、当該譲渡に係る譲渡損益は、損金又は益金に算入しないこととされています。

解説

通算法人が保有する他の通算法人株式について、同じ通算グループ内の通算法人に譲渡する場合の譲渡損益については、当該通算法人株式の帳簿価額が1,000万円以上であるかどうかに関わらず（令122の12①三）、損金又は益金の額に算入されません（法61の11⑧）。

なお、当該通算法人株式が、初年度離脱通算子法人株式である場合には、この制度の適用はありません（令122の12⑯）。

また、会計上、計上された当該通算法人株式の譲渡に係る損益は、申告調整により加減算しますが、その他流出として処理され（令９一チ）、その後の戻入は行いません。

（例）

通算子法人S１が発行済み株式の100%を保有する通算子法人S２株式の全部を通算親法人Pに譲渡

①　S１の帳簿価額　3,000、譲渡価額（時価）2,500

②　S１の会計処理

現預金　2,500／S２株式　3,000

譲渡損　　500／

③　申告調整（イメージ・実際には当該申告調整は、別表四付表に記載）

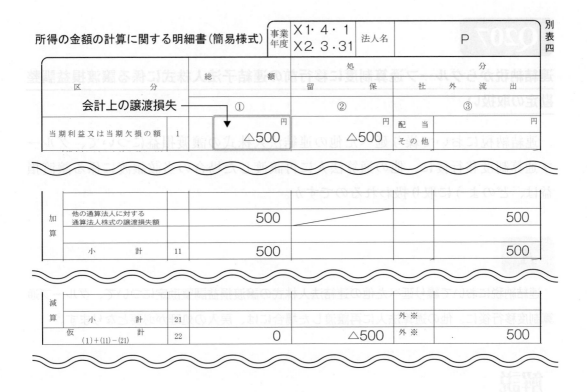

所得の金額の計算に関する明細書（簡易様式）

事業年度	X1・4・1 X2・3・31	法人名	P

別表四

会計上の譲渡損失

区分			総額 ①	処分 留保 ②	処分 社外流出 ③	
当期利益又は当期欠損の額		1	円 △500	円 △500	配当	円
					その他	
加算						
加算	他の通算法人に対する通算法人株式の譲渡損失額		500			500
加算						
加算	小計	11	500			500
減算						
減算	小計	21			外※	
仮計 (1)＋(11)－(21)		22	0	△500	外※	500

Q207

連結納税からグループ通算制度に移行前の連結子法人株式に係る譲渡損益調整勘定の取扱い

連結納税において繰り延べた他の連結法人株式の譲渡損益について、グループ通算制度移行後に、他の通算法人に再譲渡した場合の当該譲渡に係る譲渡損益は、どのように取り扱われるのですか。

A

連結納税において繰り延べた他の連結法人株式の譲渡損益調整勘定について、グループ通算制度移行後に、他の通算法人に再譲渡した場合には、戻入の処理が必要となります。

解説

通算法人株式の通算グループ内譲渡に係る譲渡損益の非計上（法61の11⑧、なおQ206参照）の規定については、グループ通算制度の適用に伴う経過措置が設けられていません。

したがって、連結法人株式を連結グループ内の他の連結法人に譲渡し、譲渡損益調整勘定の取崩しが終了していない法人は、グループ通算制度に移行した後において、譲渡損益額を計上すべき事由が生じたときは、譲渡損益を計上することになります（財務省HP令和２年度「税制改正の解説」P955）。

第13

評価損

Q208

通算子法人株式に係る評価損益の計上の可否

通算子法人株式について、評価損の計上事由が生じた場合、評価損の計上は可能ですか。

A

グループ通算制度においては、通算子法人株式に係る評価損益の計上は認められません。

解説

通算法人が有する他の通算法人の株式については、発行法人の資産状態の著しい悪化による評価損の計上のみならず、会社更生法等の規定に従ってする評価換えの場合、物損等の事実又は法的整理の事実が生じた場合、再生計画認可の決定等の事実があった場合であっても、資産の評価損益を計上しないこととされています（法25④、33⑤）。

ただし、「他の通算法人」からは、初年度離脱通算子法人及び通算親法人は除かれています。

第14

寄附金

Q209

通算法人間の寄附金と受贈益

グループ法人税制における、いわゆる寄附金修正は、グループ通算制度では行わないとのことですが、どういうことですか。

A

グループ通算制度においては、通算終了時に投資簿価修正が行われることから、通算完全支配関係のある法人間における寄附金／受贈益については、いわゆる寄附金修正は行いません。

解説

通算法人間において、寄附金の損金不算入及び受贈益の益金不算入の適用を受ける場合には、一般の完全支配関係法人間の寄附金／受贈益の場合と異なり、通算終了時において投資簿価修正を行うこととされているため、いわゆる寄附金修正（令９七、119の３⑥、119の４①）は行わないこととされています（令９七）。

なお、通算法人が通算完全支配関係はないものの完全支配関係がある法人（外国法人が介入している場合等）との間で寄附金の損金不算入及び受贈益の益金不算入の適用を受ける場合には、寄附金修正を行う必要がありますので、注意してください。

第15

受取配当等の益金不算入

Q210

グループ通算制度における受取配当等の益金不算入額の計算

グループ通算制度における関連法人株式等に係る受取配当等の益金不算入額の計算はどのように行うのでしょうか。

A

関連法人株式等に係る配当等の額からその配当等の額に対応する支払利子等の額を控除して、益金不算入額を計算することになります。

解説

関連法人株式等に係る配当等の額で益金不算入となる金額は、関連法人株式等に係る配当等の額からその配当等の額の４％相当額の利子の額に相当する金額を控除した金額とされています（法23①、令19①②）。

なお、この「４％相当額の利子の額に相当する金額」については、支払利子等の額（注１）の合計額の10％に相当する金額が関連法人株式等に係る配当等の額の合計額の４％に相当する金額以下であるときは、確定申告書、修正申告書又は更正請求書に一定の書類を添付することにより、その10％に相当する金額にその配当等の額が関連法人株式等に係る配当等の額の合計額のうちに占める割合を乗じて計算した金額とすることができます（令19②⑨）。

㈱１　支払利子等の額とは、法人が支払う借入金の利子又は手形の割引料、社債を割引発行した場合の収入額と債務額との差額、生命保険契約に基づく責任準備金の積立額のうち保険料積立金に係る利子に相当する金額など、その経済的な性質が利子に準ずるものの額をいいます（令19②③）。

また、通算法人である場合（適用事業年度終了の日がその法人に係る通算親法人の事業年度終了の日である場合に限ります。）には、上記の「支払利子等の額」の合計額は、その合計額（通算完全支配関係がある他の通算法人に対するものを除きます。以下「支払利子合計額」といいます。）に、支払利子配賦額が支払利子合計額を超える場合にはその超える部分の金額を加算し、支払利子配賦額（注２）が支払利子合計額に満たない場合にはその満たない部分の金額を控除した金額とされます（令19④）。

㈱２　支払利子配賦額とは、次の算式により計算した金額をいいます。

$$支払利子配賦額 = 各通算法人（注3）の支払利子合計額の合計額 \times \frac{その通算法人の関連法人配当等の額}{各通算法人（注3）の関連法人配当等の額の合計額}$$

(注)3　その通算法人以外の通算法人については、適用事業年度終了の日においてその通算法人との間に通算完全支配関係がある通算法人に限ります。

Q211

グループ通算制度における具体的な受取配当等の益金不算入方法

グループ通算制度における関連法人株式等に係る受取配当等の益金不算入額の計算は、具体的にどのように行うのでしょうか。

A

関連法人株式等に係る配当等の額からその配当等の額に対応する支払利子等の額を控除して、益金不算入額を計算することになります。具体的な計算例は解説のとおりです。

解説

《前提》

X社通算グループにおける通算法人X社、通算法人Y１社、通算法人Y２社の関連法人配当等の額及び支払利子等の額が次のとおりの場合において、益金不算入額の計算は次のとおりとなります。

なお、各社ともに必要な書類は添付するものとします。

通算法人	関連法人配当等の額	支払利子等の額
X社	3,000	1,000
Ｙ１社	800	150
Ｙ２社	200	50
合計	4,000	1,200

《計算》

	X社	Ｙ１社	Ｙ２社	合計
① 関連法人配当等の額	3,000	800	200	4,000
② 関連法人配当等の額の４%相当額（① × ４%）	120	32	8	160
③ 支払利子合計額	1,000	150	50	1,200
④ 支払利子配賦額〔③合計 ×（① / ①合計）〕	900	240	60	1,200
⑤ 支払利子の額の10%相当額〔③ ＋（④ － ③）〕× 10%	90	24	6	120
⑥ 支払利子等の控除額（②と⑤のうち小さい額）	90	24	6	120
⑦ 益金不算入額（① － ⑥）	2,910	776	194	3,880

Q212

修更正の場合の受取配当等の益金不算入額の計算方法

修正申告により関連法人配当等の額の合計額が当初申告と異なることとなった場合、通算法人の受取配当等の益金不算入額の計算はどのように行うこととなりますか。

A

通算法人の修正申告等により、支払利子合計額又は関連法人配当等の額の合計額が変動したとしても、原則、関連法人株式等に係る受取配当等の益金不算入額は変わらないことになり、その通算法人の当初申告支払利子合計額又は当初申告関連法人配当合計額に誤りがあった場合には、その通算法人についてのみ修正申告を行うことになります。

解説

通算法人の事業年度（その通算法人に係る通算親法人の事業年度終了の日に終了するものに限ります。）又は他の通算法人のその事業年度に係る支払利子合計額又は関連法人配当等の額の合計額が、修正申告又は更正処分等により当初申告と異なることとなった場合、関連法人配当等の額から控除する利子の額に相当する金額を支払利子等の額の合計額の10%に相当する金額とする特例を適用できるかどうかの判定及び支払利子合計額へ加算され又は支払利子合計額から控除される金額の計算に当たり、①支払利子配賦額の10%に相当する金額、②関連法人株式等に係る配当等の額の合計額（適用関連法人配当等の額の合計額）の４%に相当する金額、③支払利子配賦額が支払利子合計額を超える場合におけるその超える部分の金額、④支払利子配賦額が支払利子合計額に満たない場合におけるその満たない部分の金額の計算（①、③及び④の支払利子配賦額の計算を含みます。）については、当初申告支払利子合計額又は当初申告関連法人配当合計額をその通算事業年度に係る支払利子合計額又はその通算事業年度において受ける関連法人配当等の額の合計額とみなすこととされています（令19⑤）。

したがって、その通算法人は、他の通算法人の当初申告支払利子合計額又は当初申告関連法人配当合計額に誤りがあった場合においても、関連法人株式等に係る受取配当等の益金不算入額は変わらないことになり、その通算法人の当初申告支払利子合計額又は当初申告関連法人配当合計額に誤りがあった場合には、その通算法人についてのみ修正申告又は更正を行うことになります（遮断措置といいます。）。

また、上記の遮断措置があった場合にその通算法人の通算事業年度において受ける修更正後の関連法人配当等の額の合計額がその通算事業年度に係る当初申告における支払利子配賦額（次のイに掲げる金額がある場合にはその金額を加算した金額とし、ロに掲げる金額がある場合にはその金額を控除した金額とします。）の10％に相当する金額に満たない場合には、その満たない部分の金額に相当する金額は、その通算事業年度の所得の金額の計算上、益金の額に算入することとされています（令19⑥）。

イ　その通算事業年度に係る支払利子合計額が当初申告支払利子合計額を超える場合におけるその超える部分の金額

ロ　その通算事業年度に係る支払利子合計額が当初申告支払利子合計額に満たない場合におけるその満たない部分の金額

なお、通算事業年度のいずれかについて修正申告書の提出又は更正がされる場合において、次に掲げる場合のいずれかに該当するときは、その通算法人の通算事業年度については、上記の遮断措置等は適用されず全体を再計算することになります（令19⑦）。

イ　各通算法人の支払利子合計額（上記による遮断措置適用後）を合計した金額の10％に相当する金額が、各通算法人の関連法人配当等の額の合計額（上記による遮断措置適用後）を合計した金額の４％に相当する金額を超える場合

ロ　各通算法人の支払利子合計額（正当額）を合計した金額の10％に相当する金額が、各通算法人の関連法人配当等の額の合計額（正当額）を合計した金額の４％に相当する金額を超える場合

ハ　法人税法第64条の５第６項の規定の適用がある場合

ニ　法人税法第64条の５第８項の規定の適用がある場合

Q213

修更正の場合の具体的な受取配当等の益金不算入額の計算方法

修正申告によりいわゆる遮断措置の適用がある場合において、一部の通算法人の支払利子の額が増加し受取配当等の益金不算入額の一部が減少するときの具体的な計算はどのように行うのでしょうか。

A

関連法人株式等に係る配当等の額からその配当等の額に対応する支払利子等の額を控除して、益金不算入額を計算することになります。具体的な計算例は解説のとおりです。

解説

《前提》

修正申告により、X社通算グループにおける通算法人X社、通算法人Y１社、通算法人Y２社のうち、Y１社の支払利子等の額が増加（150から250）し、益金不算入額の一部が減少するときの、益金不算入額の計算は次のとおりとなります。

なお、修正申告によりいわゆる遮断措置が適用される場合とします。

通算法人	関連法人配当等の額	支払利子等の額	
		当初申告	修正後
X社	3,000	1,000	1,000
Y１社	800	150	**250**
Y２社	200	50	50
合計	4,000	1,200	**1,300**

《計算》

		X社	Y１社	Y２社	合計
①　関連法人配当等の額		3,000	800	200	4,000
②　関連法人配当等の額の４%相当額（①×４%）		120	32	8	160
③　支払利子合計額	当初	1,000	150	50	1,200
	修正後	1,000	**250**	50	**1,300**
④　支払利子配賦額〔当初③の合計×（当初①／当初①合計）〕	当初・修正後	900	240	60	1,200
⑤　支払利子の額の10%相当額〔③＋（④－当初③）〕×10%	当初	90	24	6	120
	修正後	90	**34**	6	**130**
⑥　⑤を配当等の額から控除できるか否か（当初の②≧当初⑤）の判定		該当（120≧90）	該当（32≧24）	該当（８≧６）	
⑦　配当の額から控除する金額（⑥が該当の場合は⑤、それ以外の場合は②）	当初	90	24	6	120
	修正後	90	**34**	6	**130**
⑧　益金不算入額（①－⑦）	当初	2,910	776	194	3,880
	修正後	2,910	**766**	194	**3,870**

（留意点）

⑴　本件の事例は、Y１社の支払利子等について、当初と増加後（修正後）のいずれにおいても、③支払利子合計額の合計の10%相当額（当初：1,200×10%=120、修正後：1,300×10%＝130）が②関連法人配当等の額の合計額（当初と修正後も同じ）の４%相当額（4,000×４%＝160）を超える場合に該当しないので、いわゆる遮断措置が適用されます。

⑵「④支払利子配賦額」（X社900、Y１社240、Y２社60）は、当初申告額に固定されます。

⑶「⑤支払利子の額の10%相当額」の計算における「当初③」額は、当初申告の支払利子額に固定されます。

Q214

遮断措置の適用がない場合の受取配当等の益金不算入額の具体的な計算方法

修正申告によりいわゆる遮断措置の適用がない場合において、一部の通算法人の支払利子の額が増加するときの受取配当等の益金不算入額の具体的な計算はどのように行うのでしょうか。

A

全体を再計算することになります。具体的な計算例は解説のとおりです。

解説

《前提》

修正申告により、X社通算グループにおける通算法人X社、通算法人Y１社、通算法人Y２社のうち、Y１社の支払利子等の額が増加（150から650）した場合に、益金不算入額の計算は次のとおりとなります。

通算法人	関連法人配当等の額	支払利子等の額	
		当初申告	修正後
X社	3,000	1,000	1,000
Y１社	800	150	**650**
Y２社	200	50	50
合計	4,000	1,200	**1,700**

※　各通算法人の支払利子合計額（修正後）を合計した金額の10%に相当する金額（1,700×10%＝170）が、各通算法人の関連法人配当等の額の合計額（修正後）を合計した金額の４%に相当する金額（4,000×４%＝160）を超える場合に該当するので、遮断措置等は適用されず全体を再計算することになります。

《計算》

		X社	Y１社	Y２社	合計
①　関連法人配当等の額		3,000	800	200	4,000
②　関連法人配当等の額の４％相当額（①×４％）		120	32	8	160
③　支払利子合計額	当初	1,000	150	50	1,200
	修正後	1,000	**650**	50	**1,700**
④　支払利子配賦額〔③の合計×（①/①合計）〕	当初	900	240	60	1,200
	修正後	**1,275**	**340**	**85**	**1,700**
⑤　支払利子の額の10％相当額〔③＋（④－③）〕×10％	当初	90	24	6	120
	修正後	**128**	**34**	**8**	**170**
⑥　支払利子等の控除額（②と⑤のうち小さい額）	当初	90	24	6	120
	修正後	**120**	**32**	**8**	**160**
⑦　益金不算入額（①－⑥）	当初	2,910	776	194	3,880
	修正後	**2,880**	**768**	**192**	**3,840**

Q215

修更正の場合における受取配当等の益金不算入額の計算

税務調査で指摘があり、支払利子合計額又は適用関連法人配当等の額の合計額が当初申告と異なることとなりました。この場合、通算法人の受取配当等の益金不算入額の計算はどのように行うこととなりますか。

A

原則として、通算法人の当初申告支払利子合計額又は当初申告関連法人配当合計額に誤りがあった場合には、その通算法人についてのみ修正申告又は更正を行うことになります。ただし、一定の場合には調整が必要になります。

解説

1　支払利子配賦額の計算等における修正申告等による影響の遮断

通算法人の事業年度（その通算法人に係る通算親法人の事業年度終了の日に終了するものに限ります。）若しくは他の通算法人のその事業年度終了の日に終了する事業年度（以下「通算事業年度」といいます。）に係る支払利子合計額又はその通算事業年度において受ける適用関連法人配当等の額の合計額が、当初申告支払利子合計額又は当初申告関連法人配当合計額（注1）と異なる場合、適用関連法人配当等の額から控除する利子の額に相当する金額を支払利子等の額の合計額の10%に相当する金額とする特例を適用できるかどうかの判定（注2）及び支払利子合計額へ加算され又は支払利子合計額から控除される金額の計算に当たり、次の(1)から(4)までの金額の計算（(1)、(3)及び(4)の支払利子配賦額（注3）の計算を含みます。）については、当初申告支払利子合計額又は当初申告関連法人配当合計額をその通算事業年度に係る支払利子合計額又はその通算事業年度において受ける適用関連法人配当等の額の合計額とみなすこととされています（令19⑤）。

(1)　支払利子配賦額の10%に相当する金額（令19②一）

(2)　関連法人株式等に係る配当等の額の合計額（適用関連法人配当等の額の合計額）の４%に相当する金額（令19②二）

(3)　支払利子配賦額が支払利子合計額を超える場合におけるその超える部分の金額（令19

④一）

(4)　支払利子配賦額が支払利子合計額に満たない場合におけるその満たない部分の金額（令19④二）

これにより、その通算法人は、他の通算法人の当初申告支払利子合計額又は当初申告関連法人配当合計額に誤りがあった場合においても、関連法人株式等に係る受取配当等の益金不算入額は変わらないことになり、その通算法人の当初申告支払利子合計額又は当初申告関連法人配当合計額に誤りがあった場合には、その通算法人についてのみ修正申告又は更正を行うことになります。

(注) 1　当初申告支払利子合計額又は当初申告関連法人配当合計額とは、通算事業年度の期限内申告書に添付された書類にその通算事業年度に係る支払利子合計額又はその通算事業年度において受ける適用関連法人配当等の額の合計額として記載された金額をいいます。

2　適用関連法人配当等の額から控除する利子の額に相当する金額について、適用事業年度（関連法人株式等について法人税法第23条第１項の規定の適用を受ける事業年度をいいます。以下同じです。）の関連法人株式等に係る配当等の額の合計額の４％に相当する金額に代えて、適用事業年度の支払利子配賦額の10％に相当する金額とすることができるかどうか（適用事業年度の支払利子配賦額の10％に相当する金額（上記(1)）が適用事業年度の関連法人株式等に係る配当等の額の合計額の４％に相当する金額（上記(2)）以下であるかどうか）の判定をいいます。

3　支払利子配賦額とは、次の算式により計算した金額をいいます（令19④）。

$$\text{支払利子配賦額} = \text{各通算法人の支払利子合計額を合計した金額} \times \frac{\text{その通算法人の適用関連法人配当等の額の合計額}}{\text{各通算法人の適用関連法人配当等の額の合計額を合計した金額}}$$

2　遮断措置があった場合における控除不足となる金額の益金算入

上記１の遮断措置があった場合に上記１の通算法人の通算事業年度において受ける修更正後の適用関連法人配当等の額の合計額がその通算事業年度に係る当初申告における支払利子配賦額（(1)に掲げる金額がある場合にはその金額を加算した金額とし、(2)に掲げる金額がある場合にはその金額を控除した金額とします。）の10％に相当する金額に満たない場合には、その満たない部分の金額に相当する金額は、その通算事業年度の所得の金額の計算上、益金の額に算入することとされています（令19⑥）。

(1)　その通算事業年度に係る支払利子合計額が当初申告支払利子合計額を超える場合におけるその超える部分の金額（令19⑥一）

(2)　その通算事業年度に係る支払利子合計額が当初申告支払利子合計額に満たない場合におけるその満たない部分の金額（令19⑥二）

3　遮断措置等の不適用

通算事業年度のいずれかについて修正申告書の提出又は更正がされる場合において、次に掲げる場合のいずれかに該当するときは、上記１の通算法人の通算事業年度については、上記１及び２の遮断措置等は適用しないこととされています（令19⑦）。このため、全体再計算が必要になります。

(1)　各通算法人の支払利子合計額（上記１による遮断措置適用後）を合計した金額の10%に相当する金額が、各通算法人の適用関連法人配当等の額の合計額（上記１による遮断措置適用後）を合計した金額の４%に相当する金額を超える場合

(2)　各通算法人の支払利子合計額（正当額）を合計した金額の10%に相当する金額が、各通算法人の適用関連法人配当等の額の合計額（正当額）を合計した金額の４%に相当する金額を超える場合

(3)　法人税法第64条の５第６項の規定の適用がある場合

(4)　法人税法第64条の５第８項の規定の適用がある場合

第16

外国子会社配当等の益金不算入

Q216

配当等の益金不算入規定の適用がある外国子会社の判定

通算法人が外国子会社から受ける配当等について、益金不算入規定の適用がある外国子会社の判定は、どのようになりますか。

なお、通算法人がその外国法人の株式をその外国法人から受ける剰余金の配当等の支払義務が確定する日以前６か月以上継続保有しています。

A

原則として、通算グループ全体で保有するその外国法人の株式の保有割合が25%以上であるか否かにより行います。

解説

通算法人が外国法人から剰余金の配当等を受ける場合において、その外国法人の発行済株式又は出資（その有する自己の株式又は出資を除きます。以下「株式等」といいます。）の総数又は総額のうちにその通算グループ全体で保有しているその外国法人の株式等の数又は金額の占める割合が25%以上であり、かつ、その状態がその外国法人から受ける剰余金の配当等の支払義務が確定する日以前６か月以上継続している場合には、その外国法人は外国子会社に該当し、通算法人は、その外国法人からの剰余金の配当等について、外国子会社から受ける配当等の益金不算入規定を適用することができます（法23の２①、令22の４①）。

なお、その外国法人の株式等の総数又は総額のうちにその通算グループ全体で保有しているその外国法人の株式等の数又は金額の占める割合が25%未満である場合であっても、その外国法人が租税条約締約国の居住者である法人で、その外国法人の株式等の総数又は総額のうちにその通算法人単独で保有しているその外国法人の株式等の数又は金額の占める割合が租税条約の二重課税排除条項で軽減された割合以上であり、かつ、その状態がその外国法人から受ける剰余金の配当等の支払義務が確定する日以前６か月以上継続している場合には、その外国法人は外国子会社に該当し、その通算法人は、その外国法人からの剰余金の配当等について、外国子会社から受ける配当等の益金不算入規定を適用することができます（法23の２①、令22の４⑦）。

《益金不算入規定の適用がある外国子会社の判定図》

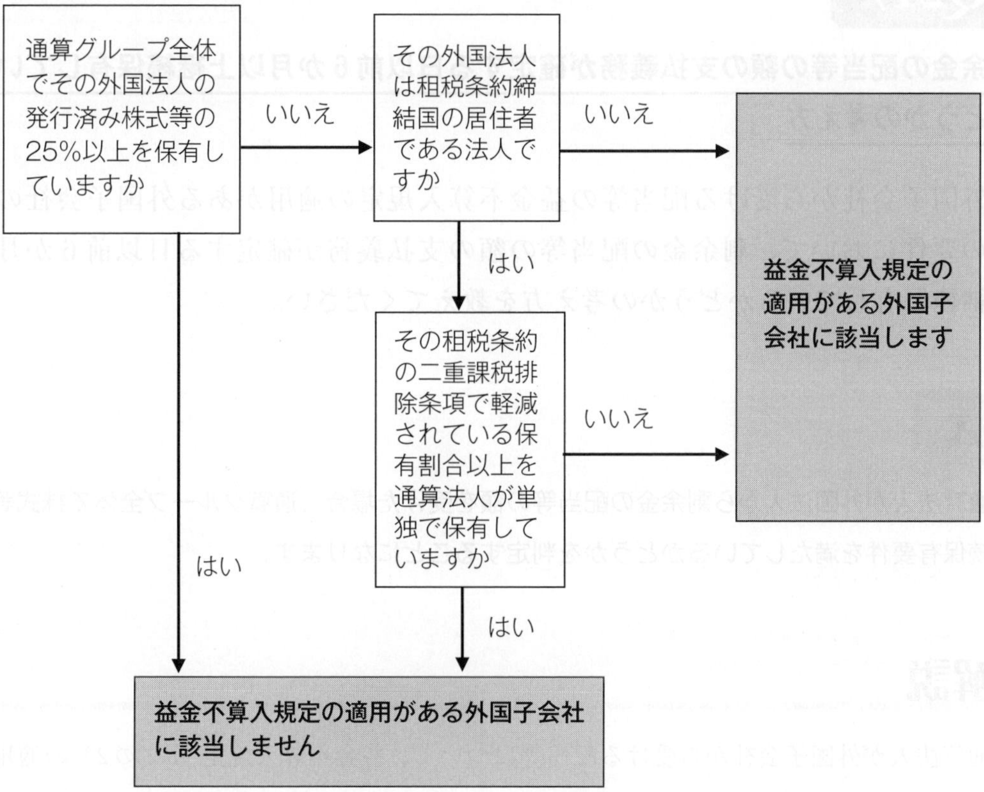

Q217

剰余金の配当等の額の支払義務が確定する日以前６か月以上継続保有しているかどうかの考え方

外国子会社から受ける配当等の益金不算入規定の適用がある外国子会社の判定の要件において、剰余金の配当等の額の支払義務が確定する日以前６か月以上継続保有しているかどうかの考え方を教えてください。

A

通算法人が外国法人から剰余金の配当等の額を受けた場合、通算グループ全体で株式等の継続保有要件を満たしているかどうかを判定することになります。

解説

通算法人が外国子会社から受ける配当等について、益金不算入規定（法23の２）の適用対象となる外国子会社に該当するかどうかの判定においては、①内国法人及び当該内国法人との間に通算完全支配関係がある通算法人が保有している外国法人の株式等の合計数（出資にあっては、合計額）のその発行済株式等（当該外国法人が有する自己の株式等を除く。）の総数（出資にあっては、総額）に占める割合等が25%以上であり、かつ、②「その状態」が剰余金の配当等の額（剰余金の配当若しくは利益の配当又は剰余金の分配の額をいう。以下同じ。）の支払義務が確定する日以前６か月以上継続していることが要件とされています（令22の４①、以下この②の要件を「継続保有要件」といいます。）。

そこで、通算グループ全体でこの継続保有要件の判定をする場合における「その状態」とは、「25%以上の株式等を保有している状態」をいうのであり、「通算法人として25%以上の株式等を保有している状態」をいうのではありません。つまり、通算法人が外国法人から剰余金の配当等の額を受けた場合、通算グループ全体で継続保有要件を満たしているかどうかは、次の⑴及び⑵の法人が保有する株式等により判定することとなります。

⑴　通算法人（自ら）

⑵　剰余金の配当等の額の支払義務が確定する日において⑴の通算法人との間に通算完全支配関係のある他の通算法人

したがって、⑵の他の通算法人において、剰余金の配当等の額の支払義務が確定する日以前６月の期間内に通算法人でない期間が含まれていたとしても、そのことをもってこの継続保有要件を満たさないことにはなりません。

第17

貸倒引当金

Q218

貸倒引当金の計算における通算グループ内の金銭債権

通算法人が貸倒引当金の繰入限度額を計算する場合において、その通算法人が通算グループ内の他の通算法人に対して有する金銭債権は、どのような取扱いになりますか。

A

貸倒引当金の繰入限度額は、他の通算法人に対して有する金銭債権を除いて計算することになります。

解説

内国法人がその有する金銭債権について貸倒引当金の繰入限度額を計算する場合には、その内国法人との間に完全支配関係がある他の法人に対してその内国法人が有する金銭債権は、個別評価金銭債権及び一括評価金銭債権には含まれないこととされています（法52⑨二）。

グループ通算制度における通算完全支配関係は、完全支配関係に該当しますので、その通算法人が通算グループ内の他の通算法人に対して有する金銭債権は、個別評価金銭債権及び一括評価金銭債権には含まれないことになります。

Q219

貸倒引当金の計算における法定繰入率の適用

通算法人の資本金の額が１億円以下の場合、一括評価金銭債権に係る貸倒引当金の繰入限度額の計算において、法定繰入率を用いることはできますか。

A

一定の要件を満たせば、法定繰入率を用いることができます。

解説

内国法人の一括評価金銭債権に係る貸倒引当金の繰入限度額の計算は、原則として、その内国法人が事業年度終了の時に有する一括評価金銭債権（その内国法人との間に完全支配関係がある他の法人に対してその内国法人が有する金銭債権などを除きます。以下同じです。）の帳簿価額の合計額に貸倒実績率を乗じて計算することとなります（法52②⑨二、令96⑥）。

そして、その事業年度終了の時において次の法人に該当する内国法人については、貸倒実績率に代えて法定繰入率を乗じて計算することができます（措法57の９①、措令33の７①）。

1　その事業年度終了の時において、普通法人（投資法人及び特定目的会社を除きます。）のうち、資本金の額等が１億円以下であるもの（資本金の額が５億円以上である法人による完全支配関係があるものや大通算法人（注１）などを除きます。）又は資本等を有しないもの（大通算法人を除きます。）に該当する内国法人（法52①一イ）（適用除外事業者（措法42の４⑲八）に該当するもの（注２）を除きます。）

2　公益法人等又は協同組合等（法52①一ロ）

3　人格のない社団等（法52①一ハ）

この場合の法定繰入率とは、その法人が営む主たる事業の次の区分に応じ、それぞれ次の割合となります（措令33の７④）

事業区分	割合
卸売及び小売業 （飲食店業等を含み、割賦販売小売業を除きます。）	10／1,000
製造業（電気業等を含みます。）	8／1,000
金融及び保険業	3／1,000
割賦販売小売業等	7／1,000
上記事業以外の事業	6／1,000

なお、法定繰入率を用いて一括貸倒引当金繰入限度額の計算をする場合には、その計算の基礎となる一括評価金銭債権の帳簿価額から、その一括評価金銭債権に係る債務者から受け入れた金額があるため実質的に債権と見られない部分の金額など一定の金額を除くこととなります（措法57の9①、措令33の7②）。

（注1）　大通算法人とは、通算法人である普通法人又はその普通法人の各事業年度終了の日においてその普通法人との間に通算完全支配関係がある他の通算法人のうち、いずれかの法人がその各事業年度終了の時における資本金の額又は出資金の額が1億円を超える法人など一定の法人に該当する場合におけるその普通法人をいいます（法66⑥括弧書）。

（注2）　通算法人の各事業年度終了の日においてその通算法人との間に通算完全支配関係がある他の通算法人のうちいずれかの法人が適用除外事業者に該当する場合には、その通算法人を含みます。

Q220

通算法人が貸倒引当金の繰入限度額を計算する場合の貸倒実績率

グループ通算制度における一括評価する貸倒引当金の貸倒実績率はどのように算定しますか。

A

貸倒実績率の算定に当たっては、その算定基礎となる前３年内の貸倒実績率の計算要素から完全支配関係のある法人に対する金銭債権に対応する金額を除くこととなります。

解説

グループ法人税制の改正により、完全支配関係のある法人に対する金銭債権は、貸倒引当金の対象となる金銭債権に該当しないこととされました。

これにより、貸倒実績率の計算要素である前３年内事業年度における貸倒れにより生じた損失の額等及び前３年内事業年度の一括評価金銭債権の帳簿価額のいずれからも、完全支配関係のある法人に係る金額を除いて算定することとなります（法52⑨二、令96⑥）。

通算完全支配関係は、完全支配関係に包含されますので、前３年内事業年度における通算法人に対する金銭債権に係るものについては、貸倒実績率の計算要素から除いて算定することとなります。

$$
\text{貸倒実績率} = \frac{\overbrace{\left(\text{前３年内の貸倒損失額} + \text{前３年内の個別評価による貸倒引当金繰入額} - \text{前３年内の個別評価による貸倒引当金戻入額}\right)}^{\text{完全支配関係法人に対するものを除く}} \times \dfrac{12}{\text{前３年内の事業年度月数合計}}}{\underbrace{\text{前３年内の一括金銭債権の帳簿価額の合計額}}_{\text{完全支配関係法人に対するものを除く}} \div \text{前３年内の事業年度の額}}
$$

Q221

貸倒実績率の計算要素である前３年に、令和４年４月１日前に開始する事業年度がある場合

グループ通算制度において、一括評価する貸倒引当金に係る貸倒実績率の計算要素である前３年内に、令和４年４月１日前に開始する事業年度がある場合、完全支配関係のある法人に対する金銭債権に対応する金額を除いて再調整する必要がありますか。

A

貸倒実績率の算定の基礎となる前３年内の事業年度に令和４年４月１日前に開始する事業年度がある場合には、当該事業年度における完全支配関係のある法人に対する金銭債権に対応する金額を除く必要はありません。

解説

グループ法人税制の改正により、貸倒実績率の計算要素である前３年内事業年度における貸倒れにより生じた損失の額等及び前３年内事業年度の一括評価金銭債権の帳簿価額のいずれからも、完全支配関係のある法人に係る金額を除いて算定することとされました。

ただし、当該改正に係る規定の適用については経過措置が置かれており、前３年内の事業年度に令和４年４月１日前に開始する事業年度が含まれている場合には、当該令和４年４月１日前開始事業年度に係る貸倒実績率の計算要素から完全支配関係のある法人に対する金銭債権に対応する金額を除く必要はないとされています（令和２年改正法附則14②）。

（例・３月決算）

完全支配関係金銭債権は除かない（単体のR2/3期・R3/3期・R4/3期）

事業年度	単体	単体	単体	通算	通算	通算
	R2/3期	R3/3期	R4/3期	R5/3期	R6/3期	R7/3期

① R5/3期の実績率は従前のまま（完全支配関係債権に係る計算要素は除外しない）

② R6/3期の実績率は、R5/3期分のみ完全支配関係債権に係る計算要素を除外

③ R7/3期の実績率は、R5/3期及びR6/3期分について完全支配関係債権に係る計算要素を除外

Q222

離脱した通算子法人に係る貸倒実績率の計算

グループ通算制度から離脱した通算子法人に対して金銭債権を有する場合の貸倒実績率の計算はどのようになりますか。

A

事業年度開始の日前３年以内に開始した事業年度終了の時に通算子法人であった場合には、その法人に対する金銭債権は、貸倒実績率の計算の基礎となる一括評価金銭債権に含まれません。

解説

内国法人（法52①各号に掲げる内国法人に限ります。以下同じです。）の一括評価金銭債権に係る貸倒引当金の繰入限度額の計算は、原則として、その内国法人がその事業年度終了の時に有する一括評価金銭債権の帳簿価額の合計額に貸倒実績率を乗じて計算することとなります。

そして、その一括評価金銭債権には、その内国法人との間に完全支配関係がある他の法人に対してその内国法人が有する金銭債権などは含まれません（法52②⑨二、令96⑥）。

貸倒実績率とは、次の１の金額のうちに２の金額の占める割合（小数点以下４位未満の端数があるときは、これを切り上げます。）をいいます（令96⑥）。

1　その内国法人のその事業年度開始の日前３年以内に開始した一定の事業年度（以下「前３年内事業年度」といいます。）終了の時における一括評価金銭債権の帳簿価額の合計額を前３年内事業年度の数で除して計算した金額

2　その内国法人の前３年内事業年度における売掛金等（その内国法人が完全支配関係を有する他の法人に対して有する金銭債権などを除きます。以下「売掛債権等」といいます。）の貸倒れにより生じた損失の額や、前３年内事業年度に含まれる各事業年度において損金の額に算入された個別評価金銭債権に係る貸倒引当金の損金算入額（売掛債権等に係る金額に限ります。）の合計額から前３年内事業年度に含まれる各事業年度の前事業年度において損金の額に算入された個別評価金銭債権に係る貸倒引当金の損金算入額で前３年

内事業年度に含まれる各事業年度において益金の額に算入された額など一定の金額（売掛債権等に係る金額に限ります。）の合計額を控除した残額に12を乗じてこれを前３年内事業年度の月数の合計数で除して計算した金額

なお、上記１の一括評価金銭債権は前３年内事業年度終了の時のものとなりますので、一括評価金銭債権から除かれる完全支配関係を有する他の法人に対して有する金銭債権かどうかは、その前３年内事業年度終了の時の状況により判定することとなります。

また、上記２の売掛債権等や個別評価金銭債権についても同様の取扱いとなります。

通算完全支配関係も完全支配関係に該当することになりますので、事業年度開始の日前３年以内に開始した事業年度終了の時に通算子法人であった場合には、その法人に対する金銭債権は、貸倒実績率の計算の基礎となる一括評価金銭債権に含まれません。

Q223

連結納税からグループ通算制度に移行した通算法人における貸倒実績率の計算

グループ通算制度において、一括評価する貸倒引当金に係る貸倒実績率の計算要素である前３年内に、連結事業年度がある場合、特別な取扱いはありますか。

A

貸倒実績率の算定の基礎となる前３年内の事業年度に連結事業年度がある場合には、令和４年４月１日前に開始する当該連結事業年度に係る経過措置の適用はありません。

解説

連結納税においては、連結納税グループ内相互間の金銭債権は、個別評価する金銭債権及び一括評価する金銭債権から除いて計算することとされており（旧法52⑨）、一括評価する金銭債権の貸倒実績率の計算においても同様に除くこととされています（旧令96⑥）。

この取扱いは、グループ通算制度における取扱いと同じであるため、貸倒実績率の算定の基礎となる前３年内の事業年度に連結事業年度がある場合には、特に経過措置は設けられていません。

連結納税からグループ通算制度に移行した場合には、従前の連結納税時の処理を継続することとなります。

第18章

過大支払利子税制

Q224

グループ通算制度における対象純支払利子等の額の計算

グループ通算制度において、過大支払利子損金不算入制度に関する特別な取扱いはありますか。

A

グループ通算制度においては、過大支払利子損金不算入制度における対象純支払利子等の額が2,000万円以下である場合の適用免除について、通算グループ全体で当該2,000万円以下であるかどうかにより判定を行うこととされています。

解説

通算法人に係る過大支払利子税制の適用については、通算法人ごとに対象純支払利子等の額と調整所得金額を比較して損金不算入額の計算を行うこととされています（措法66の５の２①）。

ただし、対象純支払利子等の額が2,000万円以下である場合の適用免除については、通算法人及びその通算法人の、その事業年度終了の日においてその通算法人との間に通算完全支配関係がある他の通算法人のその事業年度及びその終了の日に終了する事業年度に係る対象純支払利子等の額の合計額から対象純受取利子等の額（控除対象受取利子等合計額から対象支払利子等合計額を控除した残額をいいます。）の合計額を控除した残額が2,000万円以下であるかどうかによることとされています（措法66の５の２③）。

なお、各通算法人の対象純支払利子等の額の計算基礎となる対象支払等合計額の計算においては、通算法人が他の通算法人に支払う利子は、受取側である他の通算法人の課税所得に含まれるため、対象外支払利子等の額となります（措法66の５の２②）。

当然、控除対象受取利子等合計額の計算においても、通算法人が他の通算法人から受ける利子等の額は、受取利子等の額から除くことになります。

第19

所得の特別控除等

Q225

収用換地等に係る通算法人２社による特別控除

通算法人の所有する土地について収用換地等が行われた場合において、同一の通算グループ内の通算法人である２法人が所得の特別控除を選択したときの損金の額に算入される金額はどのようになりますか。

A

２法人が所得の特別控除の規定の適用を受けようとする金額の合計額が同一の年（暦年）で5,000万円を超えるときは、その超える部分の金額は、２法人のそれぞれにおいて損金の額に算入しないこととされています。

解説

法人がその事業年度のうち同一の年（暦年）に属する期間中に収用換地等により譲渡した資産のいずれについても圧縮記帳（措法64、65）の規定の適用を受けないときは、その法人は収用換地等の場合の所得の特別控除の規定を適用することができることとされ、この規定の適用を受けようとする金額は、同一の年（暦年）で5,000万円が限度とされています（措法65の２①）。

また、法人及びその法人との間に完全支配関係がある法人が有する資産の譲渡について、収用換地等の場合の所得の特別控除（措法65の２）等の規定の適用を受けようとする金額の合計額が、法人による完全支配関係があるグループ全体で同一の年（暦年）で5,000万円を超えるときは、その超える部分の金額は法人及びその法人との間に完全支配関係がある法人の各事業年度において損金の額に算入しないこととされています（措法65の６）。

通算完全支配関係も完全支配関係に該当しますので、この場合でも同様に、法人による完全支配関係があるグループ全体で同一の年（暦年）で5,000万円を超える部分の金額は、２法人のそれぞれにおいて損金の額に算入されないことになります。

この場合、5,000万円を超える部分の金額を各法人の特別控除を受けようとする金額でそれぞれ按分した額がそれぞれの法人で損金の額に算入されないことになります（措法65の６）。

Q226

適用除外事業者が通算グループに加入した場合

適用除外事業者に該当する法人が通算グループに中途加入した場合、各通算法人における適用除外事業者に該当するか否かの判定は、どのようになりますか。

A

解説のとおりです。

解説

1　租税特別措置法上の中小企業向け特例の適用対象とならない法人

中小企業者のうち適用除外事業者に該当するものは、租税特別措置法上の中小企業向け特例の適用対象から除くこととされています。

この適用除外事業者とは、その事業年度開始の日前３年以内に終了した各事業年度（以下「基準年度」といいます。）の所得の金額の合計額を各基準年度の月数の合計数で除し、これに12を乗じて計算した金額（設立後３年を経過していないこと等の一定の事由がある場合には、その計算した金額につき一定の事由の内容に応じて調整を加えた金額となります。）が15億円を超える法人とされています（措法42の４⑲八）。

2　通算制度における適用除外法人の判定

(1)　下記(2)以外の場合

通算法人である法人又は他の通算法人のうちいずれかの法人が適用除外事業者に該当する場合には、その通算法人である法人は適用除外法人に該当することとなります（措法42の３の２①括弧書等）。

(2)　適用除外事業者が中途加入し、一定の措置の適用を受けようとする場合

適用除外事業者に該当する法人が通算グループに加入し、その加入した日の属する通算親法人の事業年度終了の日までその通算グループ内にいる場合でその加入した法人及び他の通算法人が次のイ及びロの措置の適用を受けようとするときには、その加入した法人及び他の通算法人の適用除外法人の判定は、それぞれ次のとおりとなります。

イ　中小企業技術基盤強化税制（措法42の４④）等（※１）

中小企業技術基盤強化税制の適用を受けることができる中小企業者に該当するかどうかの判定上、通算加入適用除外事業者（注）は、中小企業者から除かれる適用除外事業者から除くこととされています（措法42の４④）。

また、通算グループに加入した法人が通算加入適用除外事業者に該当する場合には、他の通算法人のうちいずれかの法人が適用除外事業者に該当するかどうかの判定上は、その加入した法人は適用除外事業者から除くこととされています（措法42の４⑲八の二）。

したがって、他の通算法人がいずれも適用除外事業者に該当しない場合には、その加入した法人及び他の通算法人の全てが適用除外法人に該当しません。

（※１）　対象としている措置は以下のとおりです。

・中小企業技術基盤強化税制（措法42の４④）

・特定税額控除制度の不適用措置における適用除外の全体判定（措法42の13⑦）

㈱　通算加入適用除外事業者とは、通算法人である法人に係る通算親法人の事業年度開始の日以後に当該通算親法人との間に通算完全支配関係を有することとなった一定の適用除外事業者をいいます（措令27の４㉛）。

ロ　中小企業投資促進税制（措法42の６）等（※２）

通算グループに加入した法人が通算加入適用除外事業者に該当するかどうかは、その加入した法人が適用除外法人に該当するかどうかの判定に影響を及ぼしません（措法42の６①括弧書）。したがって、その加入した法人は適用除外法人に該当します。

また、その加入した法人が通算加入適用除外事業者に該当する場合には、他の通算法人が適用除外法人に該当するかどうかの判定上は、その加入した法人は適用除外事業者から除くこととされています（措法42の６①括弧書、42の４⑲八の二）。したがって、他の通算法人がいずれも適用除外事業者に該当しない場合には、他の通算法人の全てが適用除外法人に該当しません。

（※２）対象としている措置は以下のとおりです。

・特別試験研究費の額に係る税額控除における大学等との共同研究及び大学等に対する委託研究の要件に係る法人の判定（措規20⑱㉖）

・中小企業投資促進税制（措法42の６）

・地方活力向上地域等において特定建物等を取得した場合の特別償却又は法人税額の特別控除における対象資産の規模要件の引下げ（措令27の11の３）

・中小企業者等が特定経営力向上設備等を取得した場合の特別償却又は法人税額の特別控除（措法42の12の４）

・中小企業者等の給与等の支給額が増加した場合の法人税額の特別控除（措法42の12の5②）

・特定税額控除制度の不適用措置における適用除外の個別判定（措法42の13⑤）

・特定事業継続力強化設備等の特別償却（措法44の２）

・特定地域における工業用機械等の特別償却における対象資産の規模要件の引下げ等（措令28の９）

・中小企業事業再編投資損失準備金（措法55の２）

なお、中小企業者等の法人税率の特例（措法42の３の２）等（※３）については、適用除外事業者に該当する法人が通算グループに加入し、その加入した日の属する通算親法人の事業年度終了の日までその通算グループ内にいる場合にその加入した法人及び他の通算法人がこれらの措置の適用を受けようとするときにおいても、上記(1)によることになります。

（※３）対象としている措置は以下のとおりです。

・中小企業者等の法人税率の特例（措法42の３の２）

・被災代替資産等の特別償却における特別償却率の上乗せ（措法43の３）

・中小企業者等の貸倒引当金の特例（措法57の９）

第20

税　率

Q227

通算法人に適用される法人税の税率

通算法人に適用される法人税の税率はどのようになりますか。

A

普通法人である通算法人は23.2%、協同組合等である通算法人は19%の税率が適用されます。また、中小通算法人等の所得金額のうち軽減対象所得金額以下の金額は15%の税率が適用されます。

解説

1　通算法人に適用される法人税の税率

通算法人の各事業年度の所得の金額に対する法人税の税率は、各通算法人の区分に応じた税率が適用されます。したがって、原則として、普通法人である通算法人は23.2%、協同組合等である通算法人は19%の税率が適用されます（法66①③）。

2　軽減対象所得金額以下の所得の金額に対する軽減税率

中小通算法人等の所得の金額のうち軽減対象所得金額以下の金額に対する税率は15%とされます（法66⑥、措法42の３の２①～③）。

ここで、中小通算法人等とは、中小通算法人又は通算親法人である協同組合等をいい、中小通算法人とは、大通算法人（注１）以外の普通法人である通算法人をいいます。

また、軽減対象所得金額とは、次の算式により計算した金額（その中小通算法人が通算子法人である場合において、その事業年度終了の日が通算親法人の事業年度終了の日でないときは800万円を月数あん分した金額）をいいます（法66⑦、措法42の３の２③二三）。

$$\text{軽減対象所得金額} = 800\text{万円（注２）} \times \frac{\text{その中小通算法人の所得の金額}}{\text{各中小通算法人の所得の金額の合計額}}$$

（注１）　大通算法人とは、通算法人である普通法人又はその普通法人の各事業年度終了の日においてその普通法人との間に通算完全支配関係がある他の通算法人のうち、いずれかの法人がその各事業年度終了の時における資本金の額又は出資金の額が１億円を超える法人その他一定の法人に該当する場合におけるその普通法人をいいます（法66⑥括弧書）。

（注２） 通算親法人の事業年度が１年に満たない場合は月数あん分した金額となります（法66⑪）。

3　修正申告等の際の軽減対象所得金額

軽減対象所得金額を計算する場合において、修正申告等により、通算グループ内の通算法人の所得の金額が期限内申告書に所得の金額として記載された金額と異なるときは、その記載された金額を上記２の算式の所得の金額とみなして軽減対象所得金額を計算することとされています（法66⑧、措法42の３の２③二三）。このため、修正申告等により通算グループ内の通算法人の所得の金額が増減したとしても、軽減対象所得金額は変動せず、修正申告等による影響は遮断されます。

ただし、次の(1)から(3)までのいずれかに該当するときは、この遮断措置は適用されず、修正申告等後の所得の金額に基づき各通算法人の軽減対象所得金額の再計算（全体再計算）を行うこととなります（法66⑨、措法42の３の２③二三）。

(1) 修正申告等により、通算グループ内の中小通算法人等の所得金額が期限内申告書に所得の金額として記載された金額と異なる場合において、その記載された金額を上記の算式の所得の金額とみなす規定（法66⑧、措法42の３の２③二三）を適用しないものとしたとき、上記の算式の分母の金額（各中小通算法人等の所得の金額の合計額）が800万円（注２）以下である場合

(2) 通算法人の全てについて、期限内申告所得金額が零又は期限内申告欠損金額があるなど一定の要件に該当する場合（法64の５⑥）

(3) 欠損金額の繰越期間に対する制限を潜脱するためや、離脱法人に欠損金を帰属させるためあえて誤った当初申告を行うなど法人税の負担を不当に減少させる結果となると認められるため、税務署長が通算グループ内の全法人について損益通算の額を正当額にて再計算する場合（法64の５⑧）

第21

特定同族会社の留保金課税

Q228

グループ通算制度における特定同族会社の留保金課税の計算

グループ通算制度において、特定同族会社の留保金課税はどのように取り扱われるでしょうか。

A

グループ通算制度における特定同族会社の留保金課税は、各法人で計算することとなりますが、通算グループ間の配当等の金額を留保金額に加算しない等の一定の調整を行う必要があります。

解説

1　対象法人

資本金の額等が１億円以下の通算法人であっても大通算法人に該当するものは、特定同族会社の留保金課税の対象から除かれません。

2　グループ通算制度における留保金額の調整計算

(1)　他の通算法人から受ける配当等の額

特定同族会社である通算法人が受ける配当等の額で法人税法第23条第１項の規定により益金の額に算入されなかった金額のうち、他の通算法人から受ける配当等の額に係る金額は、留保金額に加算しないこととされています（法67③二）。

なお、ここでの「他の通算法人」は、受取配当等の基準日等及び当該事業年度終了の日において当該通算法人との間に通算完全支配関係があるものに限られます（令139の８①括弧書き）。

また、配当等の額については、非適格合併、非適格分割型分割、非適格株式分配又は解散による残余財産の分配により配当等の額とみなされる金額は、除くこととされています。

(2)　特定同族会社である通算法人が当該事業年度において剰余金の配当若しくは利益の配当をし、又は特定同族会社である通算法人に当該事業年度においてみなし配当の基因となる事由が生じた場合には、これらの通算法人における当該事業年度の留保金額は、通算外配当等流出額及び通算内配当等の額を加算し、通算外配当等流出配賦額を減算した金額とすることとされています（令139の８②）。

$$\text{通算法人のした配当等として留保金額から控除される金額} = \text{通算配当等流出額} + \text{通算内配当等の額} - \text{通算外配当等流出配賦額}$$

(注)1　通算外配当等流出額とは、通算法人がした剰余金の配当又は利益の配当により減少した利益積立金額及びその通算法人について生じたみなし配当の基因となる事由（剰余金の配当又は利益の配当に該当するものを除きます。）により減少した利益積立金額の合計額のうち、その基準日等又はその通算法人の事業年度（その通算法人に係る通算親法人の事業年度終了の日に終了するものに限ります。）終了の日においてその通算法人との間に通算完全支配関係がない者に対して交付した金銭その他の資産に係る部分の金額をいいます（令139の８③一）。

2　通算内配当等の額とは、通算法人がした剰余金の配当又は利益の配当（非適格分割型分割、非適格株式分配又は資本の払戻しに基因する金銭その他の資産の交付に該当するものを除きます。）により減少した利益積立金額及びその通算法人について生じたみなし配当の基因となる事由（非適格合併、非適格分割型分割、非適格株式分配又は解散による残余財産の分配を除きます。）により減少した利益積立金額の合計額のうち、その基準日等及びその通算法人の事業年度（その通算法人に係る通算親法人の事業年度終了の日に終了するものに限ります。）終了の日においてその通算法人との間に通算完全支配関係がある他の通算法人に対して交付した金銭その他の資産に係る部分の金額をいいます（令139の８③二）。

3　通算外配当等流出配賦額とは、次の算式により計算した金額をいいます（令139の８③三）。

$$\text{通算外配当等流出配賦額} = A \times \frac{B}{C} + D$$

A　各通算法人（当該通算法人及びその通算法人の当該事業年度終了の日においてその通算法人との間に通算完全支配関係がある他の通算法人に限ります。）の通算外配当等流出額のうち当該各通算法人が発行済株式等を有する他の通算法人の通算内配当等の額（当該各通算法人が交付を受けた金銭その他の資産に係る部分の金額に限るものとし、当該各通算法人の通算内配当等の額がある場合にはその通算内配当等の額を控除した金額とします。）に達するまでの金額の合計額

B　通算法人の通算内配当等の額からその通算法人が発行済株式等を有する他の通算法人（その通算法人の当該事業年度終了の日においてその通算法人との間に通算完全支配関係があるものに限ります。）の通算内配当等の額（その通算法人が交付を受けた金銭その他の資産に係る部分の金額に限ります。）を控除した純通算内配当等の額。

C　各通算法人（当該通算法人及びその通算法人の当該事業年度終了の日においてその通算法人との間に通算完全支配関係がある他の通算法人に限ります。）の純通算内配当等

の額の合計額

D　当該通算法人の通算外配当等流出額のうちその通算法人が発行済株式等を有する他の通算法人（その通算法人の当該事業年度終了の日においてその通算法人との間に通算完全支配関係があるものに限ります。）の通算内配当等の額（その通算法人が交付を受けた金銭その他の資産に係る部分の金額に限るものとし、その通算法人の通算内配当等の額がある場合にはその通算内配当等の額を控除した金額とします。）を超える部分の金額

(3)　留保控除額のうち所得等基準額の基礎となる所得等の金額

留保金課税の対象となる金額は、損益通算後の所得金額を基礎として計算しますが、留保控除額のうち所得等基準額の基礎となる所得等の金額は、損益通算前の金額となります（法67⑤一）。

第22

所得税額控除

Q229

グループ通算制度における所得税額控除

グループ通算制度における所得税額控除について、特別な取扱いがありますか。

A

配当計算期間の途中で通算グループ内の法人間でその元本を移転したときは、その元本の移転はなかったものとして取り扱われます。

解説

配当等に係る所得税の元本所有期間に対応する部分の計算に関し、個別法を採用する場合において、配当等の元本を、通算法人への他の通算法人からの移転により取得した場合には、その移転が適格合併、適格分割、適格現物出資、適格現物分配及び特別の法律に基づく承継である場合を除き、その移転をした通算法人の元本を所有していた期間を、移転を受けた通算法人の元本を所有していた期間とみなすこととされます（令140の2④⑤）。

結果として、この場合、その配当等の元本の移転はなかったものとなります。

第23

外国税額控除

Q230

外国税額の控除の計算方法

同一の通算グループ内の法人であるA社、B社及びC社の所得金額、国外所得金額、法人税の額及び外国法人税の額はそれぞれ次のとおりとなっています。なお、いずれの法人も非課税国外所得金額はありません。

この場合に、A社、B社及びC社の外国税額の控除の計算はそれぞれどのように行うこととなりますか。

	A社	B社	C社	合計
所得金額	0	200	300	500
国外所得金額	100	100	▲50	150
法人税の額	0	40	60	100
外国法人税の額	20	10	0	30

A

各社の控除可能額は、A社は15、B社は15、C社は零となります。詳細は、解説のとおりです。

解説

1　通算法人に係る外国税額の控除の計算

通算法人が各事業年度において外国法人税を納付することとなる場合には、控除限度額を限度として、その外国法人税の額をその事業年度の所得に対する法人税の額から控除することとされています（法69①⑭、令148①）。

通算法人の外国税額の控除の計算は、通算グループの要素（各通算法人の所得金額、国外所得金額及び法人税の額の合計額）を用いて行います。具体的には次のとおりです。

(1)　控除限度額の計算

この控除限度額とは、調整前控除限度額から控除限度調整額を控除した金額をいいます。なお、調整前控除限度額が零を下回る場合には零とされます（令148①）。

(2)　調整前控除限度額の計算

上記(1)の調整前控除限度額とは、次の算式により計算した金額をいいます（令148②）。

調整前控除限度額 ＝ 各通算法人の法人税の額（注１）の合計額 × その通算法人の調整国外所得金額（注３）／各通算法人の所得金額（注２）の合計額

（注１）　この法人税の額は、特定同族会社の特別税率（法67）などの一定の規定を適用しないで計算した場合等の法人税の額をいい、附帯税の額は除きます（令148②一）。

（注２）　この所得金額は、欠損金の繰越し（法57）及び損益通算（法64の５）などの一定の規定を適用しないで計算した場合の所得の金額をいいます（令148③）。

（注３）　この調整国外所得金額は、次の算式により計算した金額をいい、調整前国外所得金額が零を下回る場合は、調整前国外所得金額となります（令148②三）。

調整国外所得金額 ＝ 国外所得金額（注４） － 非課税国外所得金額（注５） ＋ 加算調整額（注６） － 調整金額（注７）

加算前国外所得金額 ＝ 国外所得金額（注４） － 非課税国外所得金額（注５）

調整前国外所得金額 ＝ 国外所得金額（注４） － 非課税国外所得金額（注５） ＋ 加算調整額（注６）

（注４）　この国外所得金額は、欠損金の繰越し（法57）及び損益通算（法64の５）などの一定の規定を適用しないで計算した場合の国外源泉所得に係る所得の金額をいいます（令148④）

（注５）　国外所得金額から減算する非課税国外所得金額は、零を超えるものに限ります（令148④）。

（注６）　この加算調整額は、次の算式により計算した金額をいいます（令148⑤）。

加算調整額 ＝ 各通算法人の零を下回る非課税国外所得金額の合計額のうち非課税国外所得金額（零を超えるものに限ります。）の合計額に達するまでの金額 × その通算法人の加算前国外所得金額（零を超えるものに限ります。）／各通算法人の加算前国外所得金額（零を超えるものに限ります。）の合計額

（注７）　この調整金額は、次の算式により計算した金額をいいます（令148⑥）。

調整金額 ＝ 各通算法人の調整前国外所得金額の合計額が所得金額（注８）の合計額の90％を超える部分の金額 × その通算法人の加算前国外所得金額（零を超えるものに限ります。）／各通算法人の加算前国外所得金額（零を超えるものに限ります。）の合計額

（注８）　上記（注２）と同様です。

⑶　控除限度調整額の計算

上記⑴の控除限度調整額とは、次の算式により計算した金額をいいます（令148⑦）。

控除限度調整額 ＝ 各通算法人の調整前控除限度額が零を下回る場合のその下回る額の合計額 × $\dfrac{\text{その通算法人の調整前控除限度額（零を超えるものに限ります。）}}{\text{各通算法人の調整前控除限度額（零を超えるものに限ります。）の合計額}}$

2　設問の場合の外国税額の控除の計算

本件のA社、B社及びC社の外国税額の控除の計算は次のとおりとなります。

	A社	B社	C社	合計
所得金額	0	200	300	500
国外所得金額	100	100	▲50	150
調整前国外所得金額 （上記１⑵（注３））	100	100	▲50	150
調整金額 （上記１⑵（注７））	－ 150＜450（＝500×90％）			
調整国外所得金額 （上記１⑵（注３））	100	100	▲50	150
法人税の額	0	40	60	100
外国法人税の額	20	10	0	30
調整前控除限度額 （上記１⑵）	100×100／500 ＝20	100×100／500 ＝20	100×▲50／500 ＝▲10	30
控除限度調整額 （上記１⑶）	10×20/40＝5	10×20/40＝5	－	10
控除限度額（上記１⑴）	20－５＝15	20－５＝15	0	30
税額控除額 （上記１）	15＜20 ⇒15	15＞10 ⇒10	0	25

Q231

外国税額控除についての税額控除と損金算入の選択の可否

グループ通算制度における外国税額控除について、通算法人ごとに税額控除と損金算入を個別に選択することは可能ですか。

A

グループ通算制度における外国税額控除について、通算法人ごとに税額控除と損金算入を個別に選択することは認められていません。

解説

通算法人又は他の通算法人が、 控除対象外国法人税の額につき外国税額控除の適用を受ける場合には、 その通算法人が納付することとなる控除対象外国法人税の額は、その通算法人の各事業年度の所得の金額の計算上、損金の額に算入しないこととされています。

つまり、通算グループ内の１社でも外国税額控除の適用を受ける場合には、他の通算法人において控除対象外国法人税の額の損金算入は認められないこととなります（法41②）。

Q232

前３年以内の事業年度（連結事業年度）の控除余裕額又は控除限度超過額の取扱い（概要）

通算法人の外国税額の控除額の計算において、内国法人のグループ通算制度を適用する事業年度開始の日前３年以内に開始した各事業年度で生じた控除余裕額又は控除限度超過額は、グループ通算制度を適用する事業年度に繰り越すことができますか。

また、その事業年度開始の日前３年以内に開始した各事業年度に連結事業年度に該当するものがあった場合には、連結事業年度の個別控除余裕額又は個別控除限度超過額はどのように取り扱われますか。

A

その控除余裕額等は、グループ通算制度を適用する事業年度に繰り越すことができます。

また、前３年以内に開始した連結事業年度の個別控除余裕額等は、その連結事業年度の期間に対応する各事業年度の控除余裕額等とみなされます。

解説

1　控除余裕額等の取扱い

内国法人の外国税額の控除額の計算において、内国法人が事業年度開始の日前３年以内に開始した各事業年度で生じた国税及び地方税の控除余裕額又は控除限度超過額は、その事業年度に繰り越すことができることとされています（法69②③、令144①、145①）。

この取扱いは通算法人においても同様です。また、これはグループ通算制度からの離脱等によってその後グループ通算制度の適用を受けないこととなった場合であっても同様です。

2　連結事業年度の個別控除余裕額等

内国法人が外国税額控除を適用する事業年度開始の日前３年以内に開始した各事業年度（以下「前３年内事業年度」といいます。）に連結事業年度に該当するものがある場合には、その連結事業年度の国税及び地方税の個別控除余裕額又は個別控除限度超過額は、その連結事業年度の期間に対応するその内国法人の前３年内事業年度の国税及び地方税の控除余裕額又は控除限度超過額とみなして、繰越控除限度額又は繰越控除対象外国法人税額を計算することとされています（令和２年改正令附則35②、36②）。

Q233

前３年以内の控除余裕額又は控除限度超過額の取扱い（具体例）

通算法人の外国税額の控除額の計算において、内国法人のグループ通算制度を適用する直前３年以内の各事業年度で生じた控除余裕額又は控除限度超過額は、グループ通算制度を適用する事業年度に繰り越すことができますか。

A

その控除余裕額又は控除限度超過額は、グループ通算制度を適用する事業年度に繰り越すことができます。

解説

内国法人の外国税額の控除額の計算において、内国法人が事業年度開始の日前３年以内に開始した各事業年度で生じた国税の控除余裕額及び地方税の控除余裕額又は国税の控除限度超過額及び地方税の控除限度超過額は、その事業年度に繰り越すことができます（法69②③、令144①、145①）。

このことは通算法人においても同様であり、事業年度開始の日前３年以内に開始した各事業年度がグループ通算制度を適用する事業年度であったとしても、上記と同様に繰り越すことができます。このことは、グループ通算制度からの離脱等によってその後グループ通算制度の適用を受けないこととなった場合であっても同様です。

《控除余裕額又は控除限度超過額の繰越例》

会社名	単体事業年度			通算事業年度
	Ｘ１年３月期	Ｘ２年３月期	Ｘ３年３月期	Ｘ４年３月期
Ｘ１社	発生した控除余裕額 120	発生した控除余裕額 60	発生した控除余裕額 40	控除余裕額220 （120 ＋ 60 ＋ 40）
Ｙ１社		発生した 控除限度超過額 50	発生した 控除限度超過額 20	控除限度超過額 70 （50 ＋ 20）

Q234

連結納税からグループ通算制度に移行する場合の外国税額控除に係る個別控除余裕額又は個別控除限度超過額の取扱い

グループ通算制度を適用する事業年度開始の日前３年以内に開始した各事業年度（「前３年内事業年度」）が連結事業年度に該当する場合、当該連結事業年度の個別控除余裕額又は個別控除限度超過額はどのように取り扱われますか。

A

前３年以内に開始した連結事業年度の個別控除余裕額又は個別控除限度超過額は、当該連結事業年度の期間に対応する各事業年度の控除余裕額又は控除限度超過額とみなされます。

解説

前３年内事業年度に連結事業年度に該当するものがある場合には、当該連結事業年度の国税及び地方税の個別控除余裕額又は個別控除限度超過額は、当該連結事業年度の期間に対応するその内国法人の前３年内事業年度の国税及び地方税の控除余裕額又は控除限度超過額とみなして、繰越控除限度額又は繰越控除対象外国法人税額を計算することとされています（令和２年改正令附則35②、36②）。

Q235

地方法人税における外国税額控除の適用

グループ通算制度において、地方法人税における外国税額控除の適用は、どのようになるのですか。

A

地方法人税控除限度額の範囲内において、地方法人税額から当該控除しきれない控除対象外国法人税の額を控除します。

解説

法人税の控除限度額の範囲内で控除しきれない控除対象外国法人税の額がある通算法人については、その通算法人に帰せられる地方法人税控除限度額の範囲内において、地方法人税額から当該控除しきれない控除対象外国法人税の額を控除します（地法12①④）。

なお、通算課税事業年度（通算法人の各課税事業年度（その通算法人に係る通算親法人の課税事業年度終了の日に終了するものに限ります。））の地方法人税控除限度額は、その通算法人のその通算課税事業年度の所得地方法人税額（地方法10）及びその通算課税事業年度終了の日においてその通算法人との間に通算完全支配関係がある他の通算法人のその終了の日に終了する各課税事業年度（「他の課税事業年度」）の所得地方法人税額の合計額のうち、その通算法人のその通算課税事業年度の国外所得金額に対応するものとして計算した金額とされています。

具体的には、通算法人の通算課税事業年度の調整前控除限度額からその通算課税事業年度の控除限度調整額を控除した金額（その調整前控除限度額が零を下回る場合には、零）となります（地方法令３④）。

地方法人税控除限度額 ＝ 調整前控除限度額 － 控除限度調整額

ここでの調整前控除限度額とは、次の算式により計算した額をいいます。

$$\text{調整前控除限度額} = \begin{array}{c}\text{通算グループの地方}\\\text{法人税額の合計額}\end{array} \times \frac{\text{通算法人の調整国外所得金額}}{\text{通算グループの所得金額の合計額}}$$

(注)　通算グループの地方法人税額の合計額は、特定同族会社の特別税率（法67）、試験研究費に

係る特別控除（措法42の４⑧六ロ、七、⑱）、通算法人の仮装経理に基づく過大申告の場合等の法人税額（措法42の14①④）、使途秘匿金の支出がある場合の課税の特例（措法62）等の適用がないものとして計算した地方法人税の額から、分配時調整外国税相当額の控除（地方法12の２）、内国法人の外国関係会社に係る課税の特例（措法66の７⑩）、並びに特殊関係株主等である内国法人の外国関係法人に係る課税の特例（措法66の９の３⑨）の規定により控除をされるべき金額の合計額を控除した金額の合計額をいいます。

また、控除限度調整額とは、次の算式により計算した額をいいます。

$$\text{控除限度調整額} = \text{他の通算法人のマイナスの調整前控除額の合計額} \times \frac{\text{通算法人の調整前控除限度額}}{\text{通算グループの調整前控除限度額の合計額}}$$

なお、通算法人（通算法人であった内国法人を含みます。）は、その通算法人の通算課税事業年度後において、その通算課税事業年度の期限内申告書に添付された書類に地方法人税額として記載された金額とその通算課税事業年度の地方法人税額とが異なることとなった場合には、他の通算法人に対し、その異なることとなった地方法人税額を通知しなければならないこととされています（地方法令３⑦）。

Q236

外国税額の控除額に変動が生じた場合の外国税額の控除の計算方法

通算法人の外国税額の控除額に変動が生じた場合の外国税額の控除の計算はどのようになりますか。

A

期限内申告における税額控除額と再計算後の税額控除額との間に過不足額が生じることとなる場合であっても、その過去の事業年度の税額控除額は期限内申告の金額で固定することとされており、修正申告等を行う必要はありません。過不足額は進行事業年度で調整することになります。

解説

通算法人の税額控除額に変動が生じた場合の外国税額の控除の計算は、次のとおり行うことになります。

1　税額控除額の期限内申告額による固定

通算法人の外国税額の控除の計算は、通算グループの要素（各通算法人の所得金額、国外所得金額及び法人税の額の合計額）を用いて行うため、通算法人の過去の事業年度におけるこれらの要素に変動が生じた場合には、通算グループ内の全ての通算法人は、その変動後の要素に基づいて外国税額の控除の再計算を行う必要が生じます。

ただし、その過去の事業年度について、期限内申告における税額控除額と再計算後の税額控除額との間に過不足額が生じることとなる場合であっても、その過去の事業年度の税額控除額は期限内申告の金額で固定することとされており（法69⑮）、修正申告等を行う必要はありません。

また、税額控除額の計算の基礎となる事実の全部又は一部を隠蔽し、又は仮装して税額控除額を増加させることによりその法人税の負担を減少させ、又は減少させようとする場合等に該当するときは、この取扱いは適用されません。

2　過不足額の進行事業年度における調整

上記1の過不足額については、対象事業年度（いわゆる進行事業年度をいい、修更正を行う場合には原則としてその修更正のあった日の属する事業年度）において、次の調整を行うこととされています（法69⑰⑱）。

(1)　期限内申告における税額控除額　＜　再計算後の税額控除額

　　⇒　差額を進行事業年度の法人税の額から控除

(2)　期限内申告における税額控除額　＞　再計算後の税額控除額

　　⇒　差額を進行事業年度の法人税の額に加算

令和4年度税制改正大綱

○　令和4年度税制改正大綱に基づき、次のとおりの税制改正が予定されています。

外国税額控除について、次の見直しを行う。

①　税務当局が調査を行った結果、進行事業年度調整措置を適用すべきと認める場合には、通算法人に対し、その調査結果の内容（進行事業年度調整措置を適用すべきと認めた金額及びその理由を含む。）を説明するものとする。

②　上記①の説明が行われた日の属する事業年度の期限内申告書に添付された書類に進行事業年度調整措置を適用した金額（税額控除不足額相当額又は税額控除超過額相当額）として記載された金額等がその説明の内容と異なる場合には、その事業年度に係る税額控除不足額相当額又は税額控除超過額相当額に係る固定措置を不適用とする。

③　税額控除額等（税額控除額、税額控除不足額相当額又は税額控除超過額相当額をいう。以下同じ。）に係る固定措置が不適用とされた事業年度について、その不適用とされたことに伴い修正申告書の提出又は更正が行われた場合には、原則として、その修正申告書又はその更正に係る更正通知書に税額控除額等として記載された金額をもって本固定措置を再度適用する。

④　その他所要の措置を講ずる。

Q237

修更正事由があった場合の具体的な外国税額の控除の計算方法

グループ通算制度における外国税額の控除では、修更正事由があった場合でも、そのことによる金額の異動は進行事業年度に調整すればよく、修正申告等を行う必要はないそうですが、具体的にはどのように計算するのでしょうか。

《前提》

同一の通算グループ内の法人であるA社、B社及びC社の各事業年度の期限内申告における外国税額の控除の計算は次のとおりとなっています。

1　前々期

	A社	B社	C社	合計
所得金額	0	100	200	300
調整前国外所得金額	100	50	▲30	120
調整金額	0（120＜270（300×90%））			
調整国外所得金額	100	50	▲30	120
法人税の額	0	20	40	60
外国法人税の額	21	7	0	28
調整前控除限度額	60×100／300＝20	60×50／300=10	60×▲30／600＝▲３	27
控除限度調整額	３×20／30＝２	３×10／30＝１	－	３
控除限度額	20－２＝18	10－１＝９	0	27
税額控除額	18（18＜21）	7（９＞7）	0	
翌期に繰り越す控除限度超過額	3	－	－	－
翌期に繰り越す控除余裕額	－	2	－	

2　前期

	A社	B社	C社	合計
所得金額	0	100	200	300
調整前国外所得金額	100	50	0	150
調整金額	0（150＜270（300×90%））			
調整国外所得金額	100	50	0	150
法人税の額	0	20	40	60
外国法人税の額	18	15	0	33
控除限度超過額	3	—	—	—
控除余裕額	—	2	—	
調整前控除限度額	60×100／300＝20	60×50／300＝10	60×０／300＝０	30
控除限度調整額	—	—	—	—
控除限度額	20	10	0	30
税額控除額	20	12	—	
翌期に繰り越す控除限度超過額	1	3	—	—
翌期に繰り越す控除余裕額	—	—	—	

その後、C社の所得金額及び法人税の額につき税務調査に基づく更正が行われ、これに伴い前々期の外国税額の控除の計算における所得金額、調整前国外所得金額、法人税の額が次のとおり変動することとなりました。

	C社		3社の合計	
	期限内申告	更正後	期限内申告	更正後
所得金額	200	260	300	360
調整前国外所得金額	▲30	0	120	150
法人税の額	40	52	60	72
外国法人税の額	0	0	55	55

なお、いずれの通算法人も前々期及び前期において非課税国外所得金額はありません。

A

A社は、進行事業年度において、前々期の税額控除額の不足額２を法人税の額から控除し、前期の税額控除額の超過額１を法人税の額に加算することとなります。また、B社は、進行事業年度において、税額控除額の不足額１を法人税の額から控除することとなります。

解説

1　前々期のA社、B社及びC社の外国税額の控除の計算（C社の調査後）は、次のとおりとなります。

	A社	B社	C社	合計
所得金額	0	100	260	360
調整前国外所得金額	100	50	0	150
調整金額	0（150＜324（360×90%））			
調整国外所得金額	100	50	0	150
法人税の額	0	20	52	72
外国法人税の額	21	7	0	28
調整前控除限度額	72×100/360＝20	72×50/360＝10	72× 0 /360＝ 0	30
控除限度調整額	—	—	—	—
控除限度額 （期限内申告額）	20 (18)	10 (9)	0	—
税額控除額 （期限内申告額）	20 (18)	7 (7)	0	
翌期に繰り越す控除限度超過額 （期限内申告額）	1 (3)	—		—
翌期に繰り越す控除余裕額 （期限内申告額）	—	3 (2)	—	

A社は税額控除額の不足額（２）が生じますが、税額控除額は期限内申告額(18)で固定し、この不足額についてはA社の進行事業年度で調整を行うこととなります。

また、B社は控除限度額が変動しますが、税額控除額(7)は変動しません（控除余裕額のみ変動）ので、期限内申告額に固定する措置は適用されません。

2　前期のA社、B社及びC社の外国税額の控除の計算（C社の調査後）は、次のとおりとなります。

	A社	B社	C社	合計
所得金額	0	100	200	300
国外所得金額	100	50	0	150
調整前国外所得金額	100	50	0	150
調整金額	0（150＜270（300×90%））			
調整国外所得金額	100	50	0	150
法人税の額	0	20	40	60
外国法人税の額	18	15	0	33
控除限度超過額（期限内申告額）	1 (3)	—	—	—
控除余裕額（期限内申告額）	—	3 (2)	—	—
調整前控除限度額	60×100／300＝20	60×50／300＝10	60×０／300＝０	30
控除限度調整額	—	—	—	—
控除限度額	20	10	0	30
税額控除額（期限内申告額）	19 (20)	13 (12)	0	
翌期に繰り越す控除限度超過額（期限内申告額）	0 (1)	2 (3)	—	—
翌期に繰り越す控除余裕額（期限内申告額）	1 (0)	—	—	

前期の控除限度超過額及び控除余裕額が変動する結果、A社は税額控除額の超過額(1)が、B社は不足額(1)がそれぞれ生じますが、税額控除額はA社及びB社それぞれ期限内申告額（A社：20、B社：12）で固定し、この超過額及び不足額はA社及びB社それぞれ当期で調整を行うこととなります。

3　本件のC社の前々期の調査後の金額に基づく当期のA社、B社及びC社の外国税額の控除の計算は次のとおり当期の法人税の額から控除又は法人税の額に加算します。

	A社	B社	C社
当期の法人税の額に加算	1（上記２）	—	—
当期の法人税の額から控除	2（上記１）	1（上記２）	—

このように、A社及びB社の前々期及び前期の税額控除額の変動額をA社及びB社それぞれの当期の法人税の額から控除又は法人税の額に加算します。

Q238

外国税額の控除限度額の計算において当初申告額と異なることとなった場合の通知

通算法人が外国税額の控除の規定の適用を受ける事業年度後の事業年度において、外国税額の控除限度額の計算の基礎となる一定の金額が当初申告額と異なることとなった場合、他の通算法人に対してどのように通知することになりますか。

A

通算法人と他の通算法人との間で任意の方法により通知を行うことになります。

解説

1　通知義務

外国税額の控除の規定の適用を受けている通算法人が、その規定の適用を受ける事業年度（その通算法人に係る通算親法人の事業年度終了の日に終了するものに限ります。以下「通算事業年度」といいます。）及び地方法人税法第7条に規定する課税事業年度（その通算法人に係る通算親法人の課税事業年度終了の日に終了するものに限ります。以下「通算課税事業年度」といいます。）後において、次に掲げる金額のいずれかが当初申告額と異なることとなった場合には、他の通算法人に対し、その異なることとなった次に掲げる金額を通知しなければならないこととされています（令148⑨、地方法令3⑦）。

(1)　その通算法人のその通算事業年度の所得に対する法人税の額（法人税法施行令第148条第2項第1号イに掲げる金額）

(2)　その通算法人のその通算事業年度の所得金額（法人税法施行令第148条第2項第2号イに掲げる金額）

(3)　その通算法人のその通算事業年度の法人税法施行令第148条第4項に規定する非課税国外所得金額

(4)　その通算法人のその通算事業年度の法人税法施行令第148条第4項に規定する加算前国外所得金額

⑸　その通算法人のその通算課税事業年度の地方法人税の額（地方法人税法施行令第3条第5項第1号に掲げる金額）

なお、この通知義務は、外国税額の控除の規定の適用を受けていない通算法人や通算グループを離脱した法人についても過去の通算事業年度及び通算課税事業年度の上記⑴から⑸までに掲げる金額がその後に変動した場合には、その義務が課されることとされています。

2　通知方法

法令上、通知すべき事項として上記に掲げる金額が定められていますが、この通知については、通算法人と他の通算法人という民間において行われるものであることから、法令等においてその通知の方法及び様式等は特段定められていません。

したがって、通算法人と他の通算法人との間で任意の方法により通知を行うことになります。

第24

試験研究費

Q239

通算法人における一般試験研究費の総額に係る税額控除の計算

グループ通算制度では、一般試験研究費の額に係る税額控除の計算はどのようになりますか。

A

通算法人における一般試験研究費の額に係る税額控除の計算は、通算グループを一体として計算した税額控除限度額と控除上限額とのうちいずれか少ない金額を、通算法人の調整前法人税額の比であん分することにより行います。

解説

通算法人が一般試験研究費の額に係る税額控除の適用を受ける場合において、その通算法人の各事業年度がその通算法人に係る通算親法人の事業年度終了の日に終了するものであるときは、税額控除可能分配額を税額控除限度額として、その通算法人の各事業年度の税額控除額を計算します（措法42の４①⑧三八九）。

なお、その通算法人に試験研究費の額がない場合であっても、税額控除の規定は適用されます（措通３－３）。

$$\text{税額控除可能分配額} = \text{税額控除可能額（注１）} \times \frac{\text{その通算法人の調整前法人税額}}{\text{各通算法人の調整前法人税額の合計額}}$$

税額控除可能分配額とは、次の算式により計算することになります。

（注１）　上記算式の税額控除可能額とは、通算グループを一体として計算した税額控除限度額（下記１）と控除上限額（下記２）とのうちいずれか少ない金額をいいます（措法42の４⑧三八九）。

なお、通算法人（注２）が試験研究費の税額控除の規定の適用を受けようとする場合、その受けようとする事業年度において、次の要件のいずれにも該当しないときは、この規定は適用しないこととされています（措法42の13⑤⑦）。

(1)　継続雇用者等に対する給与等の支給額（※）　＞　継続雇用者に対する前事業年度の給与等の支給額（※）

(2) その事業年度の国内資産の取得額の合計額（※） ＞ その事業年度の減価償却費の合計額（※） × 30%

※通算法人及び他の通算法人の合計額

（注２） 通算グループのうち、他の通算法人のいずれも通算適用除外事業者（適用する事業年度前３事業年度の所得金額の平均額が15億円を超える法人）に該当しない場合を除きます。

1　通算グループを一体として計算した税額控除限度額

グループ通算制度における税額控除限度額は、その適用を受ける事業年度の各通算法人の試験研究費の額の合計額に、次の(1)又は(2)の区分に応じて計算される税額控除割合を乗じて計算した金額になります（措法42の４⑧三イ八）。

(1) 合算試験研究費割合（注３）が10%以下の事業年度

イ　合算増減試験研究費割合（注４）が9.4%を超える場合（ハの場合を除きます。）

税額控除割合（14%を上限） ＝ 10.145% ＋ ｛（合算増減試験研究費割合 － 9.4%） × 0.35｝

ロ　合算増減試験研究費割合（注４）が9.4%以下である場合（ハの場合を除きます。）

税額控除割合（２%を下限） ＝ 10.145% － ｛（9.4% － 合算増減試験研究費割合） × 0.175｝

ハ　各通算法人の比較試験研究費の額（注５）の合計額が零である場合

8.5%

(2) 合算試験研究費割合（注３）が10%を超える事業年度

上記(1)イからハまでのそれぞれの場合に応じて次のとおり計算します。

税額控除割合（14%を上限） ＝ 上記(1)イからハまでの割合 ＋ ｛上記(1)イからハまでの割合 ×（合算試験研究費割合 － 10%）×0.5｝

（注３） 合算試験研究費割合とは、その適用を受ける事業年度に係る各通算法人の試験研究費の額の合計額の各通算法人の平均売上金額の合計額に対する割合をいいます（措法42の４⑲十二）。

平均売上金額とは、その適用を受ける事業年度及びその通算法人に係る通算親法人の事業年度開始の日の３年前の日からその適用を受ける事業年度開始の日の前日までの期間内に開始した各事業年度の売上金額の平均額として一定の方法により計算した金額をいいます（措法42の４⑲十四）。

（注４） 合算増減試験研究費割合とは、その適用を受ける事業年度に係る各通算法人の試験研究費の額の合計額から各通算法人の比較試験研究費の額の合計額を減算した金額の各通算法人の比較試験研究費の額の合計額に対する割合をいいます（措法42の４⑲十一）

（注５） 通算法人が一般試験研究費の額に係る税額控除の適用を受ける場合における比較試験研究費の額とは、その適用を受ける通算法人に係る通算親法人の事業年度開始の日の３年前の日からその適用を受ける事業年度開始の日の前日までの期間内に開始した各事業

年度の試験研究費の額の合計額をその各事業年度の数で除して計算した平均額をいいます（措法42の４⑲五）。

2　通算グループを一体として計算した控除上限額

グループ通算制度における控除上限額は、その適用を受ける事業年度に係る各通算法人の調整前法人税額の合計額の25％に相当する金額（次表のイからハまでに掲げる事業年度に該当する場合、調整前法人税額の合計額の25％に相当する金額にそれぞれに掲げる上乗せ金額（※）を加算した金額）になります（措法42の４⑧三ロ・ハ九イ）。

	事業年度	上乗せ金額
イ	次の要件を満たす事業年度（通算子法人にあっては、通算親法人の次の要件を満たす事業年度終了の日に終了する事業年度）（措法42の４⑧九イ⑴） (イ)　通算グループ内の全ての通算法人について、その適用を受ける事業年度が設立の日とされる一定の日以後10年を経過する日までの期間内の日を含む事業年度に該当すること (ロ)　その適用を受ける事業年度終了の時において、法人税法第66条第５項第２号又は第３号に掲げる法人及び株式移転完全親法人（法２十二の六の六）のいずれにも該当しないこと (ハ)　通算グループ内のいずれかの通算法人がその適用を受ける事業年度終了の時において、翌事業年度に繰り越される欠損金額（特定欠損金額を除きます。）を有すること	調整前法人税額の合計額×15％
ロ	合算試験研究費割合が10％を超える事業年度（措法42の４⑧九イ⑵）	調整前法人税額の合計額×{(合算試験研究費割合－10％)×２（10％を上限)}
ハ	基準年度比合算売上金額減少割合（注６）が２％以上であり、かつ、各通算法人の試験研究費の額の合計額が各通算法人の基準年度試験研究費の額（注７）の合計額を超える事業年度（措法42の４⑧九イ⑶）	調整前法人税額の合計額×５％

なお、イ及びロのいずれにも該当する事業年度については、イ及びロの上乗せ金額の合計額とし、ロ及びハのいずれにも該当する事業年度については、ロ及びハの上乗せ金額の合計額とします。

（注６）　基準年度比合算売上金額減少割合とは、各通算法人の事業年度の売上金額の合計額が各通算法人の基準事業年度の売上金額の合計額に満たない場合のその満たない部分の金額がその各通算法人の基準事業年度の売上金額の合計額に占める割合（その各通算法人の基準事業年度の売上金額の合計額が零である場合は、零）をいいます（措法42の４⑲十三）。

（注７）　基準年度試験研究費の額とは、基準事業年度の試験研究費の額（その基準事業年度の月数と本制度の適用を受ける事業年度の月数とが異なる場合には、その試験研究費の額にその事業年度の月数を乗じてこれをその基準事業年度の月数で除して計算した金額）をいい

ます（措法42の４⑲六の三）。

※　調整前法人税額とは、次の税額控除等の規定を適用しないで計算した場合の法人税の額（国税通則法第２条第四号に規定する付帯税の額を除きます。）をいいます。

・　試験研究費の税額控除（措法42の４）
・　中小企業者等が機械等を取得した場合の税額控除（措法42の６②③）
・　沖縄の特定地域において工業用機械等を取得した場合の税額控除（措法42の９①②）
・　国家戦略特別区域において機械等を取得した場合の税額控除（措法42の10②）
・　国家戦略総合特別区域において機械等を取得した場合の税額控除（措法42の11②）
・　地域経済牽引事業の促進区域内において特定事業用機械等を取得した場合の税額控除（措法42の11の２②）
・　地方活力向上地域等において特定建物等を取得した場合の税額控除（措法42の11の３②）
・　地方活力向上地域等において雇用者の数が増加した場合の税額控除（措法42の12）
・　認定地方公共団体の寄附活用事業に関連する寄附をした場合の税額控除（措法42の12の２）
・　中小企業等が特定経営力向上設備等を取得した場合の税額控除（措法42の12の４②③）
・　給与等の支給額が増加した場合の税額控除（措法42の12の５）
・　認定特定高度情報通信技術活用設備を取得した場合の税額控除（措法42の12の６②）
・　事業適応設備を取得した場合等の税額控除（措法42の12の７④⑤⑥）
・　通算法人の仮装経理に基づく過大申告の場合等の法人税額（措法42の14①）
・　使途秘匿金の支出がある場合の課税の特例（措法62①）
・　土地の譲渡等がある場合の特別税率（措法62の３①⑨）
・　短期所有に係る土地の譲渡等がある場合の特別税率（措法63①）
・　内国法人の外国関係会社に係る所得の課税の特例（措法66の７④）
・　特殊関係株主等である内国法人に係る外国関係法人に係る所得の課税の特例（措法66の９の３③）
・　特定同族会社の特別税率（法67）
・　所得税額の控除（法68）
・　外国税額控除（法69）
・　仮装経理に基づき過大申告の場合の更正に伴う法人税額の控除（法70）
・　税額控除の順序（法70の２）
・　外国法人に係る所得税額の控除（法144）
・　外国法人に係る外国税額の控除（法144の２）

・　外国法人に係る分配時調整外国税額相当額の控除（法144の２の２）
・　外国法人に係る税額控除の順序（法144の２の３）

Q240

一般試験研究費の額に係る税額控除の具体的計算方法

同一の通算グループ内の通算法人であるA社、B社及びC社の自令和４年４月１日至令和５年３月31日事業年度の所得の金額、調整前法人税額、試験研究費の額及び比較試験研究費の額はそれぞれ次のとおりとなっています。

この場合に、A社、B社及びC社の一般試験研究費の額に係る税額控除（措法42の４①）の計算はそれぞれどのように行うこととなりますか。

なお、A社、B社及びC社の上記の事業年度は、一般試験研究費の額に係る税額控除の控除上限額の上乗せ措置の適用がある事業年度には該当せず、また、A社、B社及びC社はいずれも中小企業者等には該当しません。

	A社	B社	C社	合計
所得の金額	100	400	0	500
調整前法人税額	25	100	0	125
試験研究費の額	50	0	60	110
比較試験研究費の額	40	0	60	100

A

解説のとおりです。

解説

A社、B社及びC社の試験研究費の総額に係る税額控除の計算は次のとおりとなります。

<table>
<tr><th></th><th>A社</th><th>B社</th><th>C社</th><th>合計</th></tr>
<tr><td>所得の金額</td><td>100</td><td>400</td><td>0</td><td>500</td></tr>
<tr><td>調整前法人税額</td><td>25</td><td>100</td><td>0</td><td>125</td></tr>
<tr><td>試験研究費の額</td><td>50</td><td>0</td><td>60</td><td>110</td></tr>
<tr><td>比較試験研究費の額</td><td>40</td><td>0</td><td>60</td><td>100</td></tr>
<tr><td>合算増減試験研究費割合</td><td colspan="4">10%
（110 － 100）／100 ＝ 10%</td></tr>
<tr><td>税額控除割合</td><td colspan="4">10.3%
10.145% ＋ ｛(10% － 9.4%) × 0.35｝ ＝ 10.355%</td></tr>
<tr><td>税額控除限度額</td><td colspan="4">11
110 × 10.3% ≒ 11</td></tr>
<tr><td>控除上限額</td><td colspan="4">31
125 × 25% ＝ 31</td></tr>
<tr><td>税額控除可能額</td><td colspan="4">11
(31＞11)</td></tr>
<tr><td>税額控除可能分配額</td><td>2
11×25/125＝2</td><td>8
11×100/125＝8</td><td>0
11× 0 /125＝0</td><td>10</td></tr>
</table>

※　計算根拠については、問239を参照してください。

Q241

修更正があった場合における一般試験研究費の額に係る税額控除の計算

通算法人又は他の通算法人に修更正事由があった場合における一般試験研究費の額に係る税額控除の計算はどのように行いますか。

A

通算グループ内の他の通算法人に修更正事由があった場合には、他の通算法人の試験研究費の額と調整前法人税額等を当初申告額に固定することにより、その通算法人への影響が遮断されます。

解説

通算法人又は他の通算法人に修更正事由があった場合における計算は、次のとおりとなります。

1　他の通算法人に修更正事由があった場合

他の通算法人に修更正事由があったことにより、他の通算法人の各事業年度の試験研究費の額、平均売上金額若しくは基準事業年度の売上金額又は税額控除の適用を受ける事業年度の調整前法人税額が当初申告額と異なることとなった場合には、通算法人の一般試験研究費の額に係る税額控除の計算上は、それぞれの当初申告額が他の通算法人の各事業年度の試験研究費の額、平均売上金額若しくは基準事業年度の売上金額又はその適用を受ける事業年度の調整前法人税額とみなされます（措法42の４⑧四・十）。

すなわち、通算グループ内の他の通算法人に修更正事由があった場合には、他の通算法人の試験研究費の額、平均売上金額若しくは基準事業年度の売上金額又は調整前法人税額を当初申告額に固定することにより、その通算法人への影響が遮断されます。

2　通算法人に修更正事由があった場合

(1)　税額控除可能額が当初申告額以上となる場合

通算法人の税額控除可能額が当初申告額以上であるときは、確定申告書等（措法２②二十八）に添付された書類に税額控除可能分配額として記載された金額（以下「当初申告税額控除可能分配額」といいます。）が税額控除可能分配額とみなされます（措法42の４⑧

五)。

つまり、通算法人に修更正事由があったことにより、税額控除可能額が当初申告額を超えることとなった場合であっても、税額控除可能分配額は当初申告額に固定されます。

(2)　税額控除可能額が当初申告額未満となる場合

通算法人の税額控除可能額が当初申告額未満であるときは、次の場合に応じそれぞれ次のとおりとなります（措法42の４⑧六)。

イ　当初申告税額控除可能分配額が零を超える場合

当初申告税額控除可能分配額から、当初申告税額控除可能額からその税額控除可能額を減算した金額（以下「税額控除超過額」といいます。）を控除した金額が一般試験研究費の額に係る税額控除の適用を受ける事業年度の税額控除可能分配額とみなされます（措法42の４⑧六イ)。

すなわち、税額控除超過額は、当初申告税額控除可能分配額の範囲内でその通算法人の税額控除可能分配額から控除されます。

ロ　税額控除超過額が当初申告税額控除可能分配額を超える場合

一般試験研究費の額に係る税額控除の適用を受ける事業年度の法人税の額は、その法人税の額に税額控除超過額から当初申告税額控除可能分配額を控除した金額に相当する金額を加算した金額とされます（措法42の４⑧六ロ)。

つまり、上記イにより控除されなかった税額控除超過額は、その通算法人の法人税の額に加算されます。

Q242

修更正があった場合の一般試験研究費の税額控除の具体的計算方法

税務調査により通算法人に修更正事由があった場合における一般試験研究費の額に係る税額控除の計算は具体的にどのように行いますか。

A

通算グループ内の他の通算法人に修更正事由があった場合には、他の通算法人の試験研究費の額と調整前法人税額等を当初申告額に固定することにより、その通算法人への影響が遮断されます。具体的な計算例は次のとおりです。

解説

《前提》

同一の通算グループ内の通算法人であるX社、Y社及びZ社の当初申告（自令和４年４月１日至令和５年３月31日事業年度）における所得の金額、調整前法人税額、試験研究費の額及び比較試験研究費の額はそれぞれ次のとおりであり、その後、税務調査によりX社の試験研究費の額が2,000となりました。

なお、各社の事業年度は、税務調査の前後いずれにおいても一般試験研究費の額に係る税額控除の控除上限額の上乗せ措置の適用がある事業年度には該当せず、また、各社ともに中小企業者等には該当しません。

		X社	Y社	Z社	合計
所得の金額		5,200	12,000	2,200	19,400
調整前法人税額		1,200	2,800	500	4,500
試験研究費の額	当初申告	8,000	4,000	0	12,000
	調査後	**2,000**	4,000	0	**6,000**
比較試験研究費の額		6,000	4,000	0	10,000

1　通算法人の一般試験研究費の額に係る税額控除の計算

次の算式により計算した税額控除可能分配額を税額控除限度額として、その通算法人の各事業年度の税額控除額を計算します（措法42の４①⑧三八九）。

$$\text{税額控除可能分配額} = \text{税額控除可能額（注１）} \times \frac{\text{その通算法人の調整前法人税額}}{\text{各通算法人の調整前法人税額の合計額}}$$

（注１）　上記算式の税額控除可能額とは、通算グループを一体として計算した税額控除限度額（下記⑴）と控除上限額（下記⑵）とのうちいずれか少ない金額をいいます（措法42の４⑧三八九）。

⑴　通算グループを一体として計算した税額控除限度額

その適用を受ける事業年度の各通算法人の試験研究費の額の合計額に、次のイ又はロの区分に応じて計算される税額控除割合を乗じて計算した金額（措法42の４⑧三イ、八）

イ　下記ロ以外の事業年度

㈠　合算増減試験研究費割合（注２）が9.4％を超える場合　（㈧の場合を除きます。）

税額控除割合（14％を上限）

＝ 10.145％ ＋〔（合算増減試験研究費割合 － 9.4％）× 0.35〕

㈡　合算増減試験研究費割合が9.4％以下である場合（㈧の場合を除きます。）

税額控除割合（２％を下限）

＝ 10.145％ －〔（9.4％ － 合算増減試験研究費割合）× 0.175〕

㈧　各通算法人の比較試験研究費の額（注３）の合計額が零である場合　8.5％

ロ　合算試験研究費割合（注４）が10％を超える事業年度

上記㈠及び㈡までのそれぞれの場合に応じて次のとおり計算します。

$$\text{税額控除割合（14％を上限）} = \text{上記イ㈠から㈧までの割合} + \text{〔上記イ㈠から㈧までの割合} \times \text{（合算試験研究費割合} - 10\%\text{）} \times 0.5\text{〕}$$

（注２）　合算増減試験研究費割合とは、その適用を受ける事業年度に係る各通算法人の試験研究費の額の合計額から各通算法人の比較試験研究費の額の合計額を減算した金額の各通算法人の比較試験研究費の額の合計額に対する割合をいいます（措法42の４⑲十一）。

（注３）　比較試験研究費の額とは、本制度の適用を受ける通算法人に係る通算親法人の事業年度開始の日の３年前の日からその適用を受ける事業年度開始の日の前日までの期間に開始した各事業年度の試験研究費の額の合計額をその各事業年度の数で除して計算した平均額をいいます（措法42の４⑲五）。

（注４）　合算試験研究費割合とは、その適用を受ける事業年度に係る各通算法人の試験研究費の額の合計額の各通算法人の平均売上金額の合計額に対する割合をいいます（措法42の４⑲十二）。

⑵　通算グループを一体として計算した控除上限額

その適用を受ける事業年度に係る各通算法人の調整前法人税額の合計額の25%に相当する金額（次表のイからハまでに掲げる事業年度に該当する場合、調整前法人税額の合計額の25%に相当する金額にそれぞれに掲げる上乗せ金額（※）を加算した金額）（措法42の４⑧三ロ・ハ九イ）

	事業年度	上乗せ金額
イ	次の要件を満たす事業年度（通算子法人にあっては、通算親法人の次の要件を満たす事業年度終了の日に終了する事業年度）（措法42の４⑧九イ⑴） (ｲ)　通算グループ内の全ての通算法人について、その適用を受ける事業年度が設立の日とされる一定の日以後10年を経過する日までの期間内の日を含む事業年度に該当すること (ﾛ)　その適用を受ける事業年度終了の時において、法人税法第66条第５項第２号又は第３号に掲げる法人及び株式移転完全親法人（法２十二の六の六）のいずれにも該当しないこと (ﾊ)　通算グループ内のいずれかの通算法人がその適用を受ける事業年度終了の時において、翌事業年度に繰り越される欠損金額（特定欠損金額を除きます。）を有すること	調整前法人税額の合計額×15%
ロ	合算試験研究費割合が10%を超える事業年度（措法42の４⑧九イ⑵）	調整前法人税額の合計額×｛（合算試験研究費割合－10%）×２（10%を上限)｝
ハ	基準年度比合算売上金額減少割合（注５）が２%以上であり、かつ、各通算法人の試験研究費の額の合計額が各通算法人の基準年度試験研究費の額（注６）の合計額を超える事業年度（措法42の４⑧九イ⑶）	調整前法人税額の合計額×５%

（※）　イ及びロのいずれにも該当する事業年度については、イ及びロの上乗せ金額の合計額とし、ロ及びハのいずれにも該当する事業年度については、ロ及びハの上乗せ金額の合計額とします。

（注５）　基準年度比合算売上金額減少割合とは、各通算法人の事業年度の売上金額の合計額が各通算法人の基準事業年度（令和２年２月１日前に最後に終了した事業年度をいいます。以下同じです。）の売上金額（その基準事業年度の月数と本制度の適用を受ける事業年度の月数とが異なる場合には、その売上金額にその事業年度の月数を乗じてこれをその基準事業年度の月数で除して計算した金額）の合計額に満たない場合のその満たない部分の金額がその各通算法人の基準事業年度の売上金額の合計額に占める割合（その各通算法人の基準事業年度の売上金額の合計額が零である場合は、零）をいいます（措法42の４⑲十三）。

（注６）　基準年度試験研究費の額とは、基準事業年度の試験研究費の額（その基準事業年度の月数と本制度の適用を受ける事業年度の月数とが異なる場合には、その試験研究費の額にその事業年度の月数を乗じてこれをその基準事業年度の月数で除して計算した金額）をいいます（措法42の４⑲六の三）。

２　通算法人の修正申告等における一般試験研究費の額に係る税額控除の計算

通算法人又は他の通算法人に修更正事由があった場合における上記１の計算は次のとおりとなります。

⑴　他の通算法人に修更正事由があった場合

他の通算法人に修更正事由があったことにより、他の通算法人の各事業年度の試験研究費の額、平均売上金額若しくは基準事業年度の売上金額又は上記１の適用を受ける事業年度の調整前法人税額が当初申告額と異なることとなった場合には、通算法人の上記１の計算上は、それぞれの当初申告額が当該他の通算法人の各事業年度の試験研究費の額、平均売上金額若しくは基準事業年度の売上金額又は上記１の適用を受ける事業年度の調整前法人税額とみなされます（措法42の４⑧四・十）。

つまり、通算グループ内の他の通算法人に修更正事由があった場合には、当該他の通算法人の試験研究費の額、平均売上金額若しくは基準事業年度の売上金額又は調整前法人税額を当初申告額に固定することにより、その通算法人への影響が遮断されます。

⑵　通算法人に修更正事由があった場合

イ　税額控除可能額が当初申告額以上となる場合

通算法人の税額控除可能額が当初申告額以上であるときは、確定申告書等（措法２②二十八）に添付された書類に税額控除可能分配額として記載された金額（以下「当初申告税額控除可能分配額」といいます。）が税額控除可能分配額とみなされます（措法42の４⑧五）。

すなわち、通算法人に修更正事由があったことにより、税額控除可能額が当初申告額を超えることとなった場合であっても、税額控除可能分配額は当初申告額に固定されます。

ロ　税額控除可能額が当初申告額未満となる場合

通算法人の税額控除可能額が当初申告額未満であるときは、次の場合に応じそれぞれ次のとおりとなります（措法42の４⑧六）。

⑴　当初申告税額控除可能分配額が零を超える場合

当初申告税額控除可能分配額から、当初申告税額控除可能額からその税額控除可能額を減算した金額（以下「税額控除超過額」といいます。）を控除した金額が上記1の適用を受ける事業年度の税額控除可能分配額とみなされます（措法42の4⑧六イ）。

つまり、税額控除超過額は、当初申告税額控除可能分配額の範囲内でその通算法人の税額控除可能分配額から控除されます。

(ロ) 税額控除超過額が当初申告税額控除可能分配額を超える場合

上記1の適用を受ける事業年度の法人税の額は、その法人税の額に税額控除超過額から当初申告税額控除可能分配額を控除した金額に相当する金額を加算した金額とされます（措法42の4⑧六ロ）。

つまり、上記(イ)により控除されなかった税額控除超過額は、その通算法人の法人税の額に加算されます。

(3) 具体的な一般試験研究費の額に係る税額控除の再計算

X社、Y社及びZ社の一般試験研究費の額に係る税額控除の再計算は次のとおりとなります。この結果、通算グループ全体で1,005の税額控除超過額が生ずることとなり、X社は税額控除額が300減少し、また、これとは別に705の追加課税額が生ずることにより法人税額1,005を納付することとなりますが、Y社及びZ社の法人税額は変わりません。

		X社	Y社	Z社	合計
所得の金額		5,200	12,000	2,200	19,400
調整前法人税額		1,200	2,800	500	4,500
試験研究費の額	当初	8,000	4,000	0	12,000
	修正後	**2,000**	**4,000**	**0**	**6,000**
比較試験研究費の額		6,000	4,000	0	10,000
合算増減試験研究費割合 上記１⑴イ（注２）	当初 （上記１⑴イ(イ)）	20%＝（12,000－10,000）/10,000			
	修正後 （上記１⑴イ(ロ)）	**▲40%＝（6,000－10,000）/10,000**			
税額控除割合	当初 （上記１⑴イ(イ)）	13.8%＝10.145%＋〔(20%－9.4%）×0.35〕			
	修正後 上記１⑴イ(ロ)）	**２%←10.145%－〔(9.4%－▲40%）×0.175〕＝1.5%＜２%**			
税額控除限度額 （上記１⑴）	当初	1,656＝12,000×13.8%			
	修正後	**120＝6,000×２%**			
控除上限額 （上記１⑵）	当初	1,125＝4,500×25%			
	修正後	**1,125＝4,500×25%**			
税額控除可能額 （上記１（注１））	当初	1,125　←（1,656＞1,125）			
	修正後	**120　←（120＜1,125）**			
税額控除超過額 （上記２⑵ロ(イ)）	**修正後**	**1,005＝1,125（上記⑴の税額控除可能額）－120**			
税額控除可能分配額	当初 （上記１）	300＝1,125×1,200/4,500	700 ＝1,125× 2,800/4,500	125 ＝1,125× 500/4,500	1,125
	修正後 （上記２⑵ロ(イ)）	**0 （当初300）**	**700 （当初）**	**125 （当初）**	**825**
法人税額に加算 （上記２⑵ロ（ロ)）	**修正後**	**705 ＝1,005－300**	**－**	**－**	**1,005**

Q243

特別試験研究費の税額控除の計算

通算法人に係る特別試験研究費の税額控除の計算はどのように行うのでしょうか。

A

通算グループ全体の税額控除可能額を算出した後、それを各通算法人に配分して計算します。

解説

1　特別試験研究費に係る税額控除の概要

特別試験研究費に係る税額控除については、一般試験研究費の額に係る税額控除と同様に、通算グループ全体に係る税額控除可能額を計算した後、その計算した税額控除可能額を各通算法人に分配し税額控除額（税額控除可能分配額）を算出します（措法42の４⑦⑧）。

なお、通算法人（注１）が特別試験研究費の税額控除の規定の適用を受けようとする場合、その受けようとする事業年度において、次の要件のいずれにも該当しないときは、この規定は適用しないこととされています（措法42の13⑤⑦）。

(1)　継続雇用者等に対する給与等の支給額（※）　＞　継続雇用者に対する前事業年度の給与等の支給額（※）

(2)　その事業年度の国内資産の取得額の合計額（※）　＞　その事業年度の減価償却費の合計額（※）　×30％

※　通算法人及び他の通算法人の合計額

また、その通算法人に試験研究費の額がない場合であっても、税額控除の規定は適用されます（措通３－３）。

2　通算グループ全体に係る税額控除可能額の計算

通算法人は、特別試験研究費の額（注２）がある場合には、その通算グループ全体のその事業年度の調整前法人税額（注３）から、次に掲げる金額の合計額（以下「特別研究税額控除限度額」といいます。）を控除することとされています。

なお、この場合において、この特別研究税額控除限度額が、その通算法人の通算グループ全体のその事業年度の所得に対する調整法人税額の10％に相当する金額を超えるときはその10％を限度とすることとされています。

⑴　その事業年度の通算グループ全体の特別試験研究費のうち、国の試験研究機関（行政執行法人を含みます。）、大学等と共同して行う試験研究、又は当該国に試験研究費機関又は大学等に委託して行う試験研究に係る特別試験研究費の金額その他一定の特別試験研究費の金額の30％相当額の合計金額

⑵　その事業年度の通算グループ全体の特別試験研究費のうち、新事業開拓事業者等と共同して行う試験研究（注４）、又は当該事業者等に委託して行う試験研究に係る特別試験研究費の金額その他一定の特別試験研究費の金額の25％相当額の合計金額

⑶　その事業年度の通算グループ全体の特別試験研究費のうち、上記⑴及び⑵以外の特別試験研究費の金額の合計額の20％相当額の合計金額

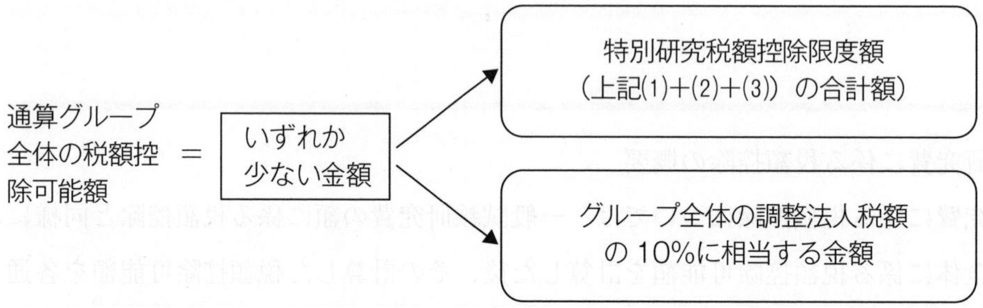

3　税額控除可能分配額の計算

上記２に基づき計算した通算グループ全体の税額控除可能額を、各通算法人に分配する額（税額控除可能分配額）として、次のとおり計算します。

$$\text{税額控除可能分配額} = \text{通算グループ全体の税額控除可能額} \times \frac{\text{その通算法人の調整前法人税額}}{\text{通算グループ全体の調整前法人税額の合計額}}$$

（注１）　通算グループのうち、他の通算法人のいずれも通算適用除外事業者（適用する事業年度前３事業年度の所得金額の平均額が15億円を超える法人）に該当しない場合を除きます。

（注２）　特別試験研究費の額とは、国の試験研究機関（行政執行法人を含みます。）、大学その他の者と共同で行う試験研究、国の試験研究機関、大学その他の者に委託する試験研究、中小企業者からのその有する知的財産権の設定又は許諾を受けて行う試験研究、その用途に係る対象者が少数である医薬品に関する試験研究その他一定の試験研究費の額をいいます。

（注３）　調整前法人税額とは、Q239を参照してください。

（注４）　新事業開拓事業者等と共同して行う試験研究とは、他の者と共同して行う試験研究又は

他の者に委託する試験研究であって、革新的なもの又は国立研究開発法人その他これに準ずる者における研究開発の成果を実用化するために行う試験研究のことをいいます。

Q244

通算法人の中小企業者であるかどうかの判定時期

試験研究を行った場合の法人税額の特別控除の適用上、その通算法人が中小企業者に該当するかどうかの判定時期はいつですか。

A

その通算法人及び他の通算法人の適用事業年度終了の時の現況により判定することになります。

解説

試験研究を行った場合の法人税額の特別控除の規定の適用上、当該通算法人が中小企業者に該当するかどうかの判定（以下「中小判定」という。）の時期に関しては、グループ通算制度を適用しない法人と同様に当該通算法人（本制度の適用を受けようとする自ら）のその適用を受けようとする事業年度（以下「適用事業年度」という。）の終了時における、当該通算法人（自ら）及び他の通算法人（通算グループ内の他の通算法人）の現況によることになります。これらのことから、当該通算法人（自ら）の期末時において中小企業者に該当しない法人が通算グループ内に１社でもいる場合には、その通算グループ内の通算法人全てが中小企業者に該当しないということになり、当該通算法人は本制度の適用を受けられないということになります。

また、通算グループ内に当該通算法人の適用事業年度（＝通算親法人の事業年度）の中途で通算グループから離脱するなどして通算完全支配関係を有しなくなった他の通算法人がいる場合には、当該他の通算法人は判定対象に含める必要はありません。

なお、通算親法人の事業年度の中途において通算グループから離脱した等により通算承認の効力を失ったいわゆる中途離脱法人については、その通算承認の効力を失った日の前日に当該中途離脱法人の事業年度は終了することとされているものの、当該中途離脱法人は当該前日の属する事業年度において通算法人ステータスを満たしていたことに変わりはありませんが、当該中途離脱法人の当該前日の属する事業年度における中小判定については、当該中途離脱法人（自ら）の当該前日の時点における当該中途離脱法人（自ら）及び他の通算法人

（通算グループ内の他の通算法人）の現況によるのであり、その時点で中小企業者に該当しない法人が通算グループ内に１社でもいる場合には、当該中途離脱法人は中小企業者に該当しないということになり、本制度の適用を受けられないということになります（通算通達３－２）。

第25

消費税

Q245

各通算法人の消費税等に係る経理処理の方法

通算グループ内の各通算法人の消費税等に係る経理処理（税抜経理方式・税込経理方式）の方法を統一する必要はありますか。

A

統一する必要はありません。

解説

グループ通算制度では、通算グループ内の各通算法人の会計処理の方法について、これを統一することまでは求められていませんので、消費税等に係る経理処理についても、統一する必要はありません。

通算法人ごとに税抜経理方式、税込経理方式又は併用方式のいずれかにより処理することができます。

編 著 者 紹 介

編　者

廣川　昭廣（ひろかわ　あきひろ）

東京国税局調査第一部調査審理課課長補佐、日本たばこ産業株式会社財務グループ経理部部長、東京国税局課税第一部主任国税訟務官、同調査第三部調査総括課長、同調査第三部次長、神田税務署長を経て平成21年税理士登録

著　者

舛巴　啓二（ますとも　けいじ）

東京国税局調査第一部調査審理課国際調査審理官、東京国税局調査部の連結担当部門総括主査、渋谷税務署特別国税調査官（連結納税担当）を経て平成27年税理士登録

徳冨　良行（とくとみ　よしゆき）

東京国税不服審判所法規・審査担当国税審査官、東京国税局調査第一部調査審理課国際調査審理官、東京国税局調査部の連結担当部門総括主査、麻布税務署特別国税調査官（連結納税担当）、東京国税局調査第四部統括国税調査官（連結納税担当部門）を経て令和３年税理士登録

グループ通算制度の税務　Q&A245

令和４年３月１日　初版印刷
令和４年３月18日　初版発行

編　者　廣　川　昭　廣
著　者　舛　巴　啓　二
　　　　徳　冨　良　行

(一財)大蔵財務協会 理事長
発行者　木　村　幸　俊

発行所　一般財団法人　大 蔵 財 務 協 会
〔郵便番号　130-8585〕
東京都墨田区東駒形１丁目14番１号
TEL (販　売　部)03(3829)4141 (出版編集部)03(3829)4142
FAX (販　売　部)03(3829)4001 (出版編集部)03(3829)4005
http://www.zaikyo.or.jp

印刷　恵友社
ISBN978-4-7547-2998-1